Manual de Derecho Económico

EDICIONES UNIVERSIDAD CATÓLICA DE CHILE
Vicerrectoría de Comunicaciones y Extensión Cultural
Av. Libertador Bernardo O'Higgins 390, Santiago, Chile

lea.uc.cl

Manual de Derecho Económico

Arturo Yrrázaval C.

Enero 2018
ISBN N° 978-956-14-3404-2
ISBN digital N° 978-956-14-3405-9

Tercera edición actualizada, abril 2025

Diseño: Francisca Galilea R.

Impresor: Equipo Gráfico Impresores

CIP-Pontificia Universidad Católica de Chile

Nombres: Yrrarazabal C., Arturo, autor.
Título: Manual de derecho económico / Arturo
Yrrarazabal C.
Edición: Tercera edición actualizada
Descripción: Santiago, Chile: Ediciones UC
Materias: CCAB: Derecho - Enseñanza - Chile |
Derecho Económico - Chile
Clasificación: DDC 343--dc23

Registro disponible en: https://buscador.bibliotecas.uc.cl/
permalink/56PUC_INST/vk6o5v/alma997582584603396

FACULTAD DE DERECHO

Manual de Derecho Económico

Tercera edición actualizada

Arturo Yrarrázaval C.

EDICIONES UC

Esta tercera edición actualizada del *Manual de Derecho Económico* es una publicación póstuma del profesor Arturo Yrarrázabal, cuyo manuscrito, finalizado antes de su fallecimiento en 2024, fue revisado y actualizado por el profesor de la Facultad de Derecho y expresidente del Tribunal Constitucional, Tomás Menchaca, en conformidad con los cambios legales. En reconocimiento a su aporte académico y a la importancia de esta obra para el estudio del derecho económico, la Facultad de Derecho de la Pontificia Universidad Católica de Chile y Ediciones UC han decidido continuar con su publicación, para poner a disposición de la comunidad jurídica este valioso trabajo y rendir homenaje a su trayectoria como abogado y profesor.

INTRODUCCIÓN

El texto que presentamos es un manual dirigido principalmente a los alumnos de Derecho y a los abogados y otros profesionales que ejercen en el área de derecho económico. El texto se ajusta al nuevo programa de estudios de la Universidad Católica, que separa el análisis económico del derecho económico.

El libro comienza con una síntesis de la evolución del derecho económico en Chile, que ha sido un proceso sorprendente, pues pasó de un estudio de la profusa y muchas veces contradictoria normativa de legislación de comercio interno y externo a lo que es en la actualidad, que será precisamente el objeto de nuestro estudio. En materia de orden público económico se entregan las nociones básicas para anotar cómo permea y es la razón de ser de la mayor parte de las instituciones jurídico-económicas. Lo mismo ocurre con la Constitución económica, donde incorporamos la valiosa jurisprudencia en especial del Tribunal Constitucional.

El análisis del Banco Central se hace apegado a la Ley Orgánica, a nuestro juicio la legislación mejor lograda del derecho económico nacional, junto con la Ley de la Competencia. En materia de Administración Financiera del Estado y presupuesto del sector público se explican los aspectos fundamentales desde el punto de vista legal de las Finanzas Públicas, excluyendo por cierto el gran tema tributario.

En el régimen de precios se da una explicación somera de la mala experiencia chilena en materia de fijaciones de precios y cómo se plantea en la actualidad para los monopolios naturales. En cuanto al régimen de la competencia se explican los aspectos más relevantes de la ley que nos acompaña desde 1973 y sus importantes modificaciones de los años 2003, 2009 y 2016.

Hemos tratado de analizar la muy interesante jurisprudencia del Tribunal de la Competencia desde el año 2004. En cuanto de la competencia desleal se hace un análisis básico de la ley. La protección del consumidor también se examina en sus aspectos más relevantes. No se emprende un análisis de la jurisprudencia pues excedería los alcances de este texto.

En el mercado bancario hemos separado el estudio de la Ley General de Bancos de la regulación bancaria y financiera. De la ley de bancos se analizan los aspectos económicos y no los comerciales. En lo que toca al mercado de valores el texto solamente contiene los aspectos de orden público económico de la Ley de Valores y no su lato desarrollo que corresponde a derecho comercial. En la regulación de valores y seguros se realiza un análisis de la ley de 2017 de la Comisión para el Mercado Financiero.

En lo concerniente al mercado cambiario, se analizan sus aspectos fundamentales, especialmente su espectacular liberalización en las últimas décadas. En cuanto al comercio exterior se dan unas breves explicaciones sobre importaciones y exportaciones, reconociendo que su extraordinario desarrollo se debe a la labor de la OMC, al Convenio de Viena sobre Compraventa Internacional y a las normas de la Cámara de Comercio Internacional en cuanto a los Incoterms y acreditivos. Terminamos con la inversión extranjera dejando constancia de que la última modificación del estatuto generó un cambio radical respecto a la legislación que se venía desarrollando en Chile desde la década del 40 en el siglo XX.

Sorprenderá que las notas queden al final de cada capítulo. La razón es sencilla, pues preferimos hacer más amigable la lectura, sin omitir para nada las fuentes legales, jurisprudenciales y de doctrina. Las fuentes bibliográficas también están al final de cada capítulo, donde enumero las más relevantes sin pretender que el listado sea exhaustivo.

Son muchos los abogados, economistas e ingenieros que me han ayudado a resolver los problemas que plantea el derecho económico en sus diversas áreas. Vayan para cada uno mis agradecimientos. Sin embargo, la responsabilidad de mis afirmaciones es de carácter estrictamente personal. También me han alimentado intelectualmente las numerosas preguntas de mis queridos alumnos de Derecho. He tratado de resolver la mayoría de sus interesantes interrogantes y al hacerlo casi siempre he descubierto nuevas aristas.

El autor, 2018

INTRODUCCION A LA SEGUNDA EDICIÓN

No había pasado un año de la primera edición cuando Ediciones UC nos planteó la necesidad de contar con una nueva edición, pues la anterior se encontraría prácticamente agotada. Nos pusimos en la tarea de revisar, muy especialmente, tres capítulos que tuvieron durante el año 2018 e inicios del 2019 cambios de gran consideración. La legislación de la Protección del Consumidor (capítulo IX) había sido modificada en forma relevante por las modificaciones de la ley 21.062 de 2018 y después de un importante reparo de inconstitucionalidad por parte del Tribunal Constitucional. En la parte procedimental de la ley, no introdujimos modificaciones pues creemos que no corresponde su análisis a un Manual de Derecho Económico. En lo que concierne al mercado bancario (capítulo X) y mercado de valores (capítulo XII) se hicieron cambios necesarios por la plena entrada en vigor de la Comisión para el Mercado Financiero de la Ley 21.000 de 2017. Lo anterior ha significado la desaparición de la Superintendencia de Valores y Seguros y de la definitiva eliminación en el presente año de la Superintendencia de Bancos e Instituciones Financieras. Por la razón anterior es que hemos eliminado del Manual los capítulos de regulación bancaria y financiera (capítulo XI) y el de regulación de valores y seguros (capítulo XIII) por un nuevo capítulo XII denominado la Regulación para el Mercado Financiero. En los demás capítulos no hay mayores novedades. Asimismo, traté de eliminar pequeños errores que a pesar de las múltiples revisiones siempre se deslizan.

Desearíamos reiterar lo dicho en la Introducción de la 1ª edición en el sentido que este libro no tiene otra intención de ser un aporte para los alumnos de Derecho, abogados y otros profesionales que ejercen en áreas que limitan con el derecho económico. Debemos insistir que estamos frente a lo que técnicamente son manuales universitarios, lo cual es un mínimo que debe conocer cualquier estudiante de Derecho y abogado en su ejercicio profesional. El resto corresponde a las explicaciones de clases que debemos hacer los profesores de Derecho Económico. Para los que necesiten ir más allá del Manual acompañamos cada capítulo con una bibliografía de derecho chileno, lo más completa y actualizada posible.

El autor, 2019

INTRODUCCION A LA TERCERA EDICIÓN

Han pasado cuatro años de la segunda edición y se hace necesario presentar una tercera edición actualizada del Manual de Derecho Económico. En este período de tiempo han sucedido grandes acontecimientos económicos tanto en Chile como a nivel mundial. A nivel mundial sufrimos una pandemia brutal como fue la ocasionada por el COVID que afectó no solamente a millones de personas, sino a todo el aparato productivo, la infame guerra de Ucrania que ha alterado la globalización económica y la existencia de una altísima inestabilidad en los mercados financieros y bursátiles. Por el lado positivo los países continuaron celebrando tratados de libre comercio y de protección de inversiones, tanto a nivel bilateral como multilateral, como es el caso del PPT 11. En nuestro país la autoridad tuvo que hacer uso de variados mecanismos de ayuda para los afectados por el COVID y en general para toda la población. Fuera del resquicio de los famosos "retiros de ahorro", la institucionalidad económica felizmente no fue afectada. Mención aparte fue el estallido de violencia y el intento de una nueva Constitución de carácter refundacional,

Donde existe una deuda en el derecho económico es con respecto al derecho económico internacional. Es difícil entender bien el comercio exterior de fines del siglo XX y comienzos del siglo XXI sin una comprensión del inmenso aporte de la Convención de la Compraventa Internacional, de los International Commercial Terms y las normas sobre Acreditivos de la Cámara de Comercio Internacional, los tratados de libre comercio y la acción de la Organización Mundial del Comercio para eliminar los últimos vestigios de trabas al comercio internacional. Lo mismo ocurre en inversión extranjera con los tratados de protección de inversiones y la acción del CIADI o ICSID como sistema de general aceptación para la solución de conflictos en materia de inversión. Felizmente estos temas han sido bien abordados por profesores de la Universidad de Valencia y de la Pontificia Universidad Católica de Valparaíso.

No puedo terminar sin agradecer nuevamente a Luisa Arenas por toda su ayuda, a tantos abogados y profesores por sus sugerencias, a la gran familia de Derecho UC y a mi familia por su constante e invaluable apoyo.

El autor, 2023

CONTENIDO

I. Evolución del Derecho Económico

1. Evolución histórica
2. Rol del Estado en la economía
3. Concepto de derecho económico
4. Relaciones entre la economía y el derecho
5. Evolución de la legislación económica chilena
6. Evolución de los controles de precios
7. Régimen industrial
8. Sanciones económicas

EVOLUCIÓN DEL DERECHO ECONÓMICO

1. Evolución histórica

El derecho económico nace como una rama del derecho durante el siglo XX. Antes habían existido numerosas leyes de carácter económico, pero nunca como un todo orgánico. Por cierto, las constituciones políticas se referían a algunos temas económicos, aunque en términos de escasa relevancia. El siglo XX ve nacer lo que son propiamente los sistemas económicos como modos de organización económica que se dan en los países en relación con la toma de decisiones económicas. Dos hechos histórico-económicos van a servir de base a los dos sistemas económicos que prevalecieron durante el siglo XX y lo hacen durante el siglo XXI. Por un lado, la Gran Depresión de 1929 a 1935 tuvo un inmenso impacto en la mayoría de las economías occidentales. La autoridad se vio obligada a plantear un Estado más activo para enfrentar la crítica situación económica que se vivía en la mayoría de los países. Las medidas del "New Deal" en los Estados Unidos fueron una clara manifestación de una intervención relevante del Estado en materia económica. Junto con esas medidas se empiezan a plantear cuerpos legales que no solamente facultan al Estado para adoptar las medidas, sino que además regulan ciertas actividades económicas y fomentan ciertos sectores que se encontraban en lamentable situación.

Chile no podía estar al margen de todo esto. En 1924-1925 viene al país la Misión Kemmerer que plantea a la autoridad la necesidad de la creación del Banco Central, de una ley general de bancos, de superintendencias tanto para los bancos como las sociedades anónimas y la creación de la Contraloría General de la República. En 1932 se agregan a este conjunto de leyes económicas las fijaciones de precios, los controles de cambios internacionales y el famoso

Decreto Ley 520 que autoriza la expropiación de empresas como sanción por cometer alguno de los ilícitos económicos.

Por otro lado, en Rusia se produce la revolución bolchevique en 1917 y el Estado pasa a controlar prácticamente toda la economía. Después del frustrado plan de Lenin de liberalizar a lo menos la agricultura, se impone un sistema económico centralmente planificado. El sistema hizo de la planificación su principal instrumento al cubrir todas las actividades económicas, el régimen de control de precios, el régimen de control de los mercados y los medios de producción en manos del Estado. El sistema centralmente planificado empezó a aplicarse en el mundo hasta que en ciertos momentos del siglo XX más de la mitad de los países en el mundo tenían un sistema centralmente planificado. Fue solamente con la caída del Muro de Berlín que la situación dio señales de cambio. El Estado comenzó a vender empresas en los procesos de privatización más grandes conocidos en la historia mundial, los precios se liberalizaron. Lo mismo ocurrió con los mercados y la planificación económica cambió radicalmente.

2. Rol del Estado en la economía

El rol del Estado en la economía tiene una evolución impresionante durante el siglo XX y la seguirá teniendo durante el siglo XXI. De un Estado con una mínima intervención en materia económica hemos pasado prácticamente en todos los países a grados de intervención bastante altos en la macroeconomía y menores en la microeconomía, salvo en las economías centralmente planificadas.

3. Concepto de derecho económico

Coexisten diversos conceptos de derecho económico. Para algunos el derecho económico es el derecho de la intervención del Estado en la economía. Hugo Araneda define el derecho económico como "aquella rama del derecho que regula la intervención del Estado en el proceso económico, en nombre del llamado orden público económico, que es el interés social protegido por el Estado por sobre los intereses particulares, con el fin de realizar el bien común y la justicia social".[1] Una segunda postura sostiene que el Derecho Económico es el derecho regulador de la actividad económica privada. Algunos han creído que el derecho económico es una rama especializada del derecho administrativo, pasando a ser el derecho administrativo económico. Otros piensan que no existe el derecho económico, sino que solamente legislación económica, que son leyes coyunturales para enfrentar distintos problemas de la macroeconomía y a veces de la microeconomía. Por último, están los que ven una íntima relación entre el derecho económico y el orden público económico.

En la última concepción algunos autores como José Luis Zavala y Joaquín Morales definen al derecho económico "como el conjunto de normas y principios jurídicos que regulan la actividad económica de los agentes privados y del Estado, y permiten a éste alcanzar objetivos que se ha propuesto en el diseño de sus políticas económicas, dentro del contexto de las reglas que configuran el orden público económico".[2]

Otra cuestión muy debatida ha sido saber si el derecho económico es de derecho público o de derecho privado. La respuesta depende de la concepción que se tenga del derecho económico.

En cuanto a las características del derecho económico hay que destacar algunas. En primer término, es un derecho dinámico. Todas las leyes económicas sufren cambios permanentemente de acuerdo con las nuevas realidades económicas que se van dando en el tiempo. Esta es la razón fundamental por la que en la mayoría de los países del sistema jurídico continental europeo no fue codificado. En segundo lugar, es un derecho instrumental pues a través del derecho económico la autoridad económica toma sus decisiones de política económica. En tercer lugar, es un derecho configurado por una variedad jerárquica normativa. La mayoría de los países tienen consagrado a nivel constitucional los principios económicos fundamentales en términos de un orden público económico a nivel constitucional. En seguida existe una enorme variedad de leyes económicas. La potestad reglamentaria del ejecutivo incorpora otro conjunto de normas económicas. A todo lo anterior se adicionan las facultades normativas de las superintendencias y del Banco Central a través de circulares y de los acuerdos del consejo. Por consiguiente, la variedad normativa del derecho económico es enorme pero además está ordenada jerárquicamente, lo que genera un sinnúmero de conflictos de normas, no fáciles de resolver.

4. Relaciones entre la economía y el derecho

Las relaciones entre la economía y el derecho son cada vez mayores. En cada una de las materias que analizaremos se produce esta relación, pues es el derecho económico el que se preocupa específicamente de este análisis. Hay otras normas del derecho que nos ayudan a estudiar ciertos aspectos específicos como son el derecho tributario, el derecho comercial, el derecho del trabajo, el derecho medioambiental y el derecho de los recursos naturales. A nivel institucional, el derecho constitucional y el derecho administrativo dan el marco fundamental dentro del cual se mueve el derecho económico.

Por otro lado, el análisis económico del derecho es la visión económica del derecho, especialmente de ciertas instituciones jurídicas, como son los daños, el sistema judicial y el derecho de propiedad.

5. Evolución de la legislación económica chilena

Antes del Decreto Ley 520 de 1932, que indudablemente constituye un hito, existe un interesante desarrollo de la legislación económica chilena relacionada con las proposiciones hechas por la Misión Kemmerer 1924-1925. Por un lado, la Misión sugirió la creación del Banco Central, punto de partida de la primera ley orgánica del instituto emisor. También plantea la necesidad de contar con una ley aplicable a los bancos comerciales, que en aquel entonces tenían distintos regímenes legales, materializando este régimen único, a través de la Ley General de Bancos. En materia regulatoria, la Misión propone la creación de dos superintendencias, la de Bancos para los bancos comerciales y la Superintendencia de Sociedades Anónimas para todas las sociedades anónimas, incluyendo las agencias extranjeras. Asimismo, a la misma época corresponde la legislación monetaria referida principalmente a la pérdida del patrón oro.

El Decreto Ley 520 de 1932 constituye el inicio de una legislación económica interventora de la actividad económica, etapa que dura hasta la liberalización de la economía en la segunda mitad de la década del 70. Este cuerpo legal se fundamenta en la Gran Recesión, pero no se deroga sino en 1980. En otras palabras, una ley dictada claramente para enfrentar una cierta coyuntura, permanece vigente durante 48 años (1932-1980). El Decreto Ley 520, especialmente en su aspecto sancionatorio, no tuvo mayor aplicación hasta el gobierno del presidente Allende, quien descubrió que podía ser la gran herramienta legal para transformar la economía de mercado en una de carácter socialista. Con base en la ley, en el período 1932-1971 se hicieron fijaciones de precios, pero en forma muy selectiva en comparación con las fijaciones de los años 1972 y 1973. El Decreto Ley 520 otorgaba al Comisariato de Subsistencias y Precios las facultades más amplias respecto de los establecimientos industriales, comerciales, agrícolas y "todas las atribuciones que sean indispensables para el estricto cumplimiento de esta ley".[3] La autoridad podía obligar a los productores a fabricar en determinadas condiciones e impedir la paralización de los establecimientos bajo pena de expropiación, permitía declarar el estanco de artículos de primera necesidad, obligaba a los productores de artículos de primera necesidad a dar cuenta de sus existencias, fijar cuotas de producción y declarar la clausura y la requisición de bienes. Todo lo anterior era para "asegurar a los habitantes de la República las más convenientes condiciones económicas de vida".[4] Curiosamente, el Reglamento del Decreto Ley 520 fue aprobado trece años después de la ley, a través del D.S. 338 del Ministerio de Economía y Comercio de 1945.

Una modificación relevante en el aspecto institucional fue la Ley 7.747 de 1943. El Comisariato pasó a estar bajo la inmediata dependencia del presidente de la República, por intermedio del Ministerio de Economía y Comercio.[5] La ley creó el Consejo de Subsistencia y Precios, como organismo asesor y consultivo del Ministerio de Economía y Comercio.[6] El consejo, a pesar de tener amplias atribuciones, fue poco operativo y escasamente ejecutivo, por los 14 miembros que lo componían. La ley también facultó al presidente de la República para fijar precios a los productos agrícolas, previo informe del Instituto de Comercio Agrario.[7] Posteriormente, la Ley 8.918 de 1947 aclaró que el Comisariato era una repartición fiscal dependiente del Ministerio de Economía y Comercio. Por otro lado, la Ley 9.839 de 1950 que reformó el régimen de control del comercio exterior derogó las disposiciones del Decreto Ley 520 que daban al Comisariato cierta intervención en materia de importaciones y exportaciones.

Al comienzo del gobierno de Carlos Ibáñez, el Congreso Nacional, a través de la Ley 11.151 de 1953, otorgó facultades extraordinarias al presidente de la República para reorganizar la Administración Pública. En virtud de esas facultades, se dictó el Decreto con Fuerza de Ley 88 de 1953, que aprobó el nuevo estatuto orgánico del Ministerio de Economía. Asimismo, se reemplazó el Comisariato por la Superintendencia de Abastecimientos y Precios. El Decreto con Fuerza de Ley 173 de 1953 es el orgánico de la Superintendencia de Abastecimientos y Precios, donde se amplían sus funciones no solamente a los artículos de primera necesidad y de uso o consumo habitual, sino también a los bienes declarados esenciales. La ley suprimió los consejos técnicos y consultivos, que en la práctica no habían funcionado. Además, estableció que las empresas que se expropiaran por vulnerar la normativa podían ser explotadas directamente por la superintendencia o vendidas en pública subasta. El Decreto Supremo 1.262 de Economía de 1953 fijó el texto refundido y coordinado del Decreto Ley 520 y sus modificaciones.

Al iniciar su mandato el Presidente Jorge Alessandri, el Congreso otorgó facultades extraordinarias al Ejecutivo a través de la Ley 13.305 de 1959. El Decreto con Fuerza de Ley 242 no hizo mayores innovaciones, salvo el reemplazo de la superintendencia por la Dirección de Industria y Comercio (DIRINCO).

6. Evolución de los controles de precios

El sistema de controles de precios comienza como tal con el Decreto Ley 520 de 1932 al establecer que quedarán sujetos al control directo la producción, manufactura, distribución y transporte de los artículos que el presidente de la República declare de primera necesidad o de uso o consumo habitual. La declaración se realiza a través de un Decreto Supremo de Economía y le corresponde hacerla exclusivamente al Poder Ejecutivo.

En materia de fijaciones de precios el sistema se origina unos meses antes del Decreto Ley 520, con la Ley 5.125 de 1932. La ley crea una Comisión Central de Precios, encargada de asegurar las condiciones de vida que resulten más convenientes para los habitantes en la adquisición de artículos de primera necesidad o de uso o consumo habitual, habida consideración de los costos de producción, gastos y utilidades legítimas y otorga a los Consejos Departamentales la facultad de fijar precios máximos. Desde 1938 hasta 1953 las fijaciones de precios eran resueltas por el Comisariato, una vez que los artículos habían sido declarados de primera necesidad o de uso o consumo habitual por Decreto Supremo. Para la fijación de precios debía existir un estudio de costos y respetarse márgenes de utilidad, en el caso de que se hubieran dictado por el Ministerio normas generales. Luego, a través de otro Decreto Supremo de Economía se fijaba el precio propiamente tal. A partir del año 1953 y hasta 1980 es el Ministerio de Economía el que tiene estas atribuciones a través de la Dirección de Industria y Comercio. En 1966 se declararon por ley como bienes de primera necesidad a todos los contenidos en el Índice de Precios al Consumidor.

Una de las primeras medidas del gobierno militar fue facultar en 1973 al Ministerio de Economía para dejar sin efecto todos los precios fijados por los organismos del Estado a los artículos y/o servicios declarados de primera necesidad o de uso o consumo habitual, nacionales y/o importados, y/o crear nuevos regímenes o mecanismos de fijación de precios.[8] Un decreto supremo de Economía instituyó un nuevo sistema donde se reconocen tres categorías de precios: oficiales, informados y libres.[9] Los precios libres pasan a ser la regla general y los precios oficiales e informados excepciones que requieren de una declaración expresa de la autoridad. Los considerandos del cambio de la política de precios están señalados en el Decreto Supremo de Economía 522, a saber: (i) la política de precios había distorsionado la economía; (ii) la política de precios había sido la gran causante de la inflación; (iii) conjuntamente con la política de precios, la política cambiaria había desnivelado los precios internos con los externos; (iv) los precios deben acercarse a los verdaderos costos de producción; (v) la nueva política de precios implicará sacrificios iniciales, pero a la larga elevará la producción y el consumo; (vi) los productores y/o importadores y los distribuidores deben cobrar precios a niveles reales con una utilidad razonable; y (vii) la nueva política de precios se complementará con una política coherente de remuneraciones y subsidios temporales a algunos productos de consumo popular. El Decreto 522 mantuvo 33 precios fijados y colocó otros 18 en la categoría de informados. DIRINCO mantuvo amplias facultades en materia de precios y las infracciones fueron sancionadas de conformidad con la legislación vigente. El Decreto Ley 3.477 de 1980 derogó el Decreto Ley 520 de 1932.[10]

7. Régimen industrial

El Decreto con Fuerza de Ley 173 de 1953 estableció que correspondería al Departamento de Industrias del Ministerio de Economía autorizar la instalación de nuevas industrias, traslado de las existentes o ampliación de las mismas, siempre que cumplan las condiciones técnicas que se establecerán en un reglamento especial, fijando en los casos de instalación y traslado las comunas de su ubicación.[11] Las facultades anteriores estuvieron radicadas en el director de Industrias, hasta que en 1960 se hizo necesario un decreto supremo del Ministerio de Economía para cada autorización. El Decreto Supremo de Economía 194 de 1954 incluye a toda la industria manufacturera, excluyendo a las industrias mineras, agrícolas, pesqueras, servicios públicos y otros.[12] El reglamento de 1954 estableció cuatro materias básicas para las autorizaciones: (i) que fabrique artículos sobre los que no exista exceso de capacidad de producción; (ii) que utilice materias primas de las cuales no exista una manifiesta escasez o racionamiento; y (iii) que el proyecto esté suficientemente financiado. El reglamento establecía un sistema de sanciones consistente en multas, amonestaciones y clausura. La normativa fue derogada en 1980.[13]

8. Sanciones económicas

El Decreto Ley 520 de 1932 consagró en un título completo (VII) la penalidad por los ilícitos contemplados en dicha ley. Con presidio se sancionaba al que destruyera o eliminara artículos de primera necesidad y al que impidiera, resistiera o dificultara el cumplimiento de órdenes de la autoridad en cuanto a la preferencia del transporte de dichos bienes.[14] Con expropiación o multa se sancionaba al que sin motivo justificado no diere cumplimiento a la resolución que le imponga la obligación de producir en la forma señalada por la autoridad.[15] Con comiso y multa al que acapare u oculte artículos de primera necesidad y al que sacare del territorio artículos cuya importación estuviere prohibida.[16] Por último, se sancionaba con multa al rebelde en el cumplimiento de la orden de vender dada por la autoridad, al que requerido por la autoridad se negare a prestar declaración jurada o proporcionar los antecedentes y a los que vendieren artículos de primera necesidad a precios superiores a los fijados por la autoridad.[17]

La ley declaró de utilidad pública los predios agrícolas, las empresas industriales y de comercio y los establecimientos dedicados a la producción y distribución de artículos de primera necesidad y autorizaba al presidente de la República para expropiarlos en el caso de que se mantuvieren en receso y si fueren rebeldes al cumplimiento de la obligación impuesta por la autoridad de producir artículos de primera necesidad en las calidades, cantidades y condiciones que determine la autoridad.[18] La ley también autorizaba al presidente a declarar el estanco de artículos de primera necesidad, en cuyo caso la administración se entregaría al Comisariato.[19] En los casos de expropiación, decretada esta la autoridad podrá tomar, desde luego, posesión de los bienes expropiados.[20]

En 1966 se dicta el Decreto Supremo de Economía 1379 con el texto revisado y refundido de la legislación económica por autorización de la Ley 16.464. El título III de las sanciones agrega al listado del Decreto Ley 520, pena de presidio al productor o comerciante que niegue la venta al contado o la prestación de un servicio de primera necesidad, que condicionare su venta o prestación en forma habitual, salvo que pruebe que lo hizo justificadamente y que venda artículos de primera necesidad con engaño en la calidad, peso o medida.[21]

En 1974 se dicta el Decreto Ley 280 que consagra en un solo cuerpo legal los delitos económicos.[22] Los delitos tipificados son principalmente: defraudaciones en las ventas; ventas a precios superiores a los permitidos; negativa o condicionamiento de ventas; acaparamientos u ocultamientos; declaraciones juradas falsas; paralización de actividades y el uso de medios fraudulentos para obtener el abastecimiento o la estabilidad de la moneda y del régimen económico. Los delitos son de acción pública y se conocen por el juez del crimen o ministro de Corte de Apelaciones, según el caso. La ley de delito económico tuvo escasa aplicación por cuanto en la medida que la economía se fue normalizando no se daban los supuestos contemplados en la ley. Esta fue derogada con la primera ley de protección al consumidor de 1982.

NOTAS

1) Araneda, Hugo: Economía Política, pág. 98
2) Morales, Joaquín y Zavala, José Luis: Derecho Económico, pág. 8
3) Decreto Ley 520 de 1932, artículo 24°
4) Decreto Ley 520 de 1932, artículo 2°
5) Decreto Ley 7.747 de 1943, artículo 18°
6) Decreto Ley 7.747 de 1943, artículo 20°
7) Decreto Ley 7.747 de 1943, artículo 23°
8) Decreto Ley 83 de 1973
9) D. Ec. 522 (D.O. 15 octubre 1973)
10) Decreto Ley 3.477 de 1980, artículo 28°
11) Decreto con Fuerza de Ley 375 de 1953, artículo 1°
12) D.S.Ec. 194 de 1954 (D.O. 20 febrero 1954)
13) Decreto Ley 3.477 de 1980, artículo 23°
14) Decreto Ley 520 de 1932, artículos 48° y 52°
15) Decreto Ley 520 de 1932, artículos 49° y 50°
16) Decreto Ley 520 de 1932, artículo 51°
17) Decreto Ley 520 de 1932, artículos 53°, 54° y 59°
18) Decreto Ley 520 de 1932, artículos 4°, 5° y 6°
19) Decreto Ley 520 de 1932, artículo 9°
20) Decreto Ley 520 de 1932, artículo 7°
21) D. Ec. 1379 de 1966, artículos 48° y 52°
22) Decreto Ley 280 de 1974

BIBLIOGRAFÍA

1. Aimone Gibson, Enrique y Silva Walbaum, Adolfo: Noción de derecho económico y actividades económicas reguladas (Santiago: Thomson Reuters, 2019).
2. Aramayo Alzérreca, Óscar: El Derecho Económico, Revista de Derecho y Jurisprudencia, 1ª Parte 206 (1965).
3. Aramayo Alzérreca, Óscar: Régimen legal del comercio exterior chileno (Santiago: Editorial Jurídica de Chile, 1962).
4. Aramayo Alzérreca, Óscar: Régimen legal del comercio interno chileno (Santiago: Editorial Jurídica de Chile, 1964).
5. Araneda Dörr, Hugo: Economía Política (Santiago: Editorial Jurídica de Chile, 1993).
6. Kemmerer, Edwin: Legislación bancaria y monetaria (Santiago: Universidad Católica de Chile, 2011).
7. Mardones Osorio, Marcelo: Lecciones de Derecho Económico, Vol. I (Valencia: Tirant lo Blanch, 2020).
8. Morales Godoy, Joaquín y Zavala Ortiz, José Luis: Derecho Económico (Santiago: Thomson Reuters, 2013).
9. Oyarzún Gallego, Rubén: El Derecho Económico en Revista de Derecho Económico, Facultad de Derecho Universidad de Chile N° 1 (1962).
10. Rodríguez Merino, Jorge: Derecho Industrial y Agrícola (Santiago: Editorial Universitaria, 1961).
11. Ruiz-Tagle Vial, Carlos: Curso de Derecho Económico (Santiago: Librotecnia, 2018).
12. Santa María De la Vega, Raúl: Manual de Derecho Económico, 2 Tomos (Santiago: Ediciones Encina, 1972).

II. Orden Público Económico

1. Introducción
2. Evolución del concepto en Chile
3. Orden público económico constitucional
4. Técnicas del orden público económico

ORDEN PÚBLICO ECONÓMICO

1. Introducción

El concepto de orden público económico es quizás el tema más polémico del derecho económico. Al ser el orden público económico la base de sustentación del derecho económico, del alcance que se le dé dependerá su impacto y el cauce que tenga en el mismo. No debiera extrañar que mientras en algunos países se habla del derecho administrativo económico, en otros de derecho económico e incluso a veces se plantea la legislación económica como parte del derecho mercantil o comercial.

2. Evolución del concepto en Chile

El concepto en Chile tiene su origen en el orden público aplicable en el derecho público para que adquiera un importante desarrollo en el derecho privado, especialmente en el derecho civil y derecho comercial. Nadie discute que el principio fundamental de ambos derechos es la autonomía de la voluntad. Sin embargo, va apareciendo especialmente en el siglo XX un conjunto de instituciones de orden público. Así, Arturo Alessandri sostenía en su Tratado de Derecho Civil que el orden público era "el conjunto de principios morales, religiosos, políticos, sociales y económicos sobre los cuales reposa, en un momento histórico dado, la organización de una sociedad y le permite a ésta desenvolverse correcta y adecuadamente".[1]

En el derecho económico los primeros conceptos surgen con Enrique Aimone en la Universidad Católica de Valparaíso, Óscar Aramayo en la Universidad Católica de Chile y Rubén Oyarzún en la Universidad de Chile.

Enrique Aimone consideraba que la necesaria intervención del Estado debía justificarse jurídicamente por una base conceptual.[2] Así, el concepto del orden público económico funcional fue ganando adeptos. En opinión de Óscar Aramayo el orden público económico era un complejo de regulaciones legales y reglamentarias mediante las cuales el Estado preserva el bien económico de la nación.[3]

En la Constitución de 1980 el concepto adquiere un notable desarrollo conceptual. A pesar de que la Constitución no lo menciona explícitamente, está claramente implícito en un conjunto de principios y normas de carácter constitucional. En la Comisión de Estudios de la Nueva Constitución se conceptualizó como "normas fundamentales destinadas a regular la acción del Estado en la economía y a preservar la iniciativa creadora del hombre para el desarrollo del país, de modo que ellas conduzcan al bien común".[4]

Fue el profesor José Luis Cea quien logró la mejor definición en esta nueva realidad, al decir que es "el conjunto de principios y normas jurídicas que organizan la economía de un país y facultan a la autoridad para regularla en armonía con los valores de la sociedad nacional formulada en la Constitución".[5] Agregaba José Luis Cea que se extrae de la Constitución que se pretende "institucionalizar con rango de la máxima jerarquía jurídica, un sistema que asegure a todas las personas el respeto y promoción de los valores de libre iniciativa y apropiabilidad de bienes, de fisonomía o igualdad de oportunidades, ante la ley y el trato económico, del derecho de propiedad en sus diversas especies, sobre toda clase de bienes y, en general, de la prioridad del sector privado, paralela a la subsidiariedad estatal, en el marco de la libre competencia con un mercado legalmente regulado".[6] El mismo profesor Cea señalaba que el orden público económico no era solo de índole constitucional ni se agotaba en la Constitución, pues pretende a través de principios y normas jurídicas, en sus diversas jerarquías y especies, organizar y regular ciertos aspectos de la economía, incluyendo la dirección, promoción y control de la economía tanto como la penalidad de sus trasgresiones.[7]

3. Orden público económico constitucional

Existe coincidencia en que el orden público económico tiene su manifestación más tangible en el capítulo III de la Constitución. Sin embargo, no se agota en la Constitución, sino también está presente en el ámbito legal y administrativo. Así, lo ha reconocido por lo demás la jurisprudencia incluso con las normas emitidas en ejercicio de la potestad reglamentaria del Poder Ejecutivo. También debe analizarse si los principios del orden público económico tienen correspondencia y armonía con los valores de la sociedad y pareciera relativamente claro que la tienen en la realidad.

4. Técnicas del orden público económico

La doctrina ha entendido que el orden público económico utiliza ciertas técnicas.

Una primera técnica es la de regulación de ciertas actividades económicas. La regulación económica aparece por primera vez en nuestro ordenamiento constitucional en el artículo 19 N° 21 de la Constitución de 1980. La libre iniciativa en materia económica puede ser limitada por la moral, el orden público y la seguridad nacional, además respetando las normas legales que la regulan. Es por tanto tarea del legislador determinar en forma específica cuáles son las actividades reguladas y las no reguladas en función del orden público económico. Así la actividad bancaria y financiera ha estado regulada fundamentalmente desde la década de 1920; la actividad de las sociedades anónimas, bolsas de comercio y seguros desde la misma década; la actividad previsional privada desde la década del 80, al igual que la actividad de las instituciones de salud previsional. Asimismo, en la década del 80 se desreguló la sociedad anónima cerrada y se reguló la emisión de valores. Existen otras actividades económicas reguladas parcialmente, especialmente en lo referente a fijaciones de precios y las concesiones otorgadas por el Estado. Este es el caso de la energía eléctrica, las telecomunicaciones, las empresas sanitarias y el gas. En todos estos casos, el legislador debe decidir si la actividad reguladora se completa con una institucionalidad, que son las superintendencias. Bien hizo el legislador al contemplar para cada una de las actividades reguladas la correspondiente superintendencia: Bancos e Instituciones Financieras; Sociedades Anónimas, Bolsas y Seguros; de Pensiones; de Valores y Seguros (reemplazando a la de Sociedades Anónimas, Bolsas y Seguros) y la de Isapres. La complejidad del cometido de las superintendencias en su función normativa y sancionadora ha dado lugar a la formación de comisiones, siendo la primera la Comisión para el Mercado Financiero, que reemplazó a las Superintendencias de Bancos e Instituciones Financieras y de Valores y Seguros. Es sabido también que para cumplir cabalmente su cometido las superintendencias deben contar con una facultad normativa que cumple un rol fundamental en el control de las actividades, al reglamentar aspectos de la ley que las regula y prevenir en ciertos casos problemas que pueden impedir el normal desenvolvimiento de las actividades reguladas.

Una segunda técnica, relacionada con la anterior, es la de control para constatar que las empresas fiscalizadas estén cumpliendo con la normativa de la ley, sus propios estatutos y con la normativa generada por las superintendencias en forma de circulares. Es la infracción de la normativa lo que faculta a estas últimas a sancionar de acuerdo con la ley respectiva.

Una tercera técnica del orden público económico es la prohibición. En este caso, el legislador prohíbe la celebración de ciertos actos o contratos. En la legislación de la libre competencia nos encontramos con un significativo número de casos en que los actos o contratos, por contener prácticas restrictivas, son modificados o se les pone término por el Tribunal de la Competencia por ser contrarios a las normas de la ley.

Una cuarta técnica consiste en la determinación del contenido del contrato. En este caso el legislador interviene directamente en la formación de los contratos. Generalmente lo hace para proteger a alguna de las partes por tener una desigualdad fundamental con la otra parte en la contratación. En la ley de protección al consumidor nos encontramos con numerosos ejemplos, partiendo por los contratos de adhesión.

Una quinta técnica es la contratación obligatoria o fijación del vínculo contractual. Esta técnica es bastante extrema y se ha aplicado en situaciones muy graves. En el caso chileno se aplicó en materia cambiaria durante el estricto período de control cambiario entre 1932 y 1989.

NOTAS

1) Alessandri, Arturo, Tomo I, pág. 211.
2) Aimone, Enrique, Concepto y Contenido del Derecho Público Económico en Revista del Derecho y Ciencias Sociales de la Universidad de Concepción (1964).
3) Aramayo, Óscar, Boletín del Centro de Investigación de Derecho Económico 1976, Derecho UC, pág. 6.
4) Revista Chilena de Derecho, Vol. 8, pág. 60 (1981).
5) Cea, José Luis: Tratado de la Constitución de 1980, pág. 158.
6) Cea José Luis: Tratado de la Constitución de 1980, págs. 71 y 72.
7) Cea, José Luis: Boletín de Investigaciones año X N° 50 (Derecho UC 1981).

BIBLIOGRAFÍA

1. Aimone Gibson, Enrique y Silva Walbaum, Adolfo: Noción de Derecho Económico y actividades económicas reguladas (Santiago: Thomson Reuters, 2019).
2. Alessandri Rodríguez, Arturo: Tratado de Derecho Civil, Tomo I (Santiago: Editorial Jurídica de Chile, 1998).
3. Aramayo Alzérreca, Óscar: Boletín del Centro de Investigación de Derecho Económico (Santiago: Derecho UC, 1976).
4. Avilés Hernández, Víctor Manuel: Orden Público Económico y Derecho Penal (Santiago: Conosur, 1998).
5. Cea Egaña, José Luis: Boletín de Investigaciones Año X N° 50 (Derecho UC, 1981).
6. Cea Egaña, José Luis: Derecho Constitucional chileno, Tomo II (Santiago: Ediciones UC, 2012).
7. Cea Egaña, José Luis: Tratado de la Constitución de 1980 (Santiago: Editorial Jurídica de Chile, 1980).
8. Fermandois, Vöhringer, Arturo: Derecho Constitucional Económico, Tomo I, Garantías económicas, doctrina y jurisprudencia (Santiago; Ediciones Universidad Católica de Chile, 2006).
9. Fermandois, Vöhringer, Arturo: Derecho Constitucional Económico, Tomo II, Regulación, tributos y propiedad (Santiago; Ediciones Universidad Católica de Chile, 2014).
10. Mac Hale, Tomás: Orden, orden público y orden público económico (Santiago: Editorial Jurídica de Chile, 1969).
11. Mardones Osorio, Marcel: Lecciones de Derecho Económico, Vol. I (Valencia: Tirant lo Blanch, 2020).
12. Morales Godoy, Joaquín y Zavala Ortiz, José Luis: Derecho Económico (Santiago: Thomson Reuters, 2013).
13. Navarro Beltrán, Enrique: La Constitución económica chilena ante los tribunales de justicia (Santiago: Universidad Finis Terrae, 2016).
14. Ruiz-Tagle Vial, Carlos: Curso de Derecho Económico (Santiago: Librotecnia, 2018).
15. Streeter Prieto, Jorge: Orden público económico, materiales de trabajo. Facultad de Derecho Universidad de Chile (Santiago, 1985).

16. Vivanco Martínez, Angela: Curso de Derecho Constitucional, Tomo II, Aspectos Dogmáticos de la Carta Fundamental de 1980 (Santiago; Ediciones Universidad Católica de Chile, 2006).

17. Yrarrázaval Covarrubias, Arturo: Orden público económico: Ficción o realidad en Revista del Abogado N° 15 (Santiago, 1999).

III. La Constitución Económica

1. Evolución
2. Bases de la institucionalidad
3. Libre iniciativa en materia económica
4. Igualdad en el trato económico
5. Derecho a la propiedad
6. Derecho de propiedad general
7. Derecho de propiedad minera
8. Derecho de propiedad sobre las aguas
9. Derecho de propiedad intelectual e industrial
10. Derechos de los contribuyentes
11. Derechos medioambientales
12. Derechos económicos en su esencia
13. Materias de ley
14. Iniciativa exclusiva en materia económica
15. Ley de Presupuesto
16. Autonomía constitucional del Banco Central

LA CONSTITUCIÓN ECONÓMICA

1. Evolución

La Constitución de 1980 es el primer ordenamiento constitucional en Chile que consagra los principios constitucionales fundamentales del orden público económico. La Constitución, afortunadamente a nuestro juicio, no consagró un sistema económico ni tampoco modelos de política económica. Desarrolló eso sí con bastante precisión cada uno de los principios fundamentales del orden público económico a nivel constitucional.

2. Bases de la institucionalidad

En el capítulo I de la Constitución sobre Bases de la Institucionalidad cabe destacar en materia económica el reconocimiento y amparo a los grupos intermedios a través de los cuales se organiza y estructura la sociedad y la garantía de una adecuada autonomía para cumplir sus propios fines específicos.[1] Así, el principio de subsidiariedad económico no se encuentra explícitamente consignado en la Constitución, pero sí claramente lo está en forma implícita. Otra manifestación de la subsidiariedad económica es la norma referente al Estado empresario del artículo 19 N° 21 de la Constitución, al establecer que el Estado y sus organismos no podrán desarrollar o participar en actividades empresariales si no están facultados por una ley de quórum calificado y, en caso de que tengan dicha autorización, deberán someterse al régimen general que regula las actividades de los agentes privados, a menos de que la misma ley de quórum calificado les haga aplicable un régimen especial.[2]

Por otro lado, la Constitución declara que el Estado está al servicio de la persona humana y su finalidad es promover el bien común.[3] Es deber del Estado asegurar el derecho de las personas a participar con igualdad de oportunidades en la vida nacional.[4] La Constitución de 1925 no hacía mención de estas relaciones en la sociedad económica. Fue la reforma constitucional de 1971 (Ley 17.398 de 1971) la que trató de dar un reconocimiento a ciertos grupos sociales y de asegurar, aunque en forma ambigua, el derecho a participar en la vida social, cultural, cívica, política y académica.

La Corte Suprema ha señalado que el principio de subsidiariedad del Estado debe entenderse como el que exige a aquel intervenir en la economía para ayudar a los miembros de la comunidad en el logro del progreso y el desarrollo, lo que conduce a admitir que le corresponde una función activa en el cumplimiento del principio de subsidiariedad cuando los particulares no han manifestado interés en ello o, también, cuando son incapaces de llevarla a cabo por el volumen de inversiones que se requiere.[5] En la misma línea, el Tribunal Constitucional ha señalado que de acuerdo con el principio de subsidiariedad al Estado no le corresponde, entonces, absorber aquellas actividades que son desarrolladas adecuadamente por los particulares, ya sea personalmente o agrupados en cuerpos intermedios. Ello se entiende, según el Tribunal, sin perjuicio de aquellas actividades que por su carácter ha de asumir el Estado. Eso explica el reconocimiento y amparo que este artículo presta a los grupos intermedios.[6] Asimismo, el Tribunal Constitucional ha sido categórico al sostener la autonomía de los cuerpos asociativos como una de las bases esenciales de la institucionalidad, que se configura entre otros rasgos esenciales por el hecho de que estos se rigen por sí mismos.[7] En otra sentencia, el mismo tribunal declaraba que no es ocioso recordar que el reconocimiento y amparo de los grupos intermedios o entes asociativos es uno de los pilares básicos de la organización de la sociedad civil ya en su artículo 1° de la Carta Fundamental, lo que garantiza al mismo tiempo su adecuada autonomía.[8]

3. Libre iniciativa en materia económica

El derecho a desarrollar libremente cualquier actividad económica es uno de los atributos fundamentales del orden público económico. Por primera vez en el ordenamiento constitucional chileno se reconoce la libertad para desarrollar cualquier actividad económica con rango constitucional, lo que implica que el ordenamiento jurídico debe sujetarse a este principio y que toda autoridad o persona debe respetarlo.

La norma constitucional contiene las tres únicas y excepcionales limitaciones al ejercicio de la libre iniciativa en materia económica: la moral, el orden público y la seguridad nacional. La Constitución y la ley no dan definiciones para ninguno de estos conceptos. Aplicando los principios de interpretación legal, podemos encontrar definiciones apropiadas en el Diccionario de la Real Academia. El diccionario define lo moral como lo relativo a las acciones de las personas desde el punto de vista de su obrar en relación con el bien y el mal y en función de su vida individual y sobre todo colectiva.[9] Por orden público el diccionario entiende que es la situación de normal funcionamiento de las instituciones públicas y privadas, en la que las personas ejercen pacíficamente sus derechos y libertades.[10] Por seguridad nacional el diccionario entiende la situación de tranquilidad pública y de libre ejercicio de los derechos individuales, cuya protección efectiva se encomienda a las fuerzas de orden público.[11] Las tres excepciones a la libre iniciativa económica son taxativas y de interpretación estricta. Asimismo, son salvedades absolutas en el sentido de que se aplican a todos los agentes económicos. Si las limitaciones se aplicaran a algunos y no a otros se incurriría en una discriminación económica arbitraria, sancionada por el artículo 19 N° 22 de la Constitución.

El desarrollo de la actividad económica debe hacerse respetando las normas legales que la regulan. Por primera vez se consagra en la Constitución el derecho regulatorio económico. Es relevante señalar que el reconocimiento se hace dentro del ámbito de desarrollar cualquier actividad económica. Algunos creyeron que el concepto de normas legales podría ser interpretado en forma amplia incluyendo además de las normas de la ley, las normas de carácter administrativo, en especial reglamentos, decretos supremos, resoluciones e incluso instrucciones. A nuestro juicio la norma constitucional abarca solamente las disposiciones de la ley en el sentido propio o estricto del término, pues la ley es la única regla idónea para regular la actividad económica. Claramente el derecho regulatorio está circunscrito constitucionalmente al legislador. En cuanto al alcance de la regulación, debe entenderse la dictación de normas que permiten el libre pero ordenado ejercicio de la actividad económica. A la ley le corresponde regular adecuadamente el desarrollo de una actividad económica, de forma tal que la ley debe contener las normas suficientes para que se lleve a cabo una actividad económica en forma libre y ordenada. Por el contrario, una ley muy estricta o poco desarrollada no cumple adecuadamente su función regulatoria pues está delegando en la Administración su reglamentación, vulnerando por consiguiente la reserva legal.

El Tribunal Constitucional ha señalado que la fuente y sentido de la garantía de la libre iniciativa en materia económica es una consecuencia del principio de subsidiariedad.[12] En otra sentencia el tribunal recalcó que regular de acuerdo con el Diccionario de la Real Academia es estar ajustado y conforme a reglas, lo que no permite que a través de la regulación se impida el libre ejercicio del derecho. La regulación implica establecer limitaciones y restricciones al ejercicio de un derecho, pero claramente de acuerdo con el texto de la Constitución las regulaciones deben ordenarse por ley y no mediante normas de carácter administrativo. De lo contrario, se estaría entregando a la administración la facultad para regular el ejercicio de los derechos constitucionales, sin estar autorizado por la Constitución.[13] En otro fallo el tribunal recalcó que en el caso de modificaciones de la regulación se deben considerar con cuidado los derechos legítimamente adquiridos por las personas al amparo de la norma vigente al momento de su adquisición.[14]

La disposición constitucional de la libre iniciativa en materia económica trata el tema del Estado empresario en su inciso 2°. Habrá que entender como Estado empresario la participación de este en cualquiera de sus manifestaciones, en empresas de cualquier naturaleza. La norma contiene cuatro principios fundamentales del Estado empresario. El primero se refiere a la autorización que debe dar una ley de quórum calificado para que el Estado inicie y desarrolle actividades empresariales, específicamente determinadas por la ley. El segundo establece que a dichas empresas del Estado se les aplica por regla general la legislación común aplicable a los particulares. El tercer principio consiste en que excepcionalmente por motivos calificados se otorgue a las empresas del Estado un régimen especial. El último principio es que la autorización debe ser también otorgada por ley de quórum calificado.

La norma del Estado empresario debe ser concordada con la cuarta disposición transitoria. Esta disposición señala que las normas legales que se hallaban en vigor en 1980 sobre materias que de acuerdo con la Constitución requieran de leyes orgánicas constitucionales o aprobadas con quórum calificado seguirán vigentes mientras no se dicten los correspondientes cuerpos legales.

La Contraloría tiene un importante pronunciamiento sobre el Estado empresario en 1984. Aclara que las empresas del Estado son parte de la Administración del Estado según el artículo 1° de la Ley de Bases Generales de la Administración del Estado. En el caso específico de Codelco Chile, la Contraloría es categórica al señalar que forma parte del Estado empresario la empresa de la gran minería del cobre, nacionalizada por la reforma constitucional de 1971.[15]

4. Igualdad en el trato económico

El artículo 19 N° 22 consigna por primera vez el principio constitucional de la no discriminación en materia económica. El principio de la igualdad en el trato económico es una consecuencia directa del principio de la igualdad ante la ley, pero referida a las materias económicas. El concepto clave en materia de igualdad en la actividad económica es la discriminación, por cuando si la discriminación no es arbitraria, está permitida por la disposición constitucional. El Diccionario de la Real Academia considera que es arbitrario lo que está sujeto a la libre voluntad o al capricho antes que a la ley o la razón.[16]

En el inciso 1° la norma asegura a todas las personas la no discriminación arbitraria en materia económica por parte del Estado y de sus organismos. El inciso 2°, en cambio, permite la discriminación hecha por el legislador, siempre que no sea arbitraria. Para que se produzca la excepción se requiere de una ley que contemple la excepción y que no contenga una diferenciación arbitraria. La norma acepta tres excepciones:

a) Autorización de beneficios económicos, directos o indirectos, siempre que sean determinados y favorezcan a sectores de la población;
b) Autorización de beneficios económicos, directos o indirectos, en favor de alguna actividad económica;
c) Autorización de beneficios económicos en favor de una zona geográfica.

La discriminación no arbitraria puede consistir en subsidios y en franquicias. En los primeros, el Estado aporta una cantidad de dinero directamente a los beneficiarios. Este es el caso del gasto social. En las franquicias el beneficio consiste en que los favorecidos se eximen de pagar tributos. Los subsidios y las franquicias producen el mismo efecto financiero en el Estado, en el primer caso el Estado gasta y en el segundo se dejan de percibir ingresos. Por esta razón la norma exige que la estimación de las franquicias o beneficios indirectos deban incluirse en la Ley de Presupuesto. En materia de gravámenes, puede haber gravámenes especiales siempre que sean por ley y que recaigan sobre sectores de la población, actividades económicas o zonas geográficas.

El Tribunal Constitucional ha dejado bien en claro que esta garantía no es sino una singularización del principio de igualdad, que consiste en que las normas jurídicas deben ser iguales para todas las personas que se encuentren en las mismas circunstancias y consecuencialmente diversas para aquellos que estén en situaciones diferentes. Queda admitido que la igualdad jurídica no es absoluta, pues lo que el Constituyente rechaza son las discriminaciones arbitrarias que no son otras que las diferencias irracionales producto del capricho y contrarias al bien común.[17]

5. Derecho a la propiedad

Por primera vez en nuestro ordenamiento constitucional se reconoce el derecho a la propiedad separado del derecho de propiedad. La libertad se refiere al dominio de toda clase de bienes, sin exclusión alguna. La Constitución establece que el derecho no existe en relación con las cosas comunes, los bienes que deben pertenecer a la nación toda y otras excepciones declaradas en la Constitución. En cuanto a las cosas comunes, son las que la naturaleza ha hecho comunes a todos los hombres, como ocurre con el aire y la altamar. A ellos se refiere el artículo 585 del Código Civil al establecer que las cosas comunes a todos los hombres no son susceptibles de dominio y que ninguna nación, corporación o individuo tiene derecho a apropiárselas. En lo que concierne a los bienes que deben pertenecer a la nación toda se requiere que una ley lo declare así. En el lenguaje del artículo 585 del Código Civil son los bienes públicos, de los que el uso y goce pertenece a todas las personas, sin exclusión. Dentro de los bienes públicos están los bienes fiscales, de los que el uso y goce corresponde a los organismos del Estado y a los funcionarios fiscales. La Constitución establece excepciones al derecho a la propiedad en otras normas. Estas excepciones son: (i) acceso para operar y establecer canales de televisión en el artículo 19 N° 12; (ii) acceso a las minas, incluyendo a covaderas, arenas metalíferas, los salares y los depósitos de hidrocarburos del artículo 19 N° 25; (iii) acceso a las aguas del artículo 19 N° 24.

6. Derecho de propiedad general

El artículo 19 N° 24 de la Constitución consta de once incisos, los cinco primeros referidos al derecho de propiedad general; entre el 6° y el 10° inciso trata sobre el derecho de propiedad minera y en el último acerca del derecho de propiedad sobre las aguas.

Los titulares del derecho de propiedad son todas las personas naturales y jurídicas, nacionales o extranjeras, domiciliadas o no en Chile, tengan o no la calidad de residentes o se encuentren de paso. La Constitución no define en qué consiste el derecho de propiedad. Las definiciones se encuentran en el Código Civil. El artículo 582 lo define como un derecho real en una cosa corporal, para gozar y disponer de ella arbitrariamente; no siendo contra la ley o contra derecho ajeno. La propiedad separada del goce se llama nuda propiedad. El artículo 583 establece que sobre las cosas incorporales hay también una especie de propiedad. Así el usufructuario tiene la propiedad de un derecho de usufructo.

El Tribunal Constitucional ha fallado que fue el hecho de celebrar el contrato de adquisición de acciones preferentes lo que determinó indefectiblemente la incorporación al patrimonio de los accionistas de los derechos establecidos en la legislación vigente a la época de su adquisición y su incorporación inmediata de un derecho patrimonial protegido por el artículo 19 N° 24.[18] El tribunal también determinó que los afiliados tienen un derecho de dominio sobre los fondos que ingresan en su cuenta de capitalización individual.[19]

La disposición constitucional establece una reserva legal en el modo de adquirir la propiedad, de usar, gozar y disponer de ella y de las limitaciones y obligaciones que deriven de su función social. La reserva legal excluye la posibilidad de hacerlo mediante la potestad reglamentaria u otra vía. El Tribunal Constitucional ha señalado que la posesión de un bien de propiedad de una persona, de alguno de los atributos o alguna de las facultades esenciales del dominio, solo puede realizarse del modo, en la forma y cumpliendo los requisitos que la propia Constitución establece.[20]

A la ley también le corresponde establecer las limitaciones y obligaciones que deriven de su función social. El legislador no está facultado para privar o quitar la propiedad a su titular en virtud de la función social. El legislador puede invocar para justificar las limitaciones y obligaciones cualquiera de los cinco motivos, siendo esta una enunciación taxativa. Estos motivos son los intereses generales de la nación, la seguridad nacional, la utilidad pública, la salubridad pública y la conservación del patrimonio ambiental.

El Tribunal Constitucional ha señalado que dentro del inciso 2° del N° 24 debe diferenciarse claramente el precepto de que solo la ley puede establecer el modo de adquirir la propiedad del que establece que es el legislador, quien debe determinar las limitaciones y obligaciones que deriven de su función social. En estos casos, al no exigir quórum o mayoría especial, la ley aplicable para estos efectos es de carácter común.[21] En el caso de las playas, el mismo tribunal sostuvo que dado que las playas son bienes nacionales de uso público, en razón de la función social el legislador puede regular el acceso a ellas, a través de los predios colindantes. El legislador no puede privar del derecho de dominio y de sus atributos esenciales o hacer ilusorio el ejercicio del derecho por las limitaciones que impone.[22]

La Constitución requiere que la privación de cualquiera de los atributos y facultades esenciales del dominio solo pueda ser efectuada mediante expropiación ajustada a la Constitución y la ley. La privación debe ser hecha por una ley general o especial que autorice la expropiación por causa de utilidad pública o por motivo de interés nacional. Para expropiar primero se necesita dictar una ley; en segundo lugar, la ley debe autorizar la ejecución de una o más expropiaciones; en tercer lugar, la ley debe ser dictada por utilidad pública o el interés nacional y, en cuarto lugar, debe determinar que las cualidades de los bienes que se expropian estén dentro de las causales de utilidad pública o de interés nacional.

La expropiación es definida por José Luis Cea de la siguiente manera: "Es un acto de la autoridad administrativa competente fundado en una ley que lo autoriza, en virtud del cual priva del dominio del bien sobre el cual recae ese derecho o de alguno de sus atributos o facultades esenciales, por causa de utilidad pública o de interés nacional, con sujeción a un procedimiento legalmente determinado y pagando al expropiado la indemnización justa".[23]

En la expropiación se puede distinguir una primera fase que corresponde al legislador; una segunda que es de la competencia del órgano administrativo competente y una tercera etapa confiada al juez. La fase legislativa se cumple ejecutando las funciones propias de la reserva y por lo tanto es indelegable. Primero se debe dictar la ley que califica la causal de expropiación sea de utilidad pública o de interés nacional. La ley debe en segundo lugar autorizar la expropiación facultando a cada autoridad administrativa a ejecutar lo dispuesto por el legislador. En la fase administrativa debe habilitarse a algunos órganos de la administración a realizar la expropiación. En virtud de la ley de expropiación urbana están facultados los Ministerios de Obras Públicas, el de Vivienda y Urbanismo y las municipalidades. El objeto de la fase administrativa es llevar a efecto lo dispuesto en la habilitación legal. La tercera fase judicial es aleatoria pues dependerá de si el expropiante y el expropiado actuaron de común acuerdo. Los jueces deben tramitar los reclamos sobre un acto administrativo expropiatorio, conocer también los reclamos en relación con el monto y pago de indemnizaciones y conocer del trámite de posesión material del bien expropiado. Por cierto, siempre procede el recurso de protección en contra de un acto expropiatorio arbitrario e ilegal.

La indemnización es el monto a pagar por la expropiación, equivalente al daño patrimonial real o efectivamente causado, constatado de común acuerdo o en sede judicial, y que sea una consecuencia directa e inmediata de la expropiación. La indemnización se calcula en moneda nacional y se paga en dinero efectivo, a menos de que haya acuerdo entre las partes. La indemnización se paga al contado, salvo acuerdo de las partes. La causa única de la indemnización es la expropiación. Debe ser equivalente al daño patrimonial real o efectivamente causado. El daño debe provenir en forma directa de la expropiación.

La toma o desposeimiento material del bien expropiado requiere el pago previo del total de la indemnización. A falta de acuerdo en el monto de la indemnización, este deberá ser determinado provisionalmente por los peritos que son designados por la entidad expropiante. El juez puede, con el mérito de los antecedentes que se invoquen en cuanto al reclamo de la procedencia de la expropiación, decretar que se suspenda la toma de posesión.

7. Derecho de propiedad minera

Las disposiciones constitucionales sobre la propiedad minera deben ser coordinadas con las normas generales del derecho de propiedad de los cinco primeros incisos del artículo 19 N° 24. Por lo tanto, si las normas de propiedad minera no tienen reglas diferentes, deben aplicarse las normas generales. Debe asimismo considerarse que en materia minera existe la ley orgánica constitucional de concesiones mineras de 1982 y el Código de Minería de 1983. Asimismo, debe tenerse presente que el artículo 3° transitorio de la Constitución mantuvo la vigencia de la nacionalización de la gran minería del cobre de 1971.

El Estado tiene el dominio absoluto, exclusivo, inalienable e imprescriptible de todas las minas, con excepción de las arcillas superficiales. Los predios superficiales están sometidos a las obligaciones y limitaciones que la ley señala (en el Código de Minería).

Las concesiones judiciales recaen solo sobre minerales susceptibles de ser concedidos. El artículo 2° del Código de Minería define la concesión minera como un derecho real e irrenunciable, oponible al Estado y a cualquier persona, transferible o transmisible. La concesión puede ser de exploración o de explotación, llamándose pertenencia la concesión de explotación. Es la ley la que determina qué sustancias mineras pueden ser objeto de exploración o de explotación. En ningún caso los hidrocarburos líquidos o gaseosos pueden ser objeto de concesión judicial. Las concesiones se constituirán siempre por resolución judicial y tendrán la duración, conformarán los derechos e impondrán las obligaciones que la ley orgánica constitucional establezca. La concesión minera obliga al dueño a desarrollar la actividad minera necesaria para satisfacer el interés público que justifica su otorgamiento. La ley orgánica establecerá un régimen de amparo. Los tribunales ordinarios de justicia deben declarar la extinción de las concesiones. Las controversias que se produzcan serán resueltas por los tribunales ordinarios. El dominio del titular sobre una concesión está protegido por la garantía constitucional del derecho de propiedad. Las causales de término de la concesión judicial son la caducidad por no pago de patente y la extinción por no inscripción de la sentencia constitutiva de derecho, por haber convertido la exploración en explotación o por renuncia del titular, en ambos casos declarado por sentencia judicial.

Las concesiones administrativas están referidas a la exploración, explotación o beneficio de los yacimientos que contengan materias no susceptibles de concesión judicial. En este caso, la exploración y explotación podrán ejecutarse directamente por el Estado o por sus empresas, o por medio de concesiones administrativas o por contratos especiales de operación. En estos casos, el presidente de la República fijará los requisitos y condiciones de la exploración o explotación por decreto supremo. Esta norma se aplicará también a los yacimientos contenidos en aguas marítimas sometidas a la jurisdicción nacional y en zonas que conforme a la ley se determinen como de importancia para la seguridad nacional. El presidente de la República podrá poner término en cualquier momento, sin expresión de causa y con la indemnización que corresponda, a las concesiones administrativas o a los contratos de operación en zonas declaradas de importancia para la seguridad nacional.

8. Derecho de propiedad sobre las aguas

El artículo 5° del Código de Aguas señala que las aguas son bienes nacionales de uso público y se otorga a los particulares el derecho de aprovechamiento de las aguas. Los particulares no son propietarios de las aguas, sino de ciertos derechos de aprovechamiento legalmente constituidos de las aguas. Las aguas se dividen en marítimas o terrestres, aplicándose el Código de Aguas solo a las terrestres.

9. Derecho de propiedad intelectual e industrial

La norma constitucional contempla la propiedad artística e intelectual en los incisos 1° y 2°, la propiedad industrial en el inciso 3° y las garantías constitucionales. La reforma constitucional del año 2001 agregó al inciso 1° "la libertad de hacer y difundir las artes".

En materia de propiedad intelectual se asegura el derecho del autor sobre sus creaciones intelectuales y artísticas de cualquier especie. De acuerdo con la Ley de Propiedad Intelectual N° 17.336 de 1970 con sus modificaciones, se protegen 18 diferentes manifestaciones de la propiedad intelectual y artística.[24] La ley protege los derechos por el solo hecho de la creación de la obra, que adquieren los autores de obras de inteligencia en los dominios literarios, artísticos y científicos, cualquiera sea su forma de expresión y los derechos comunes que ella determine. El derecho de autor comprende los derechos patrimoniales y morales que protegen el aprovechamiento, la paternidad y la integridad de la obra.[25] La protección otorgada por la ley dura toda la vida del autor y se extiende por setenta años más, contados desde la fecha del fallecimiento o desde la primera publicación en el caso de que el titular sea una persona jurídica.[26] Los derechos de autor y conexos deberán inscribirse en el Registro de Propiedad Intelectual. La ley considera un capítulo de acciones y procedimientos que fue reemplazado en el año 2010.[27] Así, se contempla una importante cantidad de delitos contra la propiedad intelectual.

La propiedad industrial ha estado regulada desde 1931, ahora en un texto refundido del DFL 3 de 2006. La Constitución garantiza la propiedad industrial sobre las patentes de invención, las marcas comerciales, los modelos, los procesos tecnológicos y otras creaciones análogas por el tiempo que establezca la ley. La ley entiende por invención toda solución a un problema de la técnica que origina un quehacer industrial. La patente es el derecho exclusivo que concede el Estado para la protección de una invención.[28] Marcas comerciales es todo signo visible, novedoso y característico que sirve para distinguir productos, servicios o establecimientos industriales o comerciales.[29] Los modelos de utilidad son los instrumentos, aparatos, herramientas, dispositivos y objetos o partes de los mismos en los que la forma sea reivindicable, tanto en su aspecto externo como en su funcionamiento, y siempre que esta produzca una utilidad.[30] Los dibujos y diseños industriales comprenden toda forma tridimensional y cualquier artículo que sirva de patrón de fabricación de otras unidades y que se distinga de sus similares.[31] La propiedad industrial se reconoce por tiempos determinados por la ley. Las patentes de invención se otorgan por quince años, no renovables. Las marcas comerciales por diez años, renovables y los modelos industriales por diez años, renovables por períodos iguales.

10. Derechos de los contribuyentes

El artículo 19 N° 20 se refiere a los derechos de los contribuyentes en relación con los tributos que impone el Estado. El tributo hay que entenderlo como una prestación obligatoria pagadera en dinero al Estado. Dentro del concepto de tributo caben todos los impuestos, contribuciones, tasas, aranceles, patentes, derechos y permisos. La Corte Suprema ha dicho en un recurso de inaplicabilidad de un artículo de la Ley de Rentas Municipales que el vocablo tributo incorporado por la Constitución de 1980, en vez de contribuciones o impuestos, comprende además las tasas y los demás derechos o cargas semejantes.[32] En otra sentencia el tribunal concluía que tributo significa toda obligación tributaria que la ley impone a las personas para el cumplimiento de los fines de bien común propios del Estado, que comprende impuestos, contribuciones, tasas y los derechos.[33] Por su parte, el Tribunal Constitucional calificó que las operaciones aduaneras tenían la naturaleza jurídica de un tributo.[34] En otra sentencia precisó que los tributos serían prestaciones pecuniarias exigidas coactivamente por la ley a todos los que incurren en los hechos o situaciones que la ley grava para los efectos de financiar al Estado en su conjunto, sin que vayan acompañadas de una contraprestación directa y específica en beneficio del contribuyente.[35] Es importante la diferenciación entre tributo y el precio o tarifa cobrado en la prestación de servicios por parte del Estado. El Tribunal Constitucional ha dictaminado que en la tarifa la característica fundamental es la ausencia de una suficiente coacción, así como la falta de exigencia de una efectiva prestación.[36] Asimismo y siguiendo la lógica anterior, el tribunal consideró que los dineros cobrados por el SAG no lo son en virtud de la potestad tributaria del Estado sino que constituyen el precio de un servicio.[37] El tribunal también consideró que el pago de una cantidad de dinero por el servicio que presta un municipio es una tarifa y no un tributo.[38]

Los principios tributarios contenidos en la disposición constitucional son cuatro: legalidad, igualdad, justicia y no afectación.

La legalidad tributaria es un principio muy antiguo en el derecho constitucional, encontrándose en la Carta Magna del siglo XIII y en el *Bill of Rights* del siglo XVII, declarándose en este último ilegal el cobro de impuestos sin consentimiento del parlamento.[39] En Chile se consagra constitucionalmente desde la Constitución de 1812. La actual Constitución establece que solo en virtud de una ley pueden establecerse tributos, los que son de iniciativa exclusiva del presidente de la República y cuya discusión solo puede tener su origen en la Cámara de Diputados. Los tributos son de derecho estricto y requieren de una ley expresa. Al presidente le está prohibido establecer tributos a través de la potestad reglamentaria y también a través de decretos con fuerza de ley. En materia tributaria al legislador le corresponde determinar el hecho gravado, la base imponible, la tasa tributaria y el sujeto pasivo de la obligación tributaria. El Tribunal Constitucional ha dictaminado que el principio de reserva legal de los tributos consiste precisamente en que la ley es la norma jurídica que debe determinar los elementos esenciales que configuran la obligación tributaria.[40] Así, en otro fallo, el tribunal recalcó que la ley no puede efectuar remisiones vagas y genéricas de la potestad reglamentaria de ejecución. Resulta contraria a la Constitución la circunstancia de que la ley otorga a la autoridad administrativa facultades discrecionales o genéricas para la regulación de los elementos esenciales de la obligación tributaria. El tributo debe a lo menos ser determinable sobre la base de criterios claros y precisos fijados por el propio legislador.[41]

El principio de igualdad tributaria es una concreción de la igualdad ante la ley del artículo 19° N° 2. Es la misma Constitución la que precisa que la igualdad se manifiesta a través de tributos proporcionales, progresivos u otras formas que fija la ley. La jurisprudencia consagró la fórmula de que todos quienes se encuentren en idénticas condiciones deben ser gravados de la misma manera.[42] El Tribunal Constitucional ha señalado que para lograr realmente la igual repartición de los tributos es necesario que los impuestos se apliquen con generalidad, esto es, abarcando íntegramente a las categorías de personas o de bienes previstos en la ley y no a una parte de ellos.[43] Asimismo, el tribunal ha sostenido que la Constitución no prohíbe la imposición de tributos sobre los bienes de las personas ni sobre hechos diferentes de la renta o el acrecimiento patrimonial.[44]

El principio de la justicia de los tributos consiste en que en ningún caso la ley podrá establecer tributos manifiestamente desproporcionados o injustos. Un tributo que así lo fuere puede ser declarado inconstitucional. La norma pretende impedir tributos de carácter expropiatorio o confiscatorio que impidan el ejercicio de una actividad económica. La Corte Suprema ha dicho que el carácter de injusto o manifiestamente desproporcionado debe ser calificado en cada caso en forma prudencial por los tribunales constitucionales.[45] La Corte

Suprema declaró inconstitucional y confiscatorio un tributo equivalente al 85% de las sumas que deban pagarse al Fisco a título de indemnización.[46] Sin embargo, la corte no consideró injusta el alza de la sobretasa del impuesto a la venta de *whisky* de 55% a 70%.[47] El Tribunal Constitucional no consideró expropiatorio el aumento del tope del monto del capital propio de mil a 4 mil UTM para el pago de la patente municipal.[48] Tampoco consideró injusto el aumento del impuesto al tabaco y la gasolina.[49 y 50]

El principio de no afectación tributaria consiste en que estos no tengan fin específico, sino que se incorporan a las arcas fiscales como ingresos y su utilización depende de la ley de Presupuestos y de las leyes permanentes de gasto. Así la norma constitucional dispone que, cualquiera que sea su naturaleza, los tributos ingresarán al patrimonio general de la nación y no podrán jamás estar afectos a un destino determinado. Las excepciones al principio general son la defensa nacional, las actividades o bienes de identificación regional o local y el artículo sexto transitorio que permite la subsistencia de los tributos de afectación anteriores al 11 de marzo de 1981, mientras no sean expresamente derogados.

11. Derechos medioambientales

El artículo 20 N° 8 asegura a las personas los derechos medioambientales. A nivel de ley, fue la Ley de Bases de Medio Ambiente de 1994 la que estableció la normativa fundamental en esta materia. Dentro de la ley conviene tener presentes algunas de las definiciones de su artículo 2.[51] Por medio ambiente se entiende el sistema global constituido por elementos naturales, artificiales, de naturaleza física, química o biológica, socioculturales y sus interacciones que rigen y condicionan la vida en sus múltiples manifestaciones. Medio ambiente libre de contaminación es aquel en que los contaminantes se encuentran en concentraciones y períodos que no constituyen un riesgo para la salud de las personas, la calidad de vida de la población, la preservación de la naturaleza o la conservación del patrimonio ambiental.

De acuerdo con el inciso 1°, el Estado tiene el deber de velar para que el derecho de vivir en un medio ambiente libre de contaminación no sea afectado. En un sentido natural y obvio velar es cuidar solícitamente el bien jurídico protegido. El Estado debe prevenir situaciones que afecten el medio ambiente. Si se lesiona a pesar de la actividad preventiva, los órganos públicos competentes deben deducir las acciones que correspondan. Asimismo, es deber del Estado tutelar la preservación de la naturaleza. En el inciso 2°

se contempla que solo por ley se podrán establecer restricciones específicas al ejercicio de determinados derechos o libertades para proteger el medio ambiente. Por un lado, el legislador debe señalar con exactitud cuáles son los derechos cuyo ejercicio es susceptible de ser restringido, explicando o justificando los motivos de su determinación. Por otro lado, solo pueden ser restringidos los derechos que dicen relación, directa e inequívoca, con la tutela del medio ambiente.

12. Derechos económicos en su esencia

El artículo 19 N° 26 establece la seguridad de que los preceptos legales que por mandato de la Constitución regulan o complementan las garantías constitucionales o que limitan las garantías en los casos que autorice no podrán afectar los derechos en su esencia o imponer condiciones, tributos o requisitos que impidan su libre ejercicio. Queda en evidencia de que se trata de la seguridad jurídica de que los preceptos de la ley son los únicos que pueden regular, complementar y limitar, pero sin afectar los derechos en su esencia. La habilitación legal debe ser ejercida cabalmente por el legislador y no a través de enunciados vagos. Como lo ha dicho el Tribunal Constitucional, las disposiciones legales que regulan el ejercicio de los derechos constitucionales deben reunir los requisitos de determinación y especificidad. La determinación exige que los derechos que puedan ser afectados se señalen en forma concreta y la especificidad, que se indiquen en forma precisa las medidas especiales que se puedan adoptar. Así, el Poder Ejecutivo, a través de la potestad reglamentaria de ejecución, particularizará los aspectos instrumentales para hacer cumplir el mandato legal.[52]

13. Materias de ley

El artículo 63 contempla como materias de ley varios números de contenido económico. En el N° 1 están aquellas que según la Constitución deben ser objeto de leyes orgánicas constitucionales. En esta situación están las concesiones mineras y la Ley del Banco Central. Las normas orgánicas constitucionales requieren el voto conforme de 4/7 de los miembros de cada cámara. El N° 2 agrega como materia propia de ley las que la Constitución exija que estas sean reguladas por una ley. El N° 3 se refiere a las materias que son objeto de codificación, lo que no es del caso del derecho económico.

La autorización para contratar empréstitos públicos debe ser otorgada por el legislador de acuerdo con el artículo 63 N° 7. El objetivo de la norma es la disciplina fiscal. La ley debe autorizar para que el Estado, los organismos estatales en general y las municipalidades puedan contratar empréstitos, de fuentes tanto nacionales como extranjeras y por el monto máximo que determina la ley. La ley que autoriza el ordenamiento público debe señalar la fuente de los recursos con los cuales debe ser hecho el servicio de la deuda. En el caso de préstamos cuyos vencimientos excedan el término de la duración del período presidencial se requiere de una ley de quórum calificado (mayoría absoluta de los parlamentarios en ejercicio). La norma establece como excepción al Banco Central, que debe actuar dentro de lo preceptuado en el artículo 109 de la Constitución. El Tribunal Constitucional ha señalado que la norma se refiere a quien contrata el préstamo en calidad de deudor, lo que incluye a todos los organismos del Estado, tanto a los que tienen personalidad jurídica propia y por cierto a los que actúan con la personalidad jurídica y el patrimonio del Fisco. El tribunal también señaló que la autorización debe destinarse a financiar proyectos específicos, no puede otorgarse por nadie de una forma genérica.[53]

La autorización para comprometer el crédito público es materia solo de ley de acuerdo con el artículo 63 N° 8. En este caso, la ley debe autorizar al presidente de la República para que celebre cualquier clase de operaciones que puedan comprometer en forma directa o indirecta el crédito o la responsabilidad financiera del Estado, sus organismos y las municipalidades. El Tribunal Constitucional ha manifestado que no solo mediante préstamos un ente arriesga su patrimonio, sino que el mismo efecto puede provenir de muchas otras especies de actos que conducen al mismo resultado.[54]

El artículo 63 N° 9 establece como materias de ley las que fijan las normas con arreglo con las que los organismos del Estado y aquellos en que el Estado tenga participación pueden contratar empréstitos. En ningún caso los empréstitos podrán efectuarse con el Estado, sus organismos o empresas.

Las normas sobre enajenación, arrendamiento o concesión también son materias propias de la ley según el artículo 63 N° 10. Estas normas se refieren al Estado o las municipalidades e incluyen los actos jurídicos de la enajenación, arrendamiento o concesión.

El artículo 63 N° 12 indica que solo son materias de ley las que señalen el valor, tipo y denominación de monedas, y el sistema de pesos y medidas. El artículo 28 de la Ley Orgánica Constitucional del Banco Central establece que tendrá la potestad exclusiva de emitir billetes y acuñar monedas. El artículo

30, en concordancia con el artículo 63 N° 12 de la Constitución, señala que los billetes y monedas expresen su valor en la unidad monetaria vigente, sus múltiplos o submúltiplos, rasgos que son los fijados por la ley. El artículo 31 establece como dinero de curso legal solamente a los billetes y monedas emitidos por el Banco Central, constituyéndose en los únicos medios de pago con poder liberatorio y de circulación ilimitada de curso legal en todo el territorio y recibidos por su valor nominal. El sistema de pesos y medidas, vigente desde 1848, establece que en Chile se usan el metro, el metro cuadrado, el litro y el kilo.

El artículo 63 también establece que solo son materia de ley según el N° 14 las demás que la Constitución señale como leyes de iniciativa exclusiva del presidente de la República y, según el N° 20, toda otra norma de carácter general y obligatorio que instituya las bases esenciales de un ordenamiento jurídico.

14. Iniciativa exclusiva en materia económica

En los incisos 2° y siguientes del artículo 65 se trata el tema de la iniciativa exclusiva de proyectos de ley por el presidente a través de mensajes. Las leyes sobre tributos de cualquier naturaleza y la de presupuesto tienen como cámara de origen la Cámara de Diputados. El inciso 3° establece la iniciativa exclusiva de los proyectos de ley que digan relación con la administración financiera o presupuestaria del Estado, incluyendo las modificaciones de la Ley de Presupuestos y con la enajenación de bienes estatales o municipales, su arrendamiento o concesión. Los incisos 4° y 5° le dan al presidente la iniciativa exclusiva sobre seis materias. La primera es la de imponer, suprimir o condonar tributos de cualquier clase o naturaleza, establecer exenciones, modificar las existentes y determinar su forma, proporcionalidad o proporción. La segunda es la de crear nuevos servicios públicos o empleos rentados sean fiscales, semifiscales, autónomos o de las empresas del Estado, suprimirlas y determinar sus funciones o atribuciones. La tercera dice relación con la contratación de empréstitos o la celebración de cualquier otra clase de operación que pueda comprometer el crédito o la responsabilidad financiera del Estado y condonar, reducir o modificar obligaciones, intereses u otras cargas financieras de cualquier naturaleza establecidas en favor del Fisco o de los organismos del Estado. La cuarta atribución exclusiva es la de fijar, modificar, conceder o aumentar remuneraciones, jubilaciones, pensiones, montepíos, rentas de la Administración Pública, así como fijar las remuneraciones mínimas de los trabajadores del sector privado, aumentar obligatoriamente sus remuneraciones y demás beneficios económicos. La quinta iniciativa exclusiva es la de establecer las modalidades y procedimientos de la negociación colectiva y determinar los casos en que no se pueda negociar. La última es la de establecer o modificar las normas sobre seguridad social o que incidan en ella, tanto del sector público como del sector privado.

15. Ley de Presupuesto

El artículo 67 de la Ley de Presupuesto tiene una serie de particularidades en relación con otras leyes: iniciativa exclusiva del presidente de la República, origen en la Cámara de Diputados, plazo fatal para presentar el proyecto para la firma de su despacho, posibilidad de formular observaciones, particularidades en su tramitación, observaciones o vetos.

En cuanto a la iniciativa y aprobación, el artículo 67 inciso 1° establece que dicha ley debe ser presentada por el presidente de la República al Congreso Nacional a lo menos con tres meses de antelación a la fecha en que comenzará a regir. La cámara de origen debe ser necesariamente la Cámara de Diputados. Presentado el proyecto se inicia el plazo fatal de sesenta días que se fija para que ambas cámaras se pronuncien sobre él. Si el proyecto, presentado por el Ejecutivo, no concluyere su tramitación se entiende aprobado. El estudio del proyecto lo realiza una comisión mixta especial que está integrada por el mismo número de diputados y senadores, siendo parte de ella los miembros de las comisiones de Hacienda.

En materia de gastos, el Congreso Nacional, según el inciso 2°, solo podrá reducir los gastos contenidos en el proyecto de Ley de Presupuestos, salvo los que están establecidos por leyes permanentes de gastos. En cuanto a los ingresos, el Congreso no puede aumentar ni disminuir la estimación de los mismos. El inciso 3° establece que todas las estimaciones del rendimiento de los recursos que consulte la Ley de Presupuestos y las nuevas que establezca cualquier iniciativa legal corresponden exclusivamente al residente, previo informe de los organismos técnicos respectivos. El inciso 4° establece una prohibición para el Congreso en el sentido de que no puede aprobar ningún gasto del sector público sin que se indiquen al mismo tiempo las fuentes de los recursos necesarios para atender dicho gasto. Termina la disposición constitucional con una norma que pretende lograr el equilibrio presupuestario, señalando que si la fuente de recursos fuere insuficiente para financiar cualquier nuevo gasto que se apruebe, el presidente, al promulgar la ley previo informe favorable del servicio o institución a través de la cual se recaude el nuevo ingreso, refrendado por la Contraloría, deberá deducir proporcionalmente todos los gastos, cualquiera que sea su naturaleza.

El Tribunal Constitucional ha señalado que el principio de legalidad aplicado a la Ley de Presupuestos requiere de una interpretación constitucional flexible, racional y lógica, ya que este instrumento, aunque formalmente es una ley, reúne características que le dan una categoría especial en el ordenamiento jurídico.[55] Es, en definitiva, la herramienta con que cuenta el Ejecutivo para satisfacer gran parte de las necesidades públicas. La diversidad de situaciones que pueden presentarse con la ejecución de la Ley de Presupuestos imposibilita una previsión total por parte del legislador. En efecto, lo complejo y dinámico no puede regularse íntegramente con anticipación, así como tampoco reducir su normativa a esquemas interpretativos apriorísticos. En esta contingencia, el otorgamiento al Ejecutivo de facultades de ejecución resulta inevitable para el buen funcionamiento de la acción estatal. Si no se reconociera al órgano administrativo la posibilidad de acción directa, la Ley de Presupuestos quedaría congelada y sin operatividad. Con razón se sostiene en la doctrina que el Ejecutivo es el órgano estatal encargado de instrumentar y efectivizar esta ley. El tribunal en otro fallo de gran trascendencia presupuestaria ha señalado que los deberes de información que tiene el Ejecutivo con el Congreso respecto de la elaboración del presupuesto permiten afirmar que se ha configurado un nuevo principio regulador de este. Además de los clásicos de legalidad, equilibrio presupuestario, preponderancia del Ejecutivo, anualidad, universalidad y espacialidad, existe ahora el principio de transparencia. Este obliga al Ejecutivo a entregar cierta información de la ejecución presupuestaria al Congreso Nacional.[56]

16. Autonomía constitucional del Banco Central

La Constitución de 1980 consagró al Banco Central a nivel constitucional. Desde su creación en 1925 tuvo rango legal. El artículo 108 define las características concretas del Banco Central. Así, señala que existirá un organismo autónomo, con patrimonio propio, de carácter técnico. Una ley orgánica constitucional determinará su composición, organización, funciones y atribuciones. La ley es la N° 18.840 de 1989.

El artículo 109 establece una serie de limitaciones constitucionales al Banco Central. La primera se refiere a que el banco solo puede realizar operaciones con instituciones financieras públicas o privadas; no puede por lo tanto realizar operaciones con particulares ni con el Estado. La segunda limitación dice relación a que el banco no puede otorgar en su garantía a las instituciones financieras, ni adquirir documentos emitidos por el Estado, sus organismos o empresas. La tercera limitación es que ningún gasto público o préstamo puede financiarse con créditos directos o indirectos del Banco Central. La cuarta limitación es de carácter normativo, en el sentido de que el banco no podrá adoptar ningún acuerdo que signifique directa o indirectamente establecer normas o requisitos diferentes o discriminatorios en relación con las personas, instituciones o entidades que realicen operaciones de la misma naturaleza.

NOTAS

1) Constitución, artículo 1° inciso 3°
2) Constitución, artículo 19° N° 21
3) Constitución, artículo 1° inciso 4°
4) Constitución, artículo 1° inciso 5°
5) Corte Suprema 1995 "Mersa con Subsecretario de Pesca" (23.11.95)
6) Tribunal Constitucional, 15 de julio 2002, Rol 352
7) Tribunal Constitucional, 7 de marzo 1994, Rol 184
8) Tribunal Constitucional, 30 de octubre 1995, Rol 226
9) Diccionario de la lengua española, 2014, pág. 1494
10) Diccionario pág. 1384
11) Diccionario pág. 1987
12) Tribunal Constitucional, 21 de abril 1992, Rol N° 146 (considerando 8°)
13) Tribunal Constitucional, 6 de abril 1993, Rol N° 167 (considerando 12°)
14) Tribunal Constitucional, 10 de febrero 1995, Rol N° 207 (considerando 69°)
15) Dictamen N° 016.164 de la Contraloría, de 6 de mayo 1994
16) Diccionario de la lengua española, 2014, pág. 189
17) Tribunal Constitucional, 3 de octubre 2000, Rol 312 (considerandos 36° y 37°)
18) Tribunal Constitucional, 10 de febrero 1995, Rol 207 (considerando 63°)
19) Tribunal Constitucional, 21 de agosto 2001, Rol 334 (considerando 6°)
20) Tribunal Constitucional, 7 de marzo 1994, Rol 814 (considerando 7°)
21) Tribunal Constitucional, 3 de diciembre 1990, Rol 115
22) Tribunal Constitucional, Roles 245 y 246 (considerando 28°)
23) José Luis Cea, Derecho Constitucional Chileno, Tomo II, pág. 582
24) Ley 17.336 de 1970, artículo 3°
25) Ley 17.336, artículo 1°
26) Ley 17.336, artículo 10°
27) Ley 20.435 de 2010
28) Ley de Propiedad Industrial, DFL 3 de 2006, artículo 31°

29) Ley de Propiedad Industrial, artículo 19°
30) Ley de Propiedad Industrial, artículo 54°
31) Ley de Propiedad Industrial, artículo 62°
32) Corte Suprema 28 de enero 1992, Rol N°16.293 (considerando 15°)
33) Corte Suprema 21 de enero 2004, Rol N°3260-2003 (considerandos 4° y 5°)
34) Tribunal Constitucional, Rol 247/1996
35) Tribunal Constitucional, Rol 1034/2008
36) Tribunal Constitucional, Rol 247/1996 (considerando 15°)
37) Tribunal Constitucional, Rol 1045/2008 (considerando 16°)
38) Tribunal Constitucional, Rol 1063/2008 (considerando 9°)
39) Bill of Rights 1689, artículo IV
40) Tribunal Constitucional, Rol 822/2007 (considerando 5°)
41) Tribunal Constitucional, Rol 718/2007 (considerandos 18°, 31° y 33°)
42) Corte Suprema 16 de octubre de 1996, Rol N°374-96 (considerando 76°)
43) Tribunal Constitucional, Rol 280/199
44) Tribunal Constitucional, Rol 822/2007 (considerando 5°)
45) Corte Suprema 11 de mayo de 1994, RolN°19.584 (considerando 7°)
46) Corte Suprema 13 de mayo 1982
47) Corte Suprema 11 de mayo 1994, Rol N°19.584
48) Tribunal Constitucional, Rol 203
49) Tribunal Constitucional, Rol 219
50) Tribunal Constitucional, Rol 289
51) Ley 19.300 de 1994, Ley sobre bases generales del medioambiente
52) Tribunal Constitucional, 26 de junio 200, Rol 325 (considerando 40°)
53) Tribunal Constitucional, Rol 254 (considerando 18°)
54) Tribunal Constitucional, Rol 1867 (considerando 30°)
55) Tribunal Constitucional, Rol 254 (considerando 18°)
56) Tribunal Constitucional, Rol 1867 (considerando 30°)

BIBLIOGRAFÍA

1. Aróstica Maldonado, Iván: Derecho Administrativo Económico (Santiago: Universidad Santo Tomás, 2001).
2. Cea Egaña, José Luis: Derecho Constitucional Chileno, Tomos I, II y III (Santiago: Ediciones UC, 2008-2013).
3. Evans de la Cuadra, Enrique: Los Derechos Constitucionales, Tomo II (Santiago: Editorial Jurídica de Chile, 2004).
4. Evans Espiñeira, Eugenio: La Constitución explicada (Santiago: Editorial Jurídica de Chile, 2010).
5. Fermandois Vöhringer, Arturo: Derecho constitucional económico, 2 tomos (Santiago: Ediciones UC, 2006-2010).
6. Guerrero Becar, José Luis: La Constitución económica chilena (Santiago: DER Ediciones, 2018).
7. Guerrero del Río, Roberto: La Constitución Económica, Revista Chilena de Derecho, Volumen VI (1979).
8. Jaederlund Luttecke, John: El recurso de amparo económico (Santiago: Librotecnia, 1999).
9. Mardones Osorio, Marcelo: Lecciones de Derecho Económico, Volumen I (Valencia: Tirant lo Blanch, 2020).
10. Morales Godoy, Joaquín y Zavala Ortiz, José Luis: Derecho Económico (Santiago: Thomson Reuters, 2013).
11. Navarro Beltrán, Enrique: La Constitución económica chilena ante los tribunales de justicia, 2 Tomos (Santiago: Universidad Finis Terrae, 2016).
12. Navarro Beltrán, Enrique: Las acciones constitucionales ante los tribunales de justicia (Santiago: Universidad Finis Terrae, 2018).
13. Ruiz-Tagle Vial, Carlos: Curso de Derecho Económico (Santiago: Librotecnia, 2018).
14. Ureta Silva, Ismael: Recurso de amparo económico (Santiago: Lexis Nexis, 2002).
15. Yrarrázaval Covarrubias, Arturo: Principios económicos de la Constitución de 1980, Revista Chilena de Derecho, Volumen XIV (1987).

IV. Banco Central

1. Evolución institucional del Banco Central
2. Concepción constitucional y legal
3. Restricciones constitucionales
4. Autonomía del Banco Central
5. Naturaleza, objeto, capital y domicilio
6. Dirección y administración
7. Facultades y operaciones del Banco
8. Sanciones
9. Procedimiento de publicidad y reclamo
10. Estado financiero, personal y disposiciones varias
11. Jurisprudencia sobre el Banco Central

BANCO CENTRAL

1. Evolución institucional del Banco Central

El Banco Central fue creado en 1925 a sugerencia de la Misión Kemmerer. Su primera ley orgánica es el DFL 486 de 1925. El Banco comenzó sus actividades en 1926 con un capital de $ 150 millones, de los cuales aproximadamente el 13% fue aportado por el Estado, el 40% por los bancos comerciales nacionales y extranjeros y el 47% por accionistas privados. El directorio estaba conformado por diez directores: tres designados por el presidente de la República, dos por los bancos comerciales nacionales, uno por los bancos extranjeros, tres por las instituciones gremiales y uno por los accionistas privados. En 1946 se agregan por ley al directorio del Banco dos representantes de la Cámara de Diputados y dos del Senado, quedando conformado por 14 directores. Bajo la primera ley orgánica, su función fundamental era la monetaria, regulando el circulante y propendiendo a la estabilidad de la moneda. La ley establecería que el Banco tendrá el monopolio de la emisión de dinero. También la prohibición de adquirir pagarés, letras, bonos y otras obligaciones del Estado, de las municipalidades y de otras reparticiones fiscales por un valor que excediera del 20% del capital pagado y las reservas del Banco. Asimismo, el Banco debía mantener en forma permanente una reserva de oro equivalente a lo menos al 50% de la emisión de dinero. La súper vigilancia del Banco la asume la Superintendencia de Bancos.

En 1953 se aprueba la segunda ley orgánica, DFL 106 de dicho año, que concibe al Banco como una institución autónoma, de duración indefinida, cuyo objetivo es propender al desarrollo ordenado y progresivo de la economía nacional mediante una política monetaria y crediticia que, procurando evitar tendencias inflacionistas o depresivas, permita el mejor aprovechamiento de los recursos productivos del país. La nueva ley mantuvo la composición del Directorio, con los cuatro representantes del Congreso Nacional. Debe destacarse que la ley facultó al Banco Central para conceder créditos al Fisco, instituciones semifiscales, de administración autónoma y municipalidades, en las condiciones establecidas en leyes especiales. La ley obligó al Banco, dentro de ciertas limitaciones, a descontar letras de cambio giradas por la Caja Autónoma de Amortización de la Deuda Pública, a cargo del Tesorero General de la República, lo que tuvo un gran impacto en la expansión monetaria y el proceso inflacionario.

La tercera ley orgánica es de 1960, DFL 247 de dicho año y mantiene el objeto del Banco, pero amplía sus facultades en materia de fijación de encajes y de control del crédito. Por otra ley posterior, también de 1960, se incorpora la Comisión de Cambios Internacionales al Banco, quedando radicada en el Comité Ejecutivo del Banco Central la facultad de dictar normas generales aplicables al comercio exterior y a las operaciones de cambios internacionales. La nueva ley orgánica introdujo modificaciones en la composición y elección del directorio, el que quedó conformado por cuatro directores elegidos por el presidente de la República, tres elegidos por los bancos nacionales y extranjeros, un director elegido por los accionistas particulares, dos por los gremios empresariales y un director elegido en representación de empleados y obreros. Esta crea el Comité Ejecutivo, formado por el presidente, vicepresidente y gerente general, con la responsabilidad de cumplir los acuerdos del directorio y de administrar el Banco. La ley mantuvo la facultad del banco de conceder créditos al Fisco y la obligación de descontar letras giradas por la Caja de Amortización de la Deuda Pública, con la limitación en este último caso de que los documentos que se descontaren no podrían exceder de un duodécimo del presupuesto anual de la nación.

En 1975 se aprueba la cuarta ley orgánica, DFL 1078 de dicho año, que define al Banco como institución autónoma con personalidad jurídica y de duración indefinida, cuyo objeto es propender al desarrollo ordenado y progresivo de la economía nacional mediante las políticas monetarias, crediticias, de mercado de capitales, de comercio exterior y cambios internacionales, del ahorro y demás que le sean encomendadas por ley. La ley reemplaza al directorio por un Consejo Monetario, órgano a nivel ministerial, integrado por los ministros de Hacienda, Economía, Coordinación Económica, el director de Planificación, el presidente del Banco y un representante del presidente de la

República. El Banco queda dotado de un capital propio y se le autoriza para adquirir las acciones de los bancos (serie B y C) y de los particulares (serie D), terminándose con las distintas clases de acciones. El Consejo Monetario tendrá como funciones: determinar la política monetaria y de créditos en materia de endeudamiento interno o externo; dictar normas en materia de mercado de capitales; la política en materia de captación de dinero del público; la política en materia de intereses, encaje y reserva técnicas; los cambios internacionales, de comercio exterior y arancelarios. Desde el punto de vista monetario se contempla expresamente la facultad del Banco Central para conceder créditos al Fisco en virtud de leyes especiales para los créditos, no pudiendo exceder del límite máximo de endeudamiento fiscal con el Banco determinado por el Consejo Monetario para cada año. Las políticas que determine el Consejo serán obligatorias para los organismos que tengan las facultades normativas necesarias para ponerlas en ejecución. La ley establece que los acuerdos del Comité Ejecutivo y las normas que el Consejo Monetario dicte en relación con el mercado de capitales son reclamables por ilegalidad ante la Corte de Apelaciones de Santiago. En 1979 se prohibió al Banco Central adquirir pagarés descontables de la Tesorería u otros documentos de crédito emitidos directamente por el Fisco, así como también otorgar créditos directos a cualquier institución que no fuera de carácter financiero.

La quinta ley orgánica es la única de rango constitucional, pues tiene su origen en la Constitución de 1980, pasando a ser la Ley 18.840 de 1989. La ley ha tenido once modificaciones, todas ellas aprobadas en el Congreso Nacional por los quórums necesarios para las leyes orgánicas constitucionales.

En el año 2020 se reformó la Constitución permitiendo al Banco Central comprar instrumentos de deuda emitidos por el Fisco bajo ciertas condiciones.

2. Concepción constitucional y legal

El artículo 108 de la Constitución le dio al Banco Central un rango constitucional, del mismo modo que la reforma constitucional de 1943 se lo había dado a la Contraloría General de la República.[1] Conjuntamente, con el rango constitucional se le reconoce constitucionalmente como un órgano autónomo. El precepto lo define como un organismo con patrimonio propio, de carácter técnico y cuya composición, organización, funciones y atribuciones deberán quedar determinadas mediante una ley orgánica constitucional. La ley orgánica constitucional es precisamente la Ley 18.840 de 1989.

3. Restricciones constitucionales

El artículo 109 de la Constitución estableció a nivel constitucional severas limitaciones financieras al Banco Central.[2] La primera está referida a las operaciones financieras, las que solamente podrá realizar el Banco Central con instituciones financieras.[3] La norma constitucional prohíbe que el Banco Central otorgue a las instituciones financieras su garantía y la adquisición de documentos emitidos por el Estado, sus organismos o empresas. La segunda limitación es que ningún gasto público o préstamo puede financiarse con créditos del Banco Central, ya sean directos o indirectos. Existe una excepción a lo anterior. En caso de guerra exterior o peligro de guerra, calificado por el Consejo de Seguridad Nacional, el Banco puede otorgar o financiar créditos al Estado y a entidades, ya sean públicas o privadas. La tercera limitación dice relación con la función normativa del Banco. En vez de aplicarse el artículo 19 N° 22 de la no discriminación arbitraria, la norma constitucional no permite que un acuerdo del Banco Central pueda establecer normas o requisitos diferentes o discriminatorios en relación con personas, instituciones o entidades que realicen operaciones de la misma naturaleza.

La reforma constitucional de 2020 agregó una excepción en el sentido de que el Banco Central podrá adquirir instrumentos de deuda emitidos por el Fisco sujetos a los siguientes requerimientos: (i) en el contexto de situaciones excepcionales y transitorias; (ii) que tengan por objeto el financiamiento de los pagos internos y externos (iii) que la compra se realice en un período determinado y la venta en el mercado secundario abierto.

4. Autonomía del Banco Central

La autonomía del Banco Central se manifiesta principalmente en las siguientes características actuales del Banco:

1. El Banco ejerce sus funciones y atribuciones con sujeción exclusiva a la Constitución y a su ley orgánica, salvo las Bases Generales de la Administración del Estado. No le son aplicables al Banco, para ningún efecto legal, disposiciones generales o especiales que se dicten para el sector público. Subsidiariamente y dentro de la competencia del Banco regirán las normas del sector privado.
2. Los trabajadores del Banco se rigen por las normas laborales aplicables al sector privado.

3. El Banco no puede otorgar su garantía ni adquirir documentos emitidos por el Estado, sus organismos o empresas.
4. El Banco no puede otorgar créditos para financiar el gasto público o el endeudamiento público.
5. Los consejeros son designados por el presidente de la República, pero siempre con acuerdo del Senado.
6. Las remuneraciones de los consejeros serán determinados por el presidente de la República, pero sobre la base de una propuesta de una comisión *ad-hoc* de expresidentes y exvicepresidentes del Banco que considera las remuneraciones de los más altos ejecutivos de la banca privada.
7. Los consejeros duran diez años en sus cargos.
8. Causales de cesación en el cargo son las establecidas en la ley, muy exigentes y con la decisión de más de un órgano político.
9. La intervención del ministro de Hacienda en las decisiones del Consejo solamente es para suspender un acuerdo adoptado por el Consejo, ante lo cual este puede insistir por la unanimidad de sus miembros.

5. Naturaleza, objeto, capital y domicilio

La ley del Banco Central define su naturaleza jurídica como un organismo autónomo, de rango constitucional, de carácter técnico, con personalidad jurídica, patrimonio propio y duración indefinida. La ley establece su organización, composición, funciones y atribuciones. El domicilio del Banco es Santiago y podrá abrir o cerrar agencias, oficinas o sucursales dentro o fuera del territorio nacional.[3]

El Banco, en el ejercicio de sus funciones y atribuciones, se rige exclusivamente por su ley orgánica y no le serán aplicables las normas del sector público. Subsidiariamente, se regirá por las normas del sector privado. Las facultades del Banco no podrán ejercerse de modo que, directa o indirectamente, signifiquen establecer normas o requisitos diferentes o discriminatorios en relación con operaciones de la misma naturaleza.[4]

El objetivo del Banco está claramente establecido como el de velar por la estabilidad de la moneda y el normal funcionamiento de los pagos internos y externos. Las atribuciones del Banco serán la regulación de la cantidad de dinero y de crédito en circulación, la ejecución de operaciones de crédito y cambios internacionales, así como también la dictación de normas en materia monetaria, crediticia, financiera y de cambios internacionales.[5]

El Banco Central tiene la obligación de informar al presidente de la República y al Senado de las políticas y normas que dicte en el ejercicio de sus atribuciones. Asimismo, deberá asesorar al presidente, cuando este lo solicite, en todas aquellas materias que digan relación con las funciones del Banco.[6] El capital del Banco a 1989 será la suma de $ 500.000 millones. Este podrá ser aumentado por acuerdo de la mayoría del total del Consejo, mediante la capitalización de reservas y ajustado por corrección monetaria. El Banco, por acuerdo fundado de la mayoría del total del Consejo, podrá solicitar al ministro de Hacienda con cargo a la Ley de Presupuestos el aumento de capital o la entrega de aportes específicos a su patrimonio.[7]

6. Dirección y administración

El título II de la ley contiene dos párrafos, el primero dedicado al Consejo y el segundo a las autoridades unipersonales del Banco: presidente, vicepresidente, gerente general, fiscal y revisor general. La dirección y administración del Banco estarán a cargo del Consejo, al cual le corresponde ejercer las atribuciones y cumplir las funciones que la ley encomiende al Banco. El Consejo, al adoptar sus acuerdos, deberá tener presente la orientación general de la política económica del Gobierno.[8] Recordemos que el Banco Central tiene Consejo solamente desde el año 1989.

El Consejo está constituido por cinco consejeros designados por el presidente de la República previo acuerdo del Senado.[9] Los miembros del Consejo duran diez años en sus cargos, pudiendo ser designados para nuevos períodos. Los consejeros se renuevan por parcialidades cada dos años. El presidente del Consejo y del Banco será designado por el presidente de la República entre los consejeros y dura cinco años o el tiempo menor que le reste como consejero, pudiendo ser designado para nuevos períodos.[10] El Consejo elegirá de entre sus miembros al vicepresidente del Consejo y del Banco por el tiempo que señale el Consejo.[11] Las remuneraciones del presidente, vicepresidente y consejeros serán fijadas por el presidente de la República por plazos no superiores a dos años. El presidente de la República designará una comisión de tres expresidentes y vicepresidentes del Banco, quienes formularán una propuesta de remuneraciones sobre la base de los cargos ejecutivos más altos de los bancos privados.[12] El Consejo funciona con la asistencia de a lo menos tres de sus miembros y los acuerdos se adoptarán por la mayoría de los asistentes, salvo que la ley exija una mayoría especial. Las sesiones ordinarias serán una vez a la semana. De los acuerdos deberá dejarse constancia en el acta de la sesión.[13] El ministro de Hacienda podrá asistir a las sesiones del Consejo con derecho a voz y tendrá el derecho de suspender la aplicación de cualquier acuerdo por un plazo no superior a quince días, salvo que la totalidad de los consejeros insista en su aplicación.[14]

Los consejeros están inhabilitados para intervenir y votar en acuerdos que incidan en operaciones de crédito, inversiones u otros negocios en los que ellos, sus cónyuges o sus parientes hasta el tercer grado de consanguinidad o segundo de afinidad tengan un interés de carácter patrimonial. No se entienden comprendidos en estas prohibiciones los acuerdos destinados a producir efectos de carácter general.[15] El consejero que infrinja las prohibiciones o realice conductas que impliquen un abuso de su calidad de tal con el objeto de obtener beneficios directos o indirectos para sí o para terceros, podrá ser acusado a la Corte de Apelaciones de Santiago, la que resolverá a través de una de sus salas, en única instancia, si se ha incurrido en una infracción o abuso. La acusación también puede ser deducida por la inclusión de datos inexactos o la omisión inexcusable de información relevante en la declaración de bienes de los consejeros. La acusación deberá ser fundada e interpuesta por el presidente de la República, el presidente del Banco o por a lo menos dos consejeros.[16] La calidad de consejero será incompatible con todo cargo o servicio, sea o no remunerado, que se preste en el sector privado o en el sector público. Asimismo, el cargo de consejero es incompatible con la participación en la propiedad de empresas bancarias. Las incompatibilidades no regirán para las labores docentes o académicas. Tampoco regirán para el desempeño de funciones en corporaciones o fundaciones siempre que por ellas no perciban remuneración, ni para integrar un determinado consejo o directorio cuando las leyes dispongan que un consejero del Banco deba integrarlo, pero también sin remuneración.[17] La ley contempla dos posibilidades de destitución, una del presidente del Banco y la otra de alguno o de la totalidad de los consejeros. En el primer caso es el presidente de la República, quien a petición fundada de a lo menos tres de los consejeros, destituye al presidente del Banco en razón de incumplimiento de las políticas adoptadas o de las normas impartidas por el Consejo. El presidente procederá a la destitución previo consentimiento del Senado.[18] La segunda situación es la remoción por el presidente de la República de alguno o la totalidad de los consejeros. La remoción debe ser por causa justificada y previo consentimiento del Senado. Esta solo podrá fundarse en la circunstancia de que el consejero hubiera votado favorablemente acuerdos del Banco que impliquen un grave y manifiesto incumplimiento de su objeto y siempre que dicho acuerdo haya sido la causa principal y directa de un daño significativo a la economía del país.[19]

Los consejeros, antes de asumir sus cargos, deben declarar bajo juramento y mediante instrumento protocolizado en notaría su estado de situación patrimonial, las actividades profesionales y económicas en que participan y la circunstancia de no afectarles las incompatibilidades de la ley.[20] No podrá ser consejero el que tuviera dependencia de sustancias o drogas estupefacientes o sicotrópicos ilegales, a menos de que justifique su consumo por tratamiento médico. El consejero debe prestar una declaración jurada que acredite que no se encuentra afecto a esta causal de inhabilidad.[21]

La ley establece las atribuciones que le corresponden al Consejo, las que incluyen el ejercicio de todas las atribuciones y el cumplimiento de todas las funciones que la ley encomienda al Banco.[22] La ley enumera a continuación las funciones propias del presidente,[23] del vicepresidente,[24] del gerente general,[25] del fiscal[26] y del revisor general.[27]

7. Facultades y operaciones del Banco

El título III de la ley parte con la norma general que reproduce fundamentalmente el artículo 109 de la Constitución. El Banco podrá otorgar financiamiento o refinanciamiento solo a las empresas bancarias o sociedades financieras. De manera alguna les podrá otorgar su garantía, ni adquirir documentos emitidos por el Estado, sus organismos o empresas.

Sin perjuicio de lo anterior, el Banco, en situaciones excepcionales y transitorias determinadas por el Consejo mediante acuerdo fundado, adoptado con el voto favorable de al menos cuatro consejeros, podrá, cuando así lo requiera la preservación del normal funcionamiento de los pagos internos y externos, comprar durante un período determinado en el mercado secundario abierto, para fines de provisión de liquidez, instrumentos de deuda emitidos por el Fisco.

Ningún gasto público o préstamo podrá financiarse con créditos directos o indirectos del Banco. Con todo, en caso de guerra exterior o peligro de ella, que calificará el Consejo de Seguridad Nacional mediante oficio secreto, el Banco podrá obtener, otorgar o financiar crédito al Estado y a entidades públicas o privadas.

El Banco dispone de una serie de atribuciones y funciones que dicen relación con las siguientes materias: emisión de billetes y monedas; regulación de la cantidad de dinero; regulación del sistema financiero y del mercado de capitales; facultades para cautelar la estabilidad del sistema financiero; funciones en carácter de agente fiscal; atribuciones en materia internacional; facultades en operaciones de cambios internacionales, y funciones estadísticas.

El párrafo 2° se refiere al circulante. Es potestad exclusiva del Banco emitir billetes y acuñar monedas.[28] La impresión de billetes y la acuñación de monedas podrán contratarse por el Banco dentro o fuera del país.[29] Los billetes y monedas expresarán su valor en la unidad monetaria vigente y tendrán las características que acuerde el Consejo.[30] Los billetes y monedas emitidos por el Banco serán los únicos medios de pago con poder liberatorio y de circulación ilimitada, tendrán curso legal en todo el territorio y serán recibidos por su valor nominal.[31] El Banco retirará de circulación los billetes o monedas en mal estado. Los billetes mutilados que conserven más de la mitad podrán ser canjeados en el Banco.[32]

El párrafo 3° se refiere a la regulación de la cantidad de dinero en circulación y de crédito. Con dicho objetivo, el Banco estará facultado para:

i. Abrir líneas de crédito a los bancos, otorgarles refinanciamiento, descontar y redescontar documentos.
ii. Fijar las tasas de encaje que deban mantener las entidades bancarias, financieras y cooperativas de ahorro y crédito que no podrán exceder de 40% tratándose de depósitos u obligaciones a la vista y 20% en el caso de los restantes depósitos y obligaciones. El encaje estará constituido por billetes y monedas en caja, depósitos a la vista en el Banco y en valores o títulos del Banco. Las tasas de encaje deben ser generales para los distintos tipos de obligaciones.
iii. Ceder documentos de la cartera de colocaciones o de inversiones a los bancos y adquirir de ellos sus carteras de colocaciones o de inversiones.
iv. Recibir y efectuar depósitos de o en los bancos.
v. Emitir títulos, como también colocarlos y adquirirlos en el mercado abierto. Esta facultad comenzó a ser ejercida por el Banco en 1965, con la emisión de certificados de ahorro reajustables y con interés de 5% anual.
vi. Comprar y vender en el mercado abierto valores mobiliarios y efectos de comercio emitidos por los bancos y sociedades financieras.
vii. Fijar las tasas de interés, sistemas de reajustes, comisiones y demás condiciones a las operaciones que efectúe el Banco.[33]

El párrafo 4° de la ley se refiere a la regulación del sistema financiero y del mercado de capitales. En esta materia son atribuciones del Banco Central:

i. Dictar normas y condiciones a los bancos, sociedades financieras y cooperativas de ahorro y crédito en la captación de fondos del público.
ii. Autorizar el pago de intereses en las cuentas corrientes bancarias.
iii. Autorizar créditos en las cuentas corrientes bancarias para consentir sobregiros.
iv. Fijar intereses máximos en los depósitos a la vista.
v. Dictar normas y limitaciones en materia de avales y fianzas en moneda extranjera.
vi. Dictar normas y limitaciones en las relaciones entre operaciones activas y pasivas.
vii. Dictar normas a las empresas cuyo giro sea la emisión u operación de tarjetas de crédito o cualquier otro sistema similar.
viii. Autorizar la creación y reglamentar el funcionamiento de cámaras compensadoras de cheques y de otros valores.
ix. Autorizar los sistemas de reajuste que utilicen en sus operaciones de crédito de dinero en moneda nacional los bancos, financieras y cooperativas de ahorro y crédito.

Los acuerdos que adopte el Banco en la regulación del sistema financiero y del mercado de capitales requerirán un informe previo de la Superintendencia de Bancos e Instituciones Financieras (hoy Comisión para el Mercado Financiero).[34]

El párrafo 5° dice relación con las facultades del Banco para cautelar la estabilidad del sistema financiero. El Banco estará facultado para:

i. Conceder a los bancos créditos en caso de urgencia por un plazo no superior a noventa días cuando presentaren problemas derivados de una falta transitoria de liquidez. Para renovar los créditos se requiere de acuerdo del Consejo, previo informe de la Comisión para el Mercado Financiero. . El Banco puede condicionar el otorgamiento de los créditos al cumplimiento por parte del solicitante de determinadas normas de administración financiera. En este caso, el Banco puede también adquirir de los bancos en cuestión documentos de su cartera de colocaciones o inversiones.
ii. Conceder créditos o adquirir activos de los bancos en los casos de proposición de convenio o liquidación forzosa de la Ley General de Bancos.

El párrafo 6° establece las funciones del Banco en su carácter de agente fiscal. El Banco podrá actuar como agente fiscal en la contratación de créditos externos e internos y en aquellas operaciones que sean compatibles con sus finalidades. Asimismo, en su carácter de agente fiscal podrá actuar en todo lo relativo al servicio y amortización de la deuda externa, directa o indirecta, del Estado. El Banco podrá actuar en la conversión y renegociación de la deuda externa pública, directa o indirecta.[35]

El párrafo 7° se refiere a las atribuciones en materia internacional. El Banco tiene las siguientes atribuciones internacionales:

i. Participar en representación del Gobierno de Chile o por sí en los organismos financieros internacionales.
ii. Aplicar las disposiciones de los convenios internacionales en que sea parte el Banco o que el Gobierno le encomiende.
iii. Contratar en el exterior toda clase de créditos.
iv. Emitir títulos y colocarlos en el extranjero.
v. Conceder créditos a Estados extranjeros, bancos centrales o bancos extranjeros.
vi. Recibir depósitos o abrir cuentas corrientes de bancos centrales extranjeros, bancos o entidades extranjeras.
vii. Mantener, administrar y disponer de sus reservas internacionales en el país o en el extranjero. Las reservas pueden estar constituidas por monedas extranjeras, oro o títulos emitidos o garantizados por Estados extranjeros, bancos centrales o bancos extranjeros. El Banco está facultado para gravar las reservas en garantía de sus obligaciones.[36]

El párrafo 9° desarrolla otras atribuciones del Banco. El Banco deberá compilar y publicar las principales estadísticas macroeconómicas nacionales, incluyendo las de carácter monetario y cambiario, de balanza de pagos, cuentas nacionales u otros sistemas globales de contabilidad económica y social.[37] El Banco también podrá prestar a bancos y a agencias internacionales servicios bancarios que no impliquen financiamiento.[38] Asimismo, podrá abrir cuentas corrientes a los bancos, Tesorería e instituciones estatales para la realización de sus operaciones con los bancos.[39] El Banco estará facultado para exigir garantías en sus operaciones y para recibir valores o bienes en custodia.[40] Por último, podrá adquirir todo tipo de bienes y realizar todos los actos, contratos y operaciones bancarias y comerciales que sean necesarios para el cumplimiento de su objeto.[41]

8. Sanciones

Las sanciones de la ley están tratadas en el título IV. La gran mayoría de las sanciones están referidas a las operaciones de cambios internacionales. No obstante, la ley sanciona a la persona que incurriere en falsedad maliciosa en los documentos que acompañen sus actuaciones con el Banco. La falsedad maliciosa será sancionada por los tribunales de justicia con la pena de presidio de 541 días a 5 años.[42] Asimismo, el que fabricare o hiciere circular objetos cuya forma se asemeje a billetes de curso legal, de manera que sea fácil su aceptación en lugar de los verdaderos, será sancionado por los tribunales con la pena de presidio de 541 días a 5 años.[43] El Banco deberá comunicarles por escrito a los respectivos organismos fiscalizadores las sanciones que se impongan a las instituciones sujetas a su control.[44] Es interesante anotar que la ley no contempla penalidad alguna para las empresas bancarias y financieras que infrinjan las regulaciones financieras, las que quedan sujetas a la potestad sancionatoria de la Superintendencia de Bancos e Instituciones Financieras.

9. Procedimiento de publicidad y reclamo

En el año 2008 se incorporó la norma que indica que el Banco se rige por el principio de transparencia en el ejercicio de la función pública, el que está consagrado en el artículo 8° de la Constitución y en los artículos 3° y 4° de la Ley de Transparencia de la Función Pública y Acceso a la Información de la Administración del Estado. Vencido el plazo legal para entregar la información o denegada la petición por alguna de las causales autorizadas por la ley, el requirente podrá reclamar ante la Corte de Apelaciones de Santiago y el tribunal, en la misma sentencia que acoge el reclamo, sancionará con una multa del 20% al 50% de las remuneraciones al infractor.[45]

El Banco debe guardar reserva respecto de los antecedentes relativos a las operaciones de crédito de dinero que celebre o las inversiones que efectúe de los que provenga la información que requiera en las operaciones de cambios internacionales o de otras atribuciones que le otorgan en esta materia otras leyes. También debe guardar reserva de la información que recabe para las principales estadísticas macroeconómicas nacionales y no proporcionar datos sobre ellas si no a las personas que hayan sido parte de esta operación. No regirá la reserva en el caso de que los antecedentes sean solicitados por la Comisión para el Mercado Financiero o la Superintendencia de Pensiones, con el objeto de velar por el cumplimiento de sus respectivas funciones; por el Servicio Nacional de Aduanas con respecto del valor de las importaciones y las exportaciones; por el Servicio de Impuestos Internos y Tesorería en el caso de fiscalizaciones relacionadas a solicitudes de franquicias aduaneras, tributarias o de fomento a las exportaciones; de la Fiscalía Nacional Económica por asuntos de libre competencia; por la Unidad de Análisis Financiero o por el Ministerio Público por operaciones sospechosas o delitos de lavado de dinero. Tampoco regirá la reserva cuando algún antecedente específico fuere requerido por la justicia ordinaria o militar, por el Tribunal de la Competencia o por el Consejo de Estabilidad Financiera. Con todo, el Banco podrá dar a conocer las operaciones en términos globales, no personalizados y solos para fines estadísticos o de información general.[46]

Deberán publicarse en el Diario Oficial las resoluciones o acuerdos referentes al encaje bancario, restricciones cambiarias, todas aquellas de carácter general y las que a juicio del Consejo o de alguno de sus consejeros requieran de conocimiento público. La fecha de vigencia será la de su publicación, salvo que el acuerdo disponga expresamente una fecha diferente.[47] Los acuerdos de carácter particular del Consejo serán notificados mediante la inclusión de un extracto en una lista fijada en la oficina principal del Banco durante tres días hábiles bancarios.[48]

La ley permite reclamar por ilegalidad en contra de los acuerdos, reglamentos, resoluciones, órdenes o instrucciones que el Banco dicte en el ejercicio de las facultades de regulación de la cantidad de dinero y de crédito, de la regulación del sistema financiero, de las facultades para cautelar la estabilidad del sistema financiero, de las sanciones y de las operaciones de cambios internacionales. La reclamación debe interponerse por el interesado ante la Corte de Apelaciones de Santiago dentro de quince días hábiles contados desde la fecha de notificación del acuerdo. La consignación será el 1% del monto de la operación o del perjuicio que se reclama y no podrá exceder las 600 UF.[49] El reclamante señalará en su escrito, con precisión, la ley que supone infringida, la forma en que se ha producido la infracción, las razones por las cuales el acuerdo lo perjudica y el monto en que estima el perjuicio. La Corte puede declarar inadmisible el recurso si el escrito no cumple con los requisitos o si no se hubiera efectuado la consignación.[50] La Corte dará traslado por diez días hábiles al Banco y dispondrá, si lo estima procedente, un período de prueba que no podrá exceder de quince días hábiles. El fallo de la Corte será apelable ante la Corte Suprema.[51] Si se desecha la reclamación se perderá el monto de la consignación, salvo que el tribunal determine que hubo motivos plausibles para reclamar.[52] Si la reclamación fuera aceptada, el tribunal adoptará las medidas necesarias para poner remedio al acto que motivó la reclamación, se devolverá la consignación y el reclamante podrá demandar en los tribunales ordinarios indemnización de perjuicios y la aplicación de sanciones penales que pudieren ser procedentes.[53] Si la ley infringida es la Ley de la Competencia, el afectado podrá reclamar al Tribunal de la Competencia dentro de quince días hábiles desde la notificación del acuerdo.[54]

10. Estado financiero, personal y disposiciones varias

El título VI del Banco trata de los estados financieros, el VII del personal y el VIII sobre disposiciones varias.

El Consejo del Banco, previo informe favorable de la Comisión para el Mercado Financiero , dicta las normas relativas a los requisitos y condiciones generales que deberán cumplir sus estados financieros. Los estados financieros se publican en el Diario Oficial antes del 30 de abril de cada año. El Banco estará obligado a publicar mensualmente un estado de situación.[55] El gerente deberá presentar al Consejo antes del 31 de enero de cada año los estados financieros auditados para su aprobación.[56] El Banco confeccionará una memoria sobre las actividades del año inmediatamente anterior.[57] El Consejo deberá presentar al ministro de Hacienda y al Senado, antes del 30 de septiembre de cada año, una evaluación del avance de las políticas y programas del año en curso y un informe de aquellas propuestas para el año calendario siguiente.[58] Los excedentes que produzca el Banco serán destinados primero a la constitución de reservas, si así lo acuerda el Consejo, hasta un 10% del total de los excedentes y a beneficio fiscal el saldo, salvo que por ley se incrementen el capital o las reservas del Banco.[59]

El título VII establece que las relaciones de los trabajadores del Banco con la institución se regirán por las disposiciones de esta ley y en subsidio por las del Código del Trabajo y demás normas aplicables al sector privado. Las incompatibilidades de los consejeros se extienden al fiscal, al revisor general y el Consejo las podrá hacer extensivas a los abogados y demás funcionarios superiores del Banco.[60] No podrá desempeñar las funciones de directivo superior del Banco el que tuviera dependencia de sustancias o drogas estupefacientes ilegales, a menos de que justifique su consumo por un tratamiento médico.[61]

El título VIII contiene disposiciones varias. Las resoluciones que adopte el Banco serán obligatorias para los organismos del sector público que tengan las facultades normativas necesarias para ponerlas en ejecución. La supervigilancia del cumplimiento de las políticas y normas que dicte el Banco se ejercerá a través de los organismos de fiscalización que correspondan.[62] El Banco tendrá la facultad exclusiva de interpretar administrativamente sus acuerdos, sin perjuicio de las atribuciones legales de los órganos jurisdiccionales.[63] Los documentos en que consten las autorizaciones del Banco tendrán el carácter de instrumento público.[64] El Banco podrá, en los contratos internacionales que celebre y cuyo objeto principal sean operaciones económicas o financieras, someterse al derecho o a tribunales extranjeros y renunciar a la inmunidad de ejecución.[65]

11. Jurisprudencia sobre el Banco Central

Un primer pronunciamiento relevante del Tribunal Constitucional se produjo antes de la ley orgánica, en el proyecto de ley que establecía normas para las entidades financieras en liquidación. El Tribunal consideró que no infringía la igualdad ante la ley la norma que otorgaba facultades al Banco Central en relación con bancos o financieras que se encuentran en liquidación forzosa o que se encontraban a cargo de administradores provisionales. Para ejercer la facultad, las instituciones debían hallarse en una situación anormal. La facultad de compra de deuda subordinada se entrega a todas las instituciones en tal situación, sin hacer distingos, excepciones o diferencias de ninguna naturaleza. Por consiguiente, la norma no puede ser calificada de discriminatoria.[66]

Sin lugar a duda, el fallo del Tribunal Constitucional más relevante fue el que se pronunció con respecto del proyecto de Ley Orgánica Constitucional y en especial sobre la autonomía del Banco Central. El Tribunal sostuvo que el artículo 24 de la Constitución le confiere al presidente de la República el gobierno y la administración del Estado, pero no puede comprender dentro de su competencia a los organismos autónomos que contempla la Constitución, como la Contraloría, el Banco Central y las municipalidades. Pretender que el Banco Central esté sujeto al poder jerárquico del presidente sería inconstitucional, pues la Constitución lo crea como un ente autónomo.[67] La decisión del Tribunal tiene los votos disidentes de los ministros Luis Maldonado y Eduardo Urzúa. Ellos estimaron que la autonomía constitucional del Banco Central debe entenderse en consonancia con otras disposiciones de la Carta Fundamental, de modo que exista entre ellas debida correspondencia y armonía y no deba dársele a esa autonomía una extensión de tal magnitud que autorice a crear en el hecho otro poder del Estado además del Ejecutivo, el Legislativo y el Judicial.[68]

El Tribunal se pronunció también sobre el proyecto de ley que establecía normas para resolver las cuestiones de competencia entre entidades administrativas. El Tribunal fue categórico en señalar que los conflictos que pudieran surgir entre agencias que gozan de autonomía constitucional no pueden ser resueltos por autoridades administrativas, pues significaría vulnerar la autonomía que la Constitución otorgó a estas entidades. En esta situación están el Banco Central y la Contraloría. La norma que establece que las cuestiones de competencia en que se vean involucrados la Contraloría, el Banco Central o las municipalidades serán resueltas por los tribunales superiores de justicia no es inconstitucional.[69]

Una interesante jurisprudencia surge del proyecto de ley de la obligación subordinada de los bancos con el Banco Central, a raíz de la crisis bancaria de la primera mitad de la década del 80. El Tribunal señaló que la autonomía del Banco Central se expresa en el hecho de ser un órgano de rango constitucional. En cuanto a la extensión de su autonomía y de la relación que debe existir entre la independencia de este órgano con la autoridad o poder central, le corresponde al legislador orgánico establecer las normas que permitan una adecuada compatibilización de estos principios. Más adelante, el Tribunal indica que la ley orgánica, si bien estableció normas que configuran una relación entre las atribuciones de administración y de gobierno del presidente de la República y el Banco Central, en ninguna de ellas hay atribuciones del Ejecutivo que impliquen que puede imponerse la voluntad del poder central sobre el Consejo, el que tiene a su cargo la dirección y administración del Banco Central. Concluye el Tribunal sosteniendo que una norma que exige que los acuerdos del Banco Central cuenten con la opinión del ministro de Hacienda es contraria a la norma constitucional que establece el carácter autónomo del Banco Central. Lo mismo sucede si se exige un informe previo a la Superintendencia de Bancos e Instituciones Financieras o al ministro de Hacienda.[70]

En el proyecto de ley sobre probidad administrativa de los órganos de la Administración del Estado, el Tribunal declaró constitucional la norma que obliga a los consejeros a hacer una declaración jurada antes de asumir y al dejar el cargo, agregado al artículo 14 de la ley del Banco Central.[71]

Cuando el Tribunal se pronunció respecto a un proyecto de ley que establecía un sistema de incentivos al desempeño de los fiscales y los funcionarios del Ministerio Público ahondó en el tema de la autonomía de los órganos del Estado. Dijo el Tribunal que la Carta Fundamental establece normas y diversos controles externos al órgano autónomo. Ninguno de estos órganos es enteramente autárquico. Desde luego para ninguno se consagra una autonomía financiera absoluta, pues todos requieren en alguna medida que sus presupuestos anuales o parte sustancial de ellos sean aprobados por el legislador; típicamente la Carta Fundamental establece que las autoridades de muchos órganos autónomos sean generadas con la participación de los órganos elegidos por la ciudadanía; a veces esos mismos órganos electos pueden renovar a las autoridades de los entes autónomos y, así, a través de estos y otros mecanismos, la Carta Fundamental no hace absoluto el valor de la autonomía, sino que lo morigera con los de legitimidad y control democrático.[72]

En el análisis del proyecto de ley sobre acceso a la información pública, el Tribunal estableció que se debe respetar la autónomía que la Carta Fundamental ha asignado a ciertos órganos del Estado como la Contraloría, el Banco Central, el Ministerio Público, el Tribunal Constitucional y el Tribunal Calificador de Elecciones, autonomía que se proyecta en una triple dimensión: organizativa, institucional y normativa. La referida autonomía implica precisamente que cada uno de estos ámbitos de acción no pueda estar supeditado en su ejercicio a órganos que se relacionan, aunque sea en forma indirecta, con las labores de gobierno y administración propias de su función ejecutiva. Esto hace que las normas generales que dicta el Consejo para la Transparencia en ejercicio de sus atribuciones y funciones legales no son vinculantes para estos organismos, ya que de otro modo se afectaría la autonomía e independencia que la Constitución les ha conferido. Concluye el Tribunal que la norma que obliga al Banco Central a adoptar las normas generales que dicta el Consejo para la Transparencia es inconstitucional, ya que desconoce la autonomía de dicho órgano del Estado, contradiciendo los términos consagrados en el artículo 108.[73]

En cuanto a la ley de *lobby*, el Tribunal señaló que era facultad del Banco la creación de los registros de agenda pública consagrados en la ley. También indicó que es facultad del Consejo del Banco aplicar sanciones en caso de incumplimiento de la obligación de informar y registrar contenido en la ley por parte del presidente, vicepresidente y consejeros del Banco.[74]

NOTAS

1) Constitución, artículo 108°
2) Constitución, artículo 109°
3) Ley Banco Central, artículo 1°
4) Ley Banco Central, artículo 2°
5) Ley Banco Central, artículo 3°
6) Ley Banco Central, artículo 4°
7) Ley Banco Central, artículo 5°
8) Ley Banco Central, artículo 6°
9) Ley Banco Central, artículo 7°
10) Ley Banco Central, artículo 8°
11) Ley Banco Central, artículo 9°
12) Ley Banco Central, artículo 10°
13) Ley Banco Central, artículo 11°
14) Ley Banco Central, artículo 19°
15) Ley Banco Central, artículo 13°
16) Ley Banco Central, artículo 15°
17) Ley Banco Central, artículo 14°
18) Ley Banco Central, artículo 16°
19) Ley Banco Central, artículo 17°
20) Ley Banco Central, artículo 14°
21) Ley Banco Central, artículo 14° bis
22) Ley Banco Central, artículo 18°
23) Ley Banco Central, artículo 22°
24) Ley Banco Central, artículo 23°
25) Ley Banco Central, artículo 24°
26) Ley Banco Central, artículo 25°
27) Ley Banco Central, artículo 26°
28) Ley Banco Central, artículo 28°

29) Ley Banco Central, artículo 29°
30) Ley Banco Central, artículo 30°
31) Ley Banco Central, artículo 31°
32) Ley Banco Central, artículo 32°
33) Ley Banco Central, artículo 34°
34) Ley Banco Central, artículo 35°
35) Ley Banco Central, artículo 37°
36) Ley Banco Central, artículo 38°
37) Ley Banco Central, artículo 53°
38) Ley Banco Central, artículo 54°
39) Ley Banco Central, artículo 55°
40) Ley Banco Central, artículo 56°
41) Ley Banco Central, artículo 57°
42) Ley Banco Central, artículo 60°
43) Ley Banco Central, artículo 64°
44) Ley Banco Central, artículo 65°
45) Ley Banco Central, artículo 65° bis
46) Ley Banco Central, artículo 66°
47) Ley Banco Central, artículo 67°
48) Ley Banco Central, artículo 68°
49) Ley Banco Central, artículo 69°
50) Ley Banco Central, artículo 70°
51) Ley Banco Central, artículo 71°
52) Ley Banco Central, artículo 72°
53) Ley Banco Central, artículo 73°
54) Ley Banco Central, artículo 74°
55) Ley Banco Central, artículo 75°
56) Ley Banco Central, artículo 76
57) Ley Banco Central, artículo 78°
58) Ley Banco Central, artículo 80°
59) Ley Banco Central, artículo 77°
60) Ley Banco Central, artículo 81°

61) Ley Banco Central, artículo 81° bis
62) Ley Banco Central, artículo 82°
63) Ley Banco Central, artículo 83°
64) Ley Banco Central, artículo 84°
65) Ley Banco Central, artículo 85°
66) Tribunal Constitucional, Rol 28, considerando 28°
67) Tribunal Constitucional, Rol 78, considerando 24°
68) Tribunal Constitucional, Rol 78, voto de minoría
69) Tribunal Constitucional, Rol 80, considerandos 4° y 7°
70) Tribunal Constitucional, Rol 216, considerandos 5°, 18° y 21°
71) Tribunal Constitucional, Rol 299
72) Tribunal Constitucional, Rol 995, considerando 10°
73) Tribunal Constitucional, Rol 1051, considerandos 35°, 48° y 49°
74) Tribunal Constitucional, Rol 2619, considerandos 20°, 22° y 27°

BIBLIOGRAFÍA

1. Banco Central de Chile: Experiencias sobre autonomía de la Banca Central (Santiago: 1989).
2. Banco Central de Chile: Preceptos constitucionales, ley orgánica y legislación complementaria (Santiago, 2000).
3. Carrasco Alfonso, Camilo: Banco Central de Chile 1925-1964 (Santiago, 2009).
4. Cea Egaña, José Luis: Derecho Constitucional Chileno, Tomo IV (Santiago: Ediciones UC, 2016).
5. Fermandois Vöhringer, Arturo: Naturaleza jurídica de los acuerdos del Banco Central de Chile, Revista Chilena de Derecho, volumen XXII (1995).
6. Ferrada Bórquez, Juan Carlos: La autonomía del Banco Central de Chile: Reflexiones acerca de este modelo institucional de gestión de política monetaria, Revista Chilena de Derecho, volumen XXX, N° 1, págs. 151 a 166 (2003).
7. Kemmerer, Edwin: Legislación bancaria y monetaria (Santiago: Universidad Católica de Chile, 2011).
8. Marshall Silva, Jorge: Banco Central: Concepto, evolución y objetivos (Santiago: Universidad de Chile, Economía y Administración, 1991).
9. Morales Godoy, Joaquín y Zavala Ortiz, José Luis: Derecho Económico (Santiago, Thomson Reuters, 2013).
10. Naudón, Alberto y Álvarez, Luis (eds.): 25 años de autonomía del Banco Central de Chile (Santiago: Banco Central de Chile, 2016).
11. Ruiz-Tagle Vial, Carlos: Curso de Derecho Económico (Santiago: Librotecnia, 2018).

V. Administración Financiera del Estado y Presupuesto del Sector Público

1. Evolución de la legislación
2. Disposiciones generales
3. Sistema presupuestario
4. Régimen de recaudación, pago y reintegro
5. Crédito público
6. Sistema de control financiero
7. Sistema de contabilidad gubernamental
8. Disposiciones varias de administración financiera
9. Norma constitucional Ley de Presupuesto

ADMINISTRACIÓN FINANCIERA DEL ESTADO Y PRESUPUESTO DEL SECTOR PÚBLICO

1. Evolución de la legislación

Desde el siglo XIX han existido leyes de presupuesto del sector público. Fue la Ley 4.520 de 1929 la primera verdadera ley orgánica de presupuestos. El cuerpo legal de carácter orgánico fue una de las tantas recomendaciones de la Misión Kemmerer en Chile. La ley establece los conceptos fundamentales de los presupuestos de la nación en general, del presupuesto de entradas y de gastos, divididos en administrativos y generales. La ley crea la Oficina de Presupuesto a cargo de un director, cuyas funciones principales son las de efectuar el cálculo de los ingresos y formular el presupuesto de egresos. El DFL 47 de 1959 se dictó en el marco de las facultades extraordinarias dadas por el Congreso al presidente Jorge Alessandri. El nuevo cuerpo legal reformó, después de treinta años, la ley orgánica de presupuesto. Distingue dos clases de presupuestos: el fiscal y el de instituciones semifiscales y empresas del Estado. En cuanto al presupuesto fiscal da ciertas reglas generales, desarrolla los proyectos de ingresos y los de gastos, como también los procedimientos de discusión, aprobación y ejecución presupuestaria. En el presupuesto de los servicios funcionalmente descentralizados se permite al presidente, por decreto fundado, exceptuar dicho presupuesto del todo o parte de las disposiciones de la ley, en todo caso excluyéndose al Banco Central y al Banco del Estado.

En 1975 se estableció por ley el sistema de obtención de recursos en forma de ingresos y su aplicación en términos de gasto público por parte del Estado.[1] La ley dispuso lo que debe entenderse por sector público, reglamentó el sistema presupuestario y el régimen de recaudación. Definió deuda pública, crédito público y garantía del Estado. Según lo que indica, se requiere de la autorización del Ministerio de Hacienda para que un servicio público, empresa del Estado o empresas en que el Estado tenga 50% o más del capital social se endeuden. La autorización no se requiere para el Banco Central y los bancos comerciales. Los documentos de deuda pública deben ser refrendados por el Contralor General de la República, sin lo cual no son válidos.

En 1988 se modificó lo referente a la celebración de contratos cuyo cumplimiento o pago exceda al año presupuestario.[2] También se estableció la facultad del Estado para rescatar antes de su vencimiento títulos de deuda pública.

2. Disposiciones generales

El título I de la ley contiene las disposiciones generales en materia de administración financiera del Estado. Comienza la ley con la definición del sistema de administración financiera, señalando que comprende el conjunto de procesos administrativos que permiten la obtención de recursos y su aplicación a la concreción de los logros de los objetivos del Estado. En seguida se indica que la administración financiera del Estado incluye, fundamentalmente, los procesos presupuestarios, de contabilidad y de administración de fondos.[3]

La ley hace una larga enumeración de los servicios e instituciones del Estado que quedan incluidos en el sistema de administración financiera y al final dice que de todas maneras y, aunque no aparezcan en la enumeración, incluye a todos los servicios de la administración centralizada y descentralizada del Estado. Lo anterior es una aplicación del principio de universalidad presupuestaria. Hasta antes de 1975, la ley solo regulaba la percepción y la inversión de fondos de la administración centralizada y en forma muy limitada la descentralizada, que representaba menos de la mitad de los fondos del Estado, siendo también las normas de contabilidad diferentes para los diversos organismos. Por consiguiente, el principio de universalidad que antes solo se cumplía principalmente en el sector centralizado, ahora se hace extensivo a todos los servicios e instituciones de la administración centralizada y descentralizada, como también a la nueva organización regional del país. Se exceptúan de la aplicación de esta norma la Universidad de Chile y la de Santiago de Chile.[4] No están incluidas las empresas del Estado o las empresas en que el Estado tenga aporte de capital igual o superior al 50%.

La ley dispone que el presupuesto, la contabilidad y la administración de fondos estarán regidos por normas comunes que aseguren la coordinación y la unidad de la gestión financiera del Estado. Las leyes anteriores no contemplaban esta uniformidad de normas, lo que generaba una gran confusión y dificultad de aplicación. Asimismo, la ley señala que la administración financiera deberá estar orientada por las directrices del sistema de planificación del sector público y constituirá la expresión financiera de los planes y programas del Estado.[5]

Un principio presupuestario fundamental que contempla la ley es que todos los ingresos que perciba el Estado deberán reflejarse y todos los gastos deberán estar contemplados en el presupuesto del sector público. Los ingresos que recaude el Estado por vía tributaria solo podrán ser asignados presupuestariamente de acuerdo con las prioridades determinadas en el mismo presupuesto del sector público.[6] Así, la ley de 1975 se adelantó a la norma constitucional del artículo 19 N°20 de la no afectación tributaria. En la ley está consagrado el principio de la unidad del presupuesto.

El sistema presupuestario estará constituido por un programa financiero de mediano plazo y por presupuestos anuales debidamente coordinados entre sí.[7] La ley define al programa financiero como un instrumento de planificación y gestión financiera de mediano plazo del sector público que comprende previsiones de ingresos y gastos, de créditos internos y externos, de inversiones públicas, de adquisiciones y de necesidades del personal.[8] Por presupuesto de sector público se entiende una estimación financiera de los ingresos y gastos del sector público para un año determinado, compatibilizando los recursos disponibles con el logro de metas y objetivos previamente establecidos.[9] Leyes anteriores a 1975 no contemplaban el programa financiero, el que pasó a ser una novedad legislativa. A contar del año 2006 el programa financiero es elaborado por la Dirección de Presupuestos. Además de las previsiones de ingresos y gastos, comprenderá una estimación del balance estructural del sector público. Este balance deberá reflejar el balance financiero presupuestario que hubiere presentado el Gobierno Central si la economía se hubiese ubicado en un nivel de tendencia.

En lo concerniente a la administración de fondos, la ley la define como el proceso consistente en la obtención y manejo de los recursos financieros del sector público y su posterior distribución y control, de acuerdo con las necesidades de las obligaciones públicas determinadas en el presupuesto. El sistema opera sobre la base de recaudaciones y de asignaciones globales de recursos que se efectúan a través de la Cuenta Única Fiscal. Esta cuenta abierta en el Banco del Estado está a su vez formada por una cuenta principal y varias cuentas subsidiarias. La cuenta principal se destina al ingreso de las recaudaciones y al egreso de los giros globales. Los giros globales se depositan en las cuentas subsidiarias de los respectivos servicios.[10]

El sistema de contabilidad financiera funciona sobre la base de una descentralización de los registros a nivel de los servicios, conforme lo determine el Contralor. Por otro lado, se centraliza la información global en estados financieros de carácter general. El sistema de contabilidad debe abarcar a la totalidad del sector público y considerar clasificaciones uniformes que permitan la integración de las informaciones necesarias para la adopción de decisiones por las distintas jerarquías administrativas. La administración financiera debe tender a la descentralización administrativa y regional, definiendo instancias de coordinación y participación de las regiones.

3. Sistema presupuestario

El título II de la ley desarrolla el sistema presupuestario. La ley dispone que el sistema presupuestario estará constituido por un programa financiero a tres o más años plazo y un presupuesto aprobado por ley para el ejercicio del año. En el presupuesto de los servicios públicos se deberán explicitar las dotaciones máximas, incluyendo las del personal de planta, a contrata, a honorarios y a jornal. Los aportes presupuestarios que otorga la ley a empresas estatales deben incluirse en forma específica en el presupuesto.[11]

La ley conceptualiza el programa financiero como un instrumento de planificación y gestión financiera de mediano plazo del sector público elaborado por la Dirección de Presupuestos. Comprenderá las previsiones de ingresos y gastos, de créditos internos y externos, de inversiones públicas, de adquisiciones y de necesidades del personal. También incluirá una estimación del balance estructural del sector público, el que será calculado anualmente por la Dirección de Presupuestos. El balance estructural deberá reflejar el balance financiero presupuestario del sector público en su nivel de tendencia, excluyendo las fluctuaciones cíclicas de la actividad económica, el precio del cobre u otros factores de similar naturaleza sobre los ingresos y gastos del sector público.[12]

El organismo fundamental en el sistema presupuestario es la Dirección de Presupuestos, organismo técnico al que le corresponden básicamente tres funciones:

i. proponer la asignación de los recursos financieros del Estado;
ii. orientar y regular el proceso de formulación presupuestaria, y

iii. regular y supervisar la ejecución del gasto público, sin perjuicio de las atribuciones de la Contraloría.[13]

La elaboración del presupuesto se regirá por el calendario de formulación, que será especificado por el Ministerio de Hacienda.[14] El presupuesto deberá quedar totalmente tramitado el 1° de diciembre del año anterior a su vigencia. Durante el mes de diciembre, la Dirección de Presupuestos dictará las normas para la ejecución presupuestaria del año siguiente. Estas normas podrán ser ampliadas o modificadas por resolución fundada durante el ejercicio presupuestario.[15] Por decreto supremo se determinarán las clasificaciones presupuestarias. Las clasificaciones deben proporcionar información para la toma de decisiones, permitir vincular el proceso presupuestario con la planificación del sector público y posibilitar el control de la eficiencia en el manejo de los recursos públicos.[16] Un resumen de la Ley de Presupuestos del Sector Público se publicará en el Diario Oficial.[17] El ejercicio presupuestario coincidirá con el año calendario. Las cuentas del ejercicio presupuestario quedarán cerradas al 31 de diciembre de cada año. El saldo final de caja al cierre de cada ejercicio y los ingresos que se perciban con posterioridad se incorporarán al presupuesto siguiente. A partir del 1° de enero de cada año no podrá efectuarse pago alguno sino con cargo al presupuesto vigente.[18]

Los ingresos y/o gastos aprobados por leyes sancionadas durante el ejercicio presupuestario, como también aquellos autorizados por leyes de años anteriores que no hubieran sido incluidos en la Ley de Presupuestos, se incorporarán al presupuesto vigente. Por decreto supremo se determinará la ubicación que dentro de la clasificación presupuestaria corresponderá a los ingresos o gastos.[19]

La Dirección de Presupuestos propondrá al ministro de Hacienda un programa de ejecución del presupuesto en el mes de diciembre del año anterior a su vigencia. Asimismo, confeccionará un programa de gastos denominado Programas de Caja, en el que fijará el nivel y prioridad de los mismos.[20] De acuerdo con el programa de ejecución se pondrán fondos a disposición de cada servicio por cuotas periódicas, las cuales se autorizarán mediante el programa de caja mensual. Los servicios podrán efectuar giros globales con cargo a las sumas autorizadas en el programa de caja mensual.[21] Los compromisos pendientes de pago al 31 de diciembre de cada año serán cancelados con cargo al nuevo presupuesto en las condiciones que se fijen anualmente por decreto supremo.[22] Los servicios públicos que determinen, recauden o controlen fondos comunicarán a la Contraloría al 31 de diciembre los ingresos devengados y no percibidos, como también los compromisos impagos.[23]

En cuanto al cálculo de ingresos del presupuesto, estos deben contener una proyección del rendimiento del sistema y estar agrupados por conceptos significativos. La Dirección de Presupuestos puede consultar a los servicios públicos que determinen, recauden o controlen ingresos. En caso de que lo haga, se impone a los jefes de los servicios su responsabilidad administrativa por el cumplimiento de la obligación y la veracidad de la información proporcionada.[24] Se considerará como ingreso la estimación del valor de las colocaciones de empréstitos u otros títulos de crédito que se autoricen, aunque su amortización exceda del respectivo ejercicio presupuestario. El ingreso en este caso corresponderá a la parte del crédito cuya utilización vaya a efectuarse en el ejercicio presupuestario.[25]

Respecto del gasto, la ley establece que los presupuestos de gastos son estimaciones del límite máximo que pueden alcanzar los egresos y compromisos públicos, entendiendo por egresos los pagos efectivos y por compromisos las obligaciones que se devenguen y no se paguen en el respectivo ejercicio presupuestario.[26] Los contratos de estudios para inversiones, de ejecución de obras y de adquisición de materiales y maquinarias podrán celebrarse para que sean cumplidos o pagados en mayor tiempo que el del año presupuestario o con posterioridad al respectivo ejercicio.[27]

Las normas sobre traspasos, incrementos o reducciones y demás modificaciones presupuestarias serán establecidas por decreto en el mes de diciembre del año anterior a su vigencia. Las normas pueden ser modificadas por decreto supremo fundado durante el ejercicio presupuestario. Solo por ley podrá autorizarse la transferencia de fondos entre Ministerios, traspaso a las diferentes partidas de la Ley de Presupuestos de aquellos recursos que previamente hayan sido traspasados desde ellas al Tesoro Público, los aportes a las empresas del Estado, la concesión de aporte fiscal a municipalidades y el incremento de los servicios globales de gasto.[28]

La ley contempla cuatro casos de ítems excedibles en los que el Ejecutivo puede ordenar pagar en los rubros correspondientes:

i. para el cumplimiento de sentencias ejecutoriadas dictadas por autoridad competente;
ii. para devolver impuestos, contribuciones y derechos que el Estado debe reintegrar por cualquier causa;
iii. para atender al servicio de la deuda pública;
iv. para pago de jubilaciones, pensiones, montepíos y en general gastos de previsión social.

Los excesos anteriores deberán ser financiados con reasignaciones presupuestarias o con mayores ingresos.[29]

El Ministerio de Hacienda podrá ordenar el traspaso a rentas generales de la nación de las utilidades netas de las instituciones o empresas del Estado. El traspaso debe hacerse por decreto supremo de Hacienda y del Ministerio del ramo respectivo, al igual que los anticipos de utilidades. La norma no se aplica a las empresas dependientes del Ministerio de Defensa.[30] De la misma forma se podrán traspasar excedentes de caja de los servicios que no tengan aporte fiscal.[31]

4. Régimen de recaudación, pago y reintegro

El título III de la ley establece que la función recaudadora de todos los ingresos del sector público será efectuada por el Servicio de Tesorerías, salvo en el caso de aquellos que constituyen entradas propias de los servicios. A Tesorerías también le corresponde proveer los fondos para efectuar los pagos de obligaciones del sector público de acuerdo con las autorizaciones de la Ley de Presupuestos.[32] Mediante la cuenta única tributaria, Tesorerías registrará los movimientos que por cargos o descargos afecten a los contribuyentes y demás deudores del sector público.[33] Todos los ingresos del sector público, salvo los expresamente exceptuados por la ley, deben depositarse en el Banco del Estado, en la cuenta única fiscal que tendrá una cuenta principal de Tesorerías y cuentas subsidiarias de los distintos servicios.[34] El servicio de Tesorerías tendrá a su cargo la cobranza judicial o administrativa con sus respectivos reajustes, intereses y sanciones de los impuestos, patentes, multas y créditos del sector público, salvo los ingresos propios de los respectivos servicios. Para efectos de la cobranza utilizará los procedimientos administrativos y judiciales del Código Tributario.[35]

5. Crédito público

El título IV de la ley proporciona una cantidad de definiciones que son de gran importancia. Se define el crédito público por la capacidad que tiene el Estado de contraer obligaciones internas o externas a través de operaciones tendientes a la obtención de recursos. La deuda pública, a su vez, estará constituida por aquellos compromisos monetarios adquiridos por el Estado derivados de obligaciones de pago a futuro o de empréstitos públicos internos o externos. Asimismo, el empréstito público es un contrato especial de derecho público en virtud del cual el Estado obtiene recursos sujetos a reembolso de acuerdo con las condiciones que se establezcan.[36]

En cuanto a la deuda pública, la ley contiene varios conceptos. La deuda pública directa está constituida por la del Fisco y de los demás organismos del sector público comprometidos directamente a su pago. La deuda pública es indirecta cuando cuenta con la garantía o aval del Estado o de algún organismo del sector público autorizado legalmente para otorgarlo y en la que el deudor principal es una persona del sector privado. El caso en el que el Estado o algún organismo del sector público otorgue su garantía o aval constituirá siempre solo deuda pública directa. La garantía del Estado es la operación en virtud de la cual el Tesorero General de la República, en representación del Estado y previamente autorizado por decreto supremo, cauciona la obligación contraída por un organismo del sector público o por un tercero. A partir del año 2006, la Dirección de Presupuestos deberá elaborar anualmente un informe que consigne el monto total de las características de las obligaciones a las que se les ha otorgado la garantía o el aval del Estado.[37] Son operaciones de deuda externa aquellas en que se convienen obligaciones con otro Estado u organismo internacional o con cualquier persona no domiciliada o residente en Chile y cuyo cumplimiento pueda ser exigible fuera del territorio.[38] Es deuda interna aquella que contrae el Estado con personas naturales o jurídicas de derecho público o privado residentes o domiciliadas en Chile, la cual es exigible dentro del territorio nacional.[39]

En lo concerniente a la forma en la que se contrae la deuda pública, será necesaria la autorización legal previa que podrá ser de carácter permanente o transitoria. Son transitorias aquellas limitadas en cuanto a la suma máxima permitida o por un plazo fijo para su utilización.[40] Los actos administrativos de los servicios públicos, empresas del Estado y empresas en que el Estado tenga un aporte superior al 50% del capital social que pueden comprometer el crédito público solo podrán iniciarse previa autorización del Ministerio de Hacienda. Se excluye de dicha obligación al Banco Central y a los bancos comerciales, incluyendo al Banco del Estado.[41] En las obligaciones que contraiga el Fisco, el Tesorero General deberá suscribir los títulos de créditos fiscales.[42] El Contralor General de la República refrendará todos los documentos de deuda pública que se emitan y ningún documento será válido sin dicha refrendación.[43] El Estado puede colocar los títulos de deuda pública directamente por medio de la Tesorería o en forma indirecta a través de agentes.[44] En la emisión de bonos y otros valores representativos de deuda pública, el decreto supremo de

Hacienda que los autorice deberá indicar las reglas, requisitos y demás modalidades necesarias para hacer valer los derechos, incluyendo el procedimiento requerido para transferirlos.[45]

El servicio de la deuda pública estará constituido por amortización de capital, pago de intereses, comisiones y otros cargos que eventualmente pueden haberse convenido. El Estado podrá rescatar los títulos de deuda pública que haya emitido, ya sea directamente por Tesorería o indirectamente por agentes. El precio de rescate podrá ser igual, inferior o superior a su valor par, entendiendo como valor par a una fecha determinada del capital más los reajustes e intereses devengados a esa fecha.[46] El régimen de la deuda pública puede modificarse mediante la conversión, consolidación y renegociación. La conversión consiste en el cambio de títulos de la deuda pública por otros nuevos representativos del mismo capital adeudado, modificándose los plazos y demás condiciones financieras de su servicio. La consolidación es la transformación de la deuda pública interna de mediano o corto plazo en deuda a largo plazo modificando las condiciones financieras de su servicio. La renegociación de deuda externa consiste en convenir la modificación de los plazos e intereses originalmente pactados.[47]

El ministro de Hacienda fiscalizará la adecuada utilización del crédito público y tendrá la facultad de reasignar los créditos, siempre que lo permita la autorización legal o el contrato celebrado.[48]

6. Sistema de control financiero

En el título V de la ley se aborda el sistema de control financiero, que comprende todas las acciones orientadas a controlar y fiscalizar la correcta administración de los recursos del Estado.[49] Corresponde a la Contraloría fiscalizar el cumplimiento de las disposiciones legales y reglamentarias que dicen relación con la administración de los recursos del Estado y efectuar auditorías para verificar la recaudación, percepción e inversión de sus ingresos y de las entradas propias de los servicios públicos. La verificación y evaluación del cumplimiento y la obtención de las metas programadas para los servicios públicos son funciones que competen a la administración del Estado y cuyo ejercicio corresponde al Ejecutivo.[50] Corresponderá a la Contraloría el examen y juzgamiento de las cuentas de los organismos del sector público.[51] Toda cuenta será examinada, finiquitada o reparada en un plazo que no exceda un año contado desde la fecha de recepción por la Contraloría.[52]

7. Sistema de contabilidad gubernamental

El título VI contempla el sistema de contabilidad gubernamental, que es el conjunto de normas, principios y procedimientos técnicos dispuestos para recopilar, medir, elaborar, controlar e informar todos los ingresos, gastos, costos y otras operaciones del Estado.[53] El sistema de contabilidad será integral y aplicable a todos los organismos del sector público. Asimismo, la contabilidad será uniforme en cuanto a normas, principios, procedimientos, plan de cuentas, estados e informes financieros.[54] La Contraloría llevará la contabilidad gubernamental, establecerá los principios y normas contables básicos y los procedimientos por los que se regirá. Las restricciones de la Contraloría en materia contable serán de aplicación obligatoria para todos los servicios incluidos en la Ley de Administración Financiera del Estado.[55] Corresponderá a la Contraloría elaborar estados consolidados sobre la situación presupuestaria, financiera y patrimonial del sector público.[56]

8. Disposiciones varias de administración financiera

La ley contempla que los presupuestos de gastos de cualquier año podrán consultar sumas fijas para leyes permanentes de gastos.[57]

9. Norma constitucional Ley de Presupuesto

La Constitución establece que el proyecto de Ley de Presupuesto debe ser presentado por el presidente de la República al Congreso Nacional a lo menos con tres meses de anterioridad a su vigencia. Como el presupuesto empieza a regir cada 1° de enero, el proyecto debe entrar al Congreso a más tardar a las 24 horas del 30 de septiembre. La cámara de origen en este caso es siempre la Cámara de Diputados. El Congreso debe despachar el proyecto dentro del plazo de sesenta días desde su presentación. La Constitución establece perentoriamente que, si el Congreso no despachare la ley, regirá el proyecto de ley propuesto por el presidente.[58]

El estudio del proyecto lo realiza una comisión especial integrada por ocho senadores y ocho diputados, los que trabajan en subcomisión. Las atribuciones del Congreso están limitadas a modificar y a reducir los gastos del proyecto de ley de forma tal que el Congreso no puede aumentar los gastos. Lo mismo ocurre con los gastos establecidos por leyes permanentes.

En cuanto a los ingresos, el Congreso no puede aumentar o disminuir la estimación de ellos realizada por el presidente de la República. Corresponde exclusivamente al jefe de Estado el cálculo o estimación de los ingresos del sector público para el año siguiente, como también cualquier nuevo ingreso que establezca cualquier otra ley. La estimación se hace sobre la base del informe previo que deben evaluar los organismos técnicos respectivos como son, entre otros, la Tesorería General de la República, el Servicio de Impuestos Internos, la Dirección Nacional de Aduanas y por cierto la Dirección de Presupuesto del Ministerio de Hacienda.

La disposición constitucional establece la siguiente prohibición al Congreso: no puede aprobar ningún gasto nuevo con cargo a los fondos del sector público sin que se indiquen al mismo tiempo las fuentes de recursos necesarias para atender dicho gasto. Mediante la reserva constitucional a favor del presidente, la estimación de estos ingresos y el rendimiento de los recursos le corresponden en exclusividad.

En el caso de que la fuente de recursos otorgada por el Congreso fuese insuficiente para financiar cualquier nuevo gasto que se apruebe, el presidente de la República deberá reducir proporcionalmente todos los gastos, cualquiera sea su naturaleza. Para proceder a la reducción, debe existir un informe previo del servicio o institución a través del cual se recaude el nuevo ingreso, refrendado por la Contraloría General de la República.

NOTAS

1) Ley de Administración Financiera del Estado DL 1263 de 1975
2) Ley 18.768 de 1988
3) Ley, artículo 1°
4) Ley, artículo 2°
5) Ley, artículo 3°
6) Ley, artículo 4°
7) Ley, artículo 5°
8) Ley, artículo 10°
9) Ley, artículo 11°
10) Ley, artículo 6°
11) Ley, artículo 9°
12) Ley, artículo 10°
13) Ley, artículo 15°
14) Ley, artículo 13°
15) Ley, artículo 14°
16) Ley, artículo 16°
17) Ley, artículo 20°
18) Ley, artículo 14°
19) Ley, artículo 21°
20) Ley, artículo 22°
21) Ley, artículo 23°
22) Ley, artículo 24°
23) Ley, artículo 25°
24) Ley, artículo 17°
25) Ley, artículo 18°
26) Ley, artículo 19°
27) Ley, artículo 19° bis
28) Ley, artículo 26°

29) Ley, artículo 28°
30) Ley, artículo 29°
31) Ley, artículo 29° bis
32) Ley, artículo 30°
33) Ley, artículo 31°
34) Ley, artículo 32°
35) Ley, artículo 35°
36) Ley, artículo 39°
37) Ley, artículo 40°
38) Ley, artículo 41°
39) Ley, artículo 42°
40) Ley, artículo 43°
41) Ley, artículo 44°
42) Ley, artículo 45°
43) Ley, artículo 46°
44) Ley, artículo 47°
45) Ley, artículo 47° bis
46) Ley, artículo 48°
47) Ley, artículo 49°
48) Ley, artículo 50°
49) Ley, artículo 51°
50) Ley, artículo 52°
51) Ley, artículo 54°
52) Ley, artículo 58°
53) Ley, artículo 63°
54) Ley, artículo 64°
55) Ley, artículo 65°
56) Ley, artículo 69°
57) Ley, artículo 72°
58) Constitución, artículo 67°

BIBLIOGRAFÍA

1. Cea Egaña, José Luis: Derecho Constitucional Chileno, Tomo III (Santiago: Ediciones UC, 2013).
2. Código Administrativo General (Santiago: Abeledo Perrot, 2011).
3. Pallavicini Magnère, Julio: Derecho público financiero (Santiago: Thomson Reuters, 2015).

VI. Régimen de Precios

1. Fijaciones 1932-1966
2. Fijaciones 1966-1973
3. Fijaciones 1973-1980
4. Fijaciones 1980 en adelante
5. Fijaciones de precios en las telecomunicaciones
6. Fijaciones de precios del agua potable y alcantarillado
7. Fijaciones de precios de la electricidad
8. Fijaciones de precios del gas

RÉGIMEN DE PRECIOS

1. Fijaciones 1932-1966

El sistema fue evolucionando a través del tiempo. En 1932 la Ley 5.125 establece una Comisión de Control de Precios cuya finalidad es asegurar las condiciones de vida que resulten más convenientes para los habitantes.[1] La ley establece que dicho control se ejercerá en la adquisición de artículos de primera necesidad o de uso o consumo habitual. Por primera vez el legislador crea una categoría de bienes de primera necesidad o de uso o consumo habitual. La declaración de bienes de primera necesidad es hecha a través de un Decreto Supremo de Economía. Asimismo, la ley establece que en la fijación deben considerarse los costos de producción, gastos y utilidades legítimas. Son los Consejos Departamentales de la Comisión de Control de Precios los que tienen la facultad de fijar precios máximos. Desde 1938 hasta 1953 las fijaciones de precios fueron resueltas por el Comisariato General de Precios, una vez que los bienes habían sido declarados como de primera necesidad. Desde 1953 hasta 1980 fue la Dirección de Industria y Comercio del Ministerio de Economía la institución encargada de las fijaciones de precios. En 1966 una ley declaró como bienes de primera necesidad todos aquellos artículos incluidos en el Índice de Precios al Consumidor.

Las fijaciones de precios durante este período pasaban por tres etapas consecutivas. La primera era la declaración de un artículo de primera necesidad o de uso o consumo habitual. Esta declaración le competía al presidente de la República a través del Ministerio de Economía. La finalidad de esta declaración era dejar el bien sometido al sistema de fijación y control de precios y calidad, cuando este era considerado de uso o consumo frecuente, para así poder asegurar a los habitantes de la República las más convenientes condiciones económicas de vida. La segunda etapa consistía en el estudio de costos o relaciones económicas de los bienes declarados de primera necesidad. Estos estudios los realizaba la Dirección de Industria y Comercio. La tercera etapa era la fijación de precios propiamente tal, siempre considerando los máximos.

2. Fijaciones 1966-1973

La Ley 16.464 de 1966 declaró como artículos de primera necesidad todos los artículos y servicios que servían de base para la determinación del Índice de Precios al Consumidor.[2] Los productos de primera necesidad no podían aumentar sus precios en más de un 13% durante el año 1966 sobre los precios vigentes al 31 de diciembre de 1965, ni en más de un 35% sobre los precios vigentes al 31 de diciembre de 1964. El Ministerio de Economía resolvió que los productos de primera necesidad que no tuviesen un precio oficial fijado por la autoridad competente no podrían aumentar sus precios sin la autorización previa de la Dirección de Industria y Comercio. Asimismo, los productos de primera necesidad que ingresaban por primera vez al mercado deberían tener precios oficiales fijados por la autoridad competente.

Durante el período comprendido entre los años 1971 y 1973, la autoridad fijó precios a una enorme cantidad de bienes para controlar la inflación. No se sabe con certeza cuántos eran los bienes con precios fijados en 1973, pero en todo caso eran varias centenas de precios.

3. Fijaciones 1973-1980

En 1973 el DL 83 facultó al Ministerio de Economía a través de la Dirección de Industria y Comercio para dejar sin efecto todos los precios fijados de bienes declarados de primera necesidad y para crear nuevos regímenes y mecanismos de fijación de precios.[3] El DS 522 de 1973 de Economía estableció tres categorías de precios: oficiales, informados y libres.[4] La categoría de precios libres pasó a ser la regla general, quedando 27 precios fijados y 18 precios informados. La categoría de precios informados consistía en la obligación de los productores de informar a la autoridad de cualquier cambio de precio.

4. Fijaciones 1980 en adelante

La Constitución de 1980 —que contempla en su artículo 19° N° 21 que la libre iniciativa en materia económica debe "respetar las normas legales que la regulan"— vino a establecer un nuevo sistema de fijación de precios. La norma constitucional obliga al legislador establecer en la ley pertinente a una actividad económica o en una ley especial los aspectos fundamentales del sistema de fijación de precios. Si el legislador no establece el sistema, no le cabe a la autoridad económica de la actividad hacerlo a través de decretos supremos, reglamentos o resoluciones.

El régimen de precios regulados está desarrollado en la actualidad en las siguientes áreas: telecomunicaciones, agua potable y alcantarillado, electricidad y gas. En todas estas actividades es la ley la que establece el sistema de regulación de precios.

5. Fijaciones de precios en las telecomunicaciones

La legislación aplicable es la Ley General de Telecomunicaciones N° 18.168 de 1982, conjuntamente con los Reglamentos de Servicio Público Telefónico y la Resolución de Reclamos de Servicios de Telecomunicaciones.[5] El organismo competente es la Subsecretaría de Telecomunicaciones, dependiente del Ministerio de Transportes y Telecomunicaciones. El proceso de tarificación respecto de los servicios cuyos precios pueden ser fijados está señalado por la ley. El proceso comienza con la calificación de si el mercado es o no competitivo realizado por el Tribunal de la Competencia. El decreto tarifario se oficializa por los Ministerios de Economía y de Transportes, mediante decreto supremo conjunto.

Los precios de servicios regulados en materia de telecomunicaciones pueden serlo por el solo ministerio de la ley o por una resolución del Tribunal de la Competencia que ordene su tarificación. Las tarifas reguladas previa declaración del Tribunal son aquellas en que las condiciones existentes en el mercado no son suficientes para garantizar un régimen de libertad tarifaria. En el caso de que el Tribunal encuentre que se dan los supuestos de la regulación, debe proceder a fijar los precios según las bases y procedimientos de la Ley de Telecomunicaciones. Los precios de servicios que son susceptibles de regularse, previa calificación expresa del Tribunal, son los servicios públicos de telefonía local, los servicios públicos de telefonía de larga distancia nacional e internacional y los servicios de conmutación y/o transmisión de señales previstos como servicio intermedio o bien como circuitos privados.

Los precios de servicios libres, al igual que los precios regulados, lo pueden ser por el solo ministerio de la ley o previa calificación del Tribunal de la Competencia, que libera al servicio de la regulación. Por el solo ministerio de la ley los siguientes precios son libres: los de la telefonía móvil, los de los servicios que contratan entre sí las distintas empresas que intervengan en su prestación y los de los servicios intermedios que contratan entre sí dichas empresas.

El procedimiento de tarificación se rige por la Ley de Telecomunicaciones, el Reglamento para las Comisiones de Peritos y el Reglamento sobre el Procedimiento, Publicidad y Participación del Proceso de Fijación Tarifaria. La estructura, nivel y mecanismo de indexación de las tarifas de los servicios afectos tiene una vigencia de cinco años. La Comisión Resolutiva de la Libre Competencia dispuso en su Resolución 611 que, si se observan variaciones relevantes en el costo unitario del servicio en función del volumen demandado por el usuario, este hecho deberá reflejarse en la adecuada definición de categorías de usuarios dentro de cada área tarifaria. Las categorías permiten la correspondiente diferenciación de las tarifas, sobre la base de descuentos por razones de volumen con fundamento de costos.

Las tarifas definitivas de cada servicio son indexadas por un índice propio, que se expresa en función de los insumos que sean principales y necesarios del servicio regulado. El concesionario estará sujeto a la obligación de informar a la Subsecretaría de Telecomunicaciones cada dos meses respecto del valor que resulte de aplicar a dichas tarifas el índice establecido. Tanto la Ley de Telecomunicaciones como la Comisión Resolutiva en su momento han insistido con claridad en la no existencia de discriminaciones entre usuarios de una misma categoría cuando se apliquen las tarifas. En cuanto a los grandes consumidores, la Ley de Telecomunicaciones y el sistema de tarificación no permiten diferencias entre distintos usuarios si no basándose en costos distintos. Si el concesionario se dispone a ofrecer condiciones favorables a un grupo de usuarios, ellas deben ampliarse a todo usuario que cumpla con las mismas condiciones.

6. Fijaciones de precios del agua potable y alcantarillado

En materia de fijaciones de precios del agua potable y alcantarillado la legislación aplicable es el DFL 70 de Fijaciones de Tarifas de Agua Potable y Alcantarillado, el DFL 382 General del Servicios Sanitarios, ambos de 1988 y la ley que crea la Superintendencia de Servicios Sanitarios.[6] El organismo competente es la Superintendencia de Servicios Sanitarios, la que debe velar por la aplicación de las leyes de fijación de tarifas y las de los servicios sanitarios. La Superintendencia de Servicios Sanitarios depende del Ministerio de Obras Públicas y la ley le da la facultad de interpretar sus propias disposiciones. La fijación tarifaria se realiza mediante decreto supremo del Ministerio de Economía. La Contraloría General de la República toma razón de los decretos tarifarios, los que deben contener los procedimientos de cálculo que permitan la aplicación de las fórmulas. Excepcionalmente participa en el proceso el Tribunal de la Competencia, cuando se califica a un servicio de monopólico.

Las empresas con tarifas reguladas son los servicios de agua potable y alcantarillado de aguas servidas que prestan servicios a usuarios finales o a otros prestadores que operan como intermediarios. En cuanto a las tarifas de otorgamiento en una concesión, la Superintendencia debe recibir ofertas de los licitantes y será adjudicada a quien ofrezca las tarifas más bajas y cumpla las condiciones técnicas exigidas. Las tarifas de otorgamiento no pueden en ningún caso ser superiores a las determinadas por el Ministerio de Economía. Si no existieran proponentes para la licitación de una nueva área porque los proponentes no reúnen los requisitos exigidos por la ley, la Superintendencia puede exigir al prestador que opere el servicio sanitario del área geográfica más cercana, ampliándose su concesión a esta última área solo si ello es factible técnicamente y si es posible de enfrentar administrativa y financieramente por el prestador. En situaciones de fuerza mayor se establecerán nuevas tarifas que incorporen el efecto del mayor costo, si este existiere.

Las tarifas pueden revisarse o modificarse por nuevos estándares de calidad y por razones fundadas. Si se modifica el reglamento de la ley en lo que se refiere a los estándares de calidad, el prestador tiene derecho a la revisión de las tarifas. Otra revisión que puede hacerse de común acuerdo se origina cuando existen razones fundadas de cambios importantes en los supuestos utilizados para el cálculo de las tarifas. Las tarifas por nuevas prestaciones o componentes adicionales pueden otorgarse a través de un decreto tarifario complementario. Las tarifas de interconexión serán libres si hay acuerdo entre los prestadores; en caso contrario la Superintendencia mediante resolución debe determinar los derechos y obligaciones de las partes.

Hay tres clases de tarifas libres. La primera es cuando los servicios son prestados en condiciones especiales, entendiéndose por tales las que se den en períodos discontinuos y aquellas que requieran de condiciones de calidad distintas a las condiciones generales del servicio. Tienen también tarifa libre los servicios no obligatorios, como la comercialización de aguas servidas por el prestador. El tercer tipo de tarifa libre es la de los grandes consumidores, entendiéndose por tales el 15% de los mayores consumos facturados por el respectivo prestador.

Por otro lado, tienen precios regulados los servicios de agua potable y alcantarillado de aguas servidas. Las tarifas se calculan en relación con las diversas etapas del servicio sanitario: producción de agua potable, distribución de agua potable, recolección de aguas servidas y disposición de aguas servidas. Las fórmulas tarifarias deben considerar al menos tres elementos: cargo fijo periódico, cargo variable por volumen de agua potable consumida y cargo variable por volumen descargado de aguas servidas. Excepcionalmente puede suspenderse la aplicación de tarifas establecidas. La suspensión debe realizarse por decreto supremo fundado de Economía y Hacienda. Las tarifas se obtienen de las fórmulas tarifarias. Para que haya nuevas tarifas debe acumularse una variación de 3% en uno de los cargos tarifarios. Cada reajuste se informa a la Superintendencia y al público. En el caso de prestaciones asociadas, pueden realizarlas los prestadores como también terceros inscritos en el registro público de contratistas autorizados para la construcción de empalmes y conexiones. A pesar de la libre determinación, el prestador debe informar a la Superintendencia los precios con anterioridad a su aplicación.

En el sistema está prohibido el trato discriminatorio respecto de usuarios del mismo grupo.

7. Fijaciones de precios de la electricidad

La regulación en esta materia es profusa pues está contenida en la Ley de Servicios Eléctricos,[7] en el reglamento de la ley, en la Ley de la Superintendencia de Electricidad y Combustibles y en la Ley de la Comisión Nacional de Energía. En la regulación de precios en materia eléctrica participan la Comisión Nacional de Energía, la Superintendencia de Electricidad y Combustibles, el Ministerio de Economía y a veces el Tribunal de la Competencia. La ley contempla cuatro tipos de tarifas basadas en los costos marginales de suministro. Un primer precio es el de transferencia entre generadores y corresponde a los costos marginales de corto plazo del sistema eléctrico calculados por el Centro de Despacho Económico de Carga (CDEC). El CDEC calcula los costos marginales de corto plazo asociados a la ejecución ejecutiva y valoriza las transferencias entre empresas y los pagos a los propietarios del sistema de transmisión. Un segundo precio son los precios de nudo, que son precios de generación o distribución o transporte calculados por la Comisión Nacional de Energía como los costos marginales que satisfacen las demandas de potencia de punta y energía en todas las subestaciones de entrega. Un tercer precio son las tarifas a clientes de las empresas distribuidoras. El cuarto precio son los precios a grandes clientes finales. De los cuatro, el precio medio es el más crítico. La tarificación del precio medio se realiza semestralmente por la Comisión Nacional de Energía. La Comisión pone en conocimiento de las empresas de generación y transporte de electricidad un informe técnico de los precios, el que puede ser observado por las empresas. La Comisión informa el 15 de abril y el 15 de octubre los precios de nudo y el Ministerio de Economía los publica a más tardar el 30 de abril y el 31 de octubre de cada año. El reajuste de los precios de nudo ocurre cuando el precio de la potencia de punta o de la energía experimenta una variación superior al 10%.

La vigencia de las tarifas eléctricas es por cuatro años. La ley determina tres precios regulados: (i) suministros a usuarios finales con potencia inferior o igual a dos megavolts; (ii) suministros que se efectúen por empresas que no tengan generación propia; (iii) servicios prestados por empresas que el Tribunal de la Competencia expresamente califique como sujetas a fijación de precios por falta de competencia. La indexación de las fórmulas tarifarias se obtiene sobre la base de tarifas menores que las empresas pueden cobrar a los clientes aplicando las variaciones de los índices de precios que en ellas se establezcan.

Los precios a nivel de distribución se determinan sobre la base de la suma del precio de nudo establecido en el punto de conexión con las instalaciones de distribución y su valor agregado, de lo cual surgen precios modelo. Los costos anuales de inversión se calculan considerando el valor nuevo de reemplazo, de instalaciones adaptadas a su demanda, su vida útil y una tasa de actualización igual al 10% real anual. La determinación del valor nuevo de reemplazo se calcula cada cuatro años. El concesionario comunica a la Superintendencia el inventario valorizado de sus inversiones acompañado de informe auditado. La Superintendencia de Electricidad y Combustible fija el valor y, si este es realizado por la concesionaria, lo decide una comisión pericial integrada por un representante del presidente de la República, uno del concesionario y el decano de Ingeniería más antiguo.

8. Fijaciones de precios del gas

Al gas de red se le aplica la Ley de Servicios de Gas.[8] El mercado es fiscalizado por la Superintendencia de Gas. Participan también la Comisión de Energía y las tarifas son fijadas por el Ministerio de Economía. El Tribunal de la Competencia participa en la calificación de los mercados.

Existe un principio de libertad tarifaria para las empresas de gas. En materia de procedimiento de tarificación, la ley establece los conceptos fundamentales. La libertad tarifaria puede ser limitada si las condiciones de mercado no aseguran la libre competencia. En caso de regularse el precio del gas, dicha regulación aplica para el suministro de gas y los servicios afines que correspondan a consumidores de menos de 100 gigajoules mensuales. Las tarifas duran por cuatro años.

NOTAS

1) Ley 5.125 de 1932
2) Ley 16.464 de 1966
3) DL 83 de 1973
4) DS Economía 522 de 1973
5) Ley Telecomunicaciones, N° 18.168 de 1982
6) Ley General de Servicios Sanitarios, DFL 382 de 1988
7) Ley General de Servicios Eléctricos, DFL 1 de 1982
8) Ley Servicios de Gas, DFL 323 de 1931

BIBLIOGRAFÍA

1. Agüero Vargas, Francisco: Tarifas de empresas de utilidad pública (Santiago: Lexis Nexis, 2003).
2. Aramayo Alzérreca, Óscar: Régimen legal de comercio interno chileno (Santiago: Editorial Jurídica de Chile, 1964).
3. Evans Espiñeira, Eugenio y Seeger Caerols, María Carolina: Derecho Eléctrico (Santiago: AbeledoPerrot, 2010).
4. Jadresic Marinovic, Alejandro; Blanlot Soza, Vivianne y San Martín Ricci, Gregorio: La nueva regulación (Santiago: Dolmen, 2001).
5. Ministerio de Economía: Experiencias regulatorias de una década (Santiago: LOM, 2000).
6. Ovalle Yrarrázaval, José Ignacio: Las telecomunicaciones en Chile (Santiago: ConoSur, 2001).
7. Santa María De la Vega, Raúl: Manual de Derecho Económico, 2 Tomos (Santiago: Ediciones Encina, 1972).

VII. Libre Competencia

1. Introducción
2. Evolución de la legislación en Chile
3. Conductas infraccionales
4. Nuevas sanciones infraccionales
5. Adquisiciones minoritarias en competidores
6. Tribunal de la Competencia
7. Atribuciones del Tribunal
8. Procedimiento infraccional
9. Sanciones
10. Reclamación de las resoluciones
11. Prescripción de las acciones
12. Facultades interpretativas y normativas
13. Nuevo régimen de indemnización de perjuicios
14. Fiscalía Nacional Económica
15. Operaciones de concentración
16. Sanciones penales
17. Fortalecimiento de la delación compensada
18. Jurisprudencia sobre colusión
19. Jurisprudencia sobre abuso de posición dominante
20. Jurisprudencia sobre acuerdos de precios
21. Jurisprudencia sobre precios
22. Jurisprudencia sobre precios predatorios

23. Jurisprudencia sobre barreras de entrada
24. Jurisprudencia sobre licitaciones
25. Jurisprudencia sobre concesiones
26. Jurisprudencia sobre facilidad esencial
27. Jurisprudencia sobre discriminación de precios
28. Jurisprudencia sobre negativa de venta
29. Jurisprudencia sobre ventas atadas
30. Jurisprudencia sobre no competencia
31. Jurisprudencia sobre competencia desleal
32. Jurisprudencia sobre marcas y patentes
33. Jurisprudencia sobre concentración de los mercados
34. Jurisprudencia sobre actividades económicas

LIBRE COMPETENCIA

1. Introducción

Es difícil encontrar un tema del derecho económico en el que haya mayor relación entre el derecho y la economía como en materia de libre competencia. Existen algunos conceptos económicos que son claves en esta materia.

La teoría económica ha planteado que los requisitos de la competencia perfecta son al menos los siguientes:

i. La mayor atomicidad posible de demandantes y oferentes de un bien para que ninguno en particular pueda tener una influencia decisiva en los precios.
ii. Homogeneidad de los bienes para que ninguno de los oferentes tenga una influencia relevante sobre los precios, sino que sea fundamentalmente la calidad dentro de los bienes parecidos lo que diferencie los precios.
iii. Libre entrada y salida del mercado para los efectos que existan barreras para hacerlo.
iv. Transparencia de los mercados para los efectos que exista la mayor cantidad y calidad de información en la toma de decisiones.
v. Libre movilidad de los factores productivos.

La perfección de los mercados se da por la mayor concurrencia, en forma copulativa, de estos factores. Por consiguiente, los mercados son más o menos perfectos o imperfectos dependiendo de la concurrencia de estos factores.

El monopolio implica la existencia de un solo oferente o demandante en un mercado que pueda influir sustancialmente sobre el precio, especialmente en el caso de que exista una falta de bienes sustitutos. Cuando el monopolio se da en la oferta, se habla de monopolio propiamente tal y cuando se da por el lado de la demanda se habla de monopsonio, para distinguir ambas situaciones. Mientras que los monopolios por el lado de la oferta son numerosos, los monopsonios son muy escasos. En el caso chileno y de otros países ha habido monopsonios principalmente cuando el Estado ha entregado un área productiva a particulares, como el estanco del tabaco a Diego Portales o a empresas del Estado como el caso de IANSA, al ser el único demandante de un cierto bien.

Dentro de los monopolios, los hay legales, naturales y de hecho. El monopolio legal tiene su origen en la ley que asigna la calidad de oferente único a una determinada empresa. En el caso chileno, por disposición de la ley de la competencia, un monopolio legal solamente se puede conceder por ley a favor de empresas estatales. En los monopolios legales, el Estado como dueño del monopolio debe preocuparse del poder sobre el precio que tiene el monopolista.

Distinta es la situación del monopolio natural. Existen una serie de consideraciones económicas que explican que en ciertos mercados y en ciertos países es más conveniente la existencia de un solo oferente que varios. Especialmente por las economías de escala, el monopolista puede tener costos medios de producción bastante inferiores que los de dos, tres o más empresas en ese mercado y ese país. La Comisión Resolutiva dio en 1999 un concepto de monopolio natural bastante certero: "existe un monopolio natural cuando las condiciones del mercado son tales que una empresa puede explotar mejor ese mercado de lo que lo harían dos o más, lo que ocurre cuando los costos medios unitarios de producción son decrecientes de acuerdo al aumento de la escala o volumen de producción. Así, el tamaño de la empresa puede llegar a un nivel óptimo en relación con la demanda e, incluso, a un tamaño mayor que la demanda total, a un precio igual al costo medio mínimo, lo que se explica por las llamadas economías de escala. Incluso puede ocurrir que el precio del monopolio sea menor que el precio de equilibrio de empresas más pequeñas, ya que los nuevos oferentes tendrían costos más altos que el monopolista. Como en estos casos el mercado no acepta más de una empresa, los monopolios naturales están sujetos a regulación por parte de la autoridad".[1] Además de los monopolios legales y naturales pueden existir los de hecho, especialmente en mercados pequeños. Dado el tamaño del mercado, perfectamente puede ocurrir que no existan empresas interesadas en producir dichos bienes pues competir con el único productor de hecho puede resultarles ruinoso. Esta situación se dio en el pasado en economías pequeñas, como la de Chile; pero hoy en día es muy difícil que se dé por la apertura de los mercados internacionales.

2. Evolución de la legislación en Chile

La primera iniciativa legal en Chile se produce en el año 1959 con la Ley 13.305. La ley en cuestión era miscelánea en materia económica. Los artículos 172, 173, 174 y 181 fueron las primeras disposiciones legales en Chile en relación con la libre competencia. El resguardo de la libre competencia en las actividades económicas en Chile queda entregado a un organismo, la Comisión Antimonopolios. La Ley 15.142 de 1963 incorporó al fiscal de la Comisión, cuya función fue la de iniciar acciones en áreas en las que se atenta contra la libre competencia.

A fines de 1973 se dicta el Decreto Ley 211, texto que contiene normas de protección de la libre competencia. En el año 1979 hubo una modificación significativa a través del Decreto Ley 2.760. El Ejecutivo dictó entonces el D.S. 511, que contiene el texto coordinado, refundido y sistematizado del Decreto Ley 211.

La Ley 19.911 de 2003 modificó el Decreto Ley 211 en numerosos aspectos. Entre las modificaciones más relevantes cabe mencionar: la despenalización de las infracciones a la libre competencia, la eliminación de las Comisiones Preventivas y el reemplazo de la Comisión Resolutiva por el Tribunal de la Libre Competencia y la identificación en una enumeración enunciativa de las principales prácticas restrictivas. En el año 2005 se dicta el DFL N° 1 de Economía que fija el texto refundido, coordinado y sistematizado de la ley.

La Ley 20.361 de 2009 introdujo modificaciones en las conductas infraccionales, la organización del Tribunal, las sanciones y las atribuciones de la Fiscalía Nacional Económica.

Por último, la Ley 20.945 de 2016 perfecciona el sistema de defensa de la libre competencia.

3. Conductas infraccionales

El artículo 3° describe las prácticas restrictivas de la competencia. El tipo infraccional genérico señala que el que ejecute o celebre, individual o colectivamente, cualquier hecho, acto o convención que impida, restrinja o entorpezca la libre competencia, o que tienda a producir dichos efectos, será sancionado con las medidas señaladas en el artículo 26° de la presente ley, sin perjuicio de las medidas preventivas, correctivas o prohibitivas que respecto de dichos hechos, actos o convenciones puedan disponerse en cada caso.[2] La conveniencia de tener un tipo infraccional genérico hoy día no es cuestionada en materia de libre competencia. Un tema más polémico es si el tipo genérico debe incluir también la fase de la tentativa que va implícito en la frase "o que tienda a producir dichos efectos". La otra cuestión fundamental es el carácter que tienen las prácticas restrictivas mencionadas en las letras a), b), c) y d) del artículo 3°: no cabe la menor duda de que son mencionadas a título enunciativo o ejemplar al incluirse la expresión "entre otros".

La primera práctica específica, contenida en el artículo 3° inciso 2° letra a), se refiere a los acuerdos o prácticas concertadas que involucren a competidores entre sí. La modificación del año 2016 pretendió distinguir entre los carteles que serían considerados duros y los que no. Los primeros serían los que consisten en fijaciones de precios de venta o de compra, limitaciones a la producción, asignación de zonas o cuotas de mercado o afectación del resultado de los procesos de licitación.[3] Según algunos, los carteles duros serían ilícitos *per se* y por lo tanto sería suficiente acreditar la existencia del acuerdo o la práctica. De ser así, no importaría el poder de mercado de las empresas involucradas e incluso si esto produce o no efectos en el mercado. El análisis del Tribunal en este caso se limitaría al hecho de haberse celebrado. No sería necesario el examen del poder de mercado y del mercado relevante y no podrían defenderse las coludidas en base a criterios de eficiencia o de beneficios superiores a los costos. La tesis anterior se basa en que para estos carteles se eliminó la expresión que les confiere poder de mercado, la que se mantuvo para los carteles denominados blandos. Asimismo, cree que la formulación del nuevo delito de colusión de la ley también omite el poder de mercado y por lo tanto sería sancionable penalmente el solo hecho de llegar a un acuerdo o tener una práctica concertada, incluyendo también el intercambio de información indirecta que ocurre cuando la comunicación se hace a través de un tercero no competidor.

La segunda práctica, contenida en la letra a) del inciso 2° del artículo 3°, son los acuerdos o prácticas concertadas que, confiriendo poder de mercado a los competidores, consistan en determinar condiciones de comercialización o excluir a actuales o potenciales competidores.[4] En estos carteles blandos se exige poder de mercado de los competidores concertados. El objeto de estos carteles dice relación con condiciones de comercialización o exclusiones. El estándar aquí es más alto que en el caso anterior, en el que debe comprobarse el efecto sobre el mercado del cartel.

La tercera práctica, desarrollada en la letra b) del artículo 3° inciso 2°, se refiere a la explotación abusiva por parte de uno o más agentes económicos de una posición dominante en el mercado fijando precios de compra o venta, imponiendo a una venta la de otro producto, asignando zonas o cuotas de mercado o imponiendo otros abusos semejantes.[5] La figura aquí es la explotación abusiva de una posición dominante por parte de uno o varios agentes económicos.

La cuarta práctica, se refiere a las acciones predatorias o las de competencia desleal realizadas con el objeto de alcanzar, mantener o incrementar una posición dominante.[6] Las prácticas de precios predatorios y de competencia desleal son absolutamente diferentes, pero ambas requieren que la acción sea realizada con el objeto de afectar el mercado. En otras palabras, una práctica predatoria o de competencia desleal que no afecta a la competencia no debe ser considerada como ilegal.

La modificación de la ley del 2016 incorporó una nueva conducta prohibida en el artículo 3°, inciso 2°, letra d). La ley pasa a sancionar la participación simultánea de una persona en cargos ejecutivos relevantes o como director en dos o más empresas competidoras entre sí. Esta práctica requiere que el grupo empresarial al que pertenezca cada una de las empresas en las que una misma persona ejerce como ejecutivo o director tenga ingresos anuales por ventas, servicios u otras actividades del giro que excedan las 100.000 UF en el último año calendario. Asimismo, y como requisito copulativo, se requiere que el umbral de las 100.000 UF se mantenga después de noventa días contados desde el término del año calendario en que se superó el umbral.[7]

4. Nuevas sanciones infraccionales

La modificación de la ley en el 2016, además de cambiar el régimen de sanciones para la colusión y el sistema de multas que puede imponer el Tribunal, incorporó nuevas sanciones que pueden ser impuestas por el mismo. El nuevo artículo 3° bis permite aplicar las medidas del artículo 26°, así como aquellas medidas preventivas, correctivas o prohibitivas que resultan necesarias a quienes:

- i. infrinjan el deber de notificación de las operaciones de concentración que produzcan efectos en Chile,
- ii. contravengan el deber de no perfeccionar una operación de concentración que se encuentre suspendida,

iii. incumplan las medidas con que se haya aprobado una operación de concentración,
iv. perfeccionen una operación de concentración en contra de lo dispuesto en la resolución o sentencia que haya prohibido dicha operación,
v. notifiquen una operación de concentración entregando información falsa.[8]

Asimismo, se establecieron sanciones para quienes entorpezcan la investigación de la Fiscalía. Las nuevas sanciones se establecen en tres casos:

i. para quienes, con el fin de dificultar, desviar o eludir el ejercicio de las atribuciones de la Fiscalía, oculten información solicitada por esta o proporcionen información falsa, penas de presidio desde 61 días a años de privación de libertad;
ii. para quienes injustificadamente no respondan o respondan solo parcialmente a un requerimiento de información, multas de hasta 2 UTA por cada día de retraso;
iii. para quienes no comparezcan a declarar habiendo sido previamente citados por la Fiscalía, multas de 1 UTM a 1 UTA, sin perjuicio del apremio con arresto hasta por quince días que ya estaba contemplado en la ley. Las penas de prisión se aplicarán por los tribunales competentes en materia penal, debiendo la Fiscalía remitir los antecedentes al Ministerio Público. Las multas serán impuestas por el Tribunal en una audiencia citada dentro del quinto día, en el que el infractor podrá expresar sus descargos. Contra la resolución del Tribunal, solo procederá el recurso de reposición.[9]

La modificación de la ley en el año 2016 agregó al listado de sanciones que puede aplicar el Tribunal una específica para el caso de las colusiones del artículo 3° letra a). La nueva letra d) del artículo 26° permite sancionar con la prohibición a las empresas coludidas de contratar a cualquier título con órganos de la administración centralizada o descentralizada del Estado, con organismos autónomos o con instituciones, organismos, empresas o servicios en los que el Estado efectúe aportes como el Congreso Nacional y el Poder Judicial, así como la prohibición de adjudicarse cualquier concesión otorgada por el Estado hasta por un plazo de cinco años contados desde que la sentencia definitiva del Tribunal quede ejecutoriada.

En cuanto a la quinta sanción, también agregada en 2016, en el caso de infringir el deber de notificación en las operaciones de concentración, el Tribunal podrá aplicar una multa a beneficio fiscal de hasta 20 UTA por cada día de retardo contado desde el perfeccionamiento de la operación.

Por último, la ley aclara que las sanciones previstas en el artículo 26° son compatibles con aquellas de carácter penal establecidas en la ley y con la determinación de la indemnización de perjuicios del artículo 30° de la misma.

5. Adquisiciones minoritarias en competidores

La modificación del 2016 agrega un nuevo artículo 4° bis al título I de las Disposiciones Generales de la ley.[10] La nueva disposición regula las participaciones minoritarias de una empresa o de alguna entidad de un grupo empresarial, ya sea directa o indirectamente, en el capital de una empresa competidora. El adquirente debe informar a la Fiscalía dentro de sesenta días el perfeccionamiento de la adquisición. La obligación de informar existe siempre que se cumplan dos requisitos copulativos: (i) la adquisición debe exceder el 10% de la empresa competidora, considerando tanto las participaciones propias como las administradas por cuenta de terceros; (ii) el adquirente y la empresa competidora deben tener por separado ingresos anuales por ventas, servicios y otras actividades del giro que excedan 100.000 UF en el último año calendario.

En el caso de que no se informe, la Fiscalía podrá solicitar la aplicación de las medidas preventivas, correctivas o prohibitivas que sean necesarias.

6. Tribunal de la Competencia

El objetivo fundamental de la modificación de 2003 fue crear el Tribunal de Defensa de la Libre Competencia para que reemplazara a la Comisión Resolutiva que había sido creada por la Ley 13.305 de 1959. En el trámite parlamentario se acordó suprimir la Comisión Preventiva Central junto con las doce regionales y que sus funciones, especialmente las de consulta, las asumiera el nuevo Tribunal.

El artículo 5° señala que el Tribunal es un órgano jurisdiccional especial e independiente, sujeto a la superintendencia directiva, correccional y económica de la Corte Suprema, cuya función será prevenir, corregir y sancionar los atentados a la libre competencia.[11] La ley señala que el Tribunal tendrá su sede en Santiago.[12] El artículo 6° preceptúa que el Tribunal estará integrado por cinco ministros.[13] El abogado que lo presidirá será designado por el presidente de la República de una nómina de cinco postulantes confeccionada por la Corte Suprema mediante concurso público de antecedentes. Podrán participar en el concurso quienes tengan una destacada actividad profesional o académica especializada en materias de libre competencia o en derecho comercial o económico y acrediten a lo menos diez años de ejercicio profesional. Los otros cuatro ministros serán profesionales universitarios expertos en materias de libre competencia, dos de los cuales serán abogados y dos licenciados o con posgrados en ciencias económicas. Dos integrantes, uno de cada área profesional, serán designados por el Consejo del Banco Central previo concurso público de antecedentes. Los otros dos integrantes, también uno de cada área profesional, serán designados por el presidente de la República a partir de dos nóminas de tres postulantes, una para cada designación, confeccionadas por el Consejo del Banco Central, también mediante concurso público de antecedentes. El Tribunal tendrá dos suplentes, un abogado y un licenciado o profesional con posgrado en ciencias económicas. El Consejo del Banco Central nombrará al licenciado o postgraduado en ciencias económicas y el presidente de la República designará al abogado suplente conforme al procedimiento vigente para los titulares, para lo cual se podrán considerar las mismas nóminas y concursos previstos para el nombramiento de los titulares. En cuanto a la duración en sus cargos, los integrantes titulares y suplentes del Tribunal permanecerán seis años en ellos, pudiendo ser designados por solo un período sucesivo. El Tribunal se renovará parcialmente cada dos años. La modificación de la ley del año 2016 estableció que los ministros titulares tendrán dedicación exclusiva en el desempeño de los cargos, con la excepción de puestos docentes hasta doce horas semanales. La ley prohíbe a los titulares prestar servicios de ningún tipo o ejercer en cualquier forma las actividades propias del título o calidad profesional que posean. La dedicación exclusiva no es exigida a los suplentes, pero se agrega para ellos la incompatibilidad de asesorar o prestar servicios profesionales en materias que digan relación con la libre competencia. La ley considera que lo hacen cuando perciben cualquier clase de remuneración, honorario o regalía por dicho concepto.

El artículo 9° establece que el Tribunal funcionará en forma permanente y fijará sus días y horas de sesión.[14] En todo caso deberá sesionar en sala legalmente constituida para la resolución de las causas y como mínimo dos días a la semana. El quórum para sesionar será de a lo menos tres miembros y los acuerdos se adoptarán por simple mayoría, dirimiendo el voto de quien presida en caso de empate. En caso de ausencia o impedimento del presidente del Tribunal, este sesionará bajo uno de los restantes miembros titulares de acuerdo al orden de precedencia que se establezca mediante auto acordado del mismo. En ausencia de uno de los miembros titulares, será reemplazado preferentemente por el suplente que corresponda de la misma área profesional.

En cuanto a las incompatibilidades, el cargo de integrante titular lo es con la condición de funcionario público, como también con la de administrador, gerente o trabajador dependiente de sociedades anónimas abiertas o sometidas a las reglas de estas sociedades, así como de sus matrices, filiales, coligantes o coligadas. Las personas que al momento de su nombramiento tengan cualquiera de dichas condiciones deberán renunciar a ellas. La infracción a esta prohibición será sancionada con inhabilitación absoluta para desempeñar cargos públicos por el período de cinco años y con una multa a beneficio fiscal equivalente al último año de remuneraciones percibidas en el cargo, sanciones que serán aplicadas por la Corte Suprema a requerimiento de cualquier interesado.[15]

La ley también se encarga de establecer las causales de implicancia o recusación para los ministros, aplicando las de los artículos 195 y 196 del Código Orgánico de Tribunales.[16] Agrega la norma que en todo caso se presume de derecho que el ministro también estará inhabilitado cuando el interés en esa causa sea de su cónyuge o de sus parientes hasta el tercer grado de consanguinidad o segundo de afinidad, o de personas que estén ligadas al mismo por vínculos de adopción, o de empresas en las cuales estas mismas personas sean sus representantes legales, mandatarios, directores, gerentes o desempeñen otros cargos directivos, o posean directamente o a través de otras personas naturales o jurídicas un porcentaje de la sociedad que les permita participar en la administración de la misma o elegir o hacer elegir uno o más de sus administradores. La modificación de la ley del 2016 agregó como presunción de derecho el haber asesorado o prestado servicios profesionales a quienes tengan la calidad de parte o interviniente en la causa durante los dos años anteriores al ingreso de aquella o durante la investigación por parte de la Fiscalía que la haya originado. Asimismo, se agregó como causal de recusación el haber asesorado o prestado servicios profesionales a la contraparte de la parte o interviniente en algún proceso judicial o negociación comercial que pueda afectar la imparcialidad del ministro. La causal invocada podrá ser aceptada por el integrante afectado. En caso contrario, será fallada de plano por el Tribunal con exclusión de aquel, aplicándose una multa a beneficio fiscal de hasta veinte unidades tributarias mensuales al incidentista si la implicancia o la recusación fuere desestimada por unanimidad.

El artículo 12° especifica las causales de cesación de las funciones de los ministros.[17] Las causales son el término del período legal, la renuncia voluntaria, la destitución por notable abandono de deberes y la incapacidad sobreviniente.

En el año 2016 se agregó como causal de cesación en el cargo el no cumplir con la dedicación exclusiva exigida a los ministros titulares y suplentes con distintas condiciones. La ley entiende por incapacidad sobreviniente la que impide al integrante ejercer el cargo por un período de tres meses consecutivos o de seis meses en un año. La destitución y la incapacidad se harán efectivas por la Corte Suprema, a petición del presidente del Tribunal o de dos de sus miembros. La resolución que haga efectiva la destitución deberá señalar los hechos en que se funda y los antecedentes tenidos a la vista para acreditarlos. Producida la cesación, si el tiempo que le restare fuere superior a ciento ochenta días, deberá procederse al nombramiento del reemplazante de conformidad con las reglas establecidas para los nombramientos de los ministros.

El artículo 10 contempla la remuneración mensual de los ministros.[18] La planta del Tribunal está desarrollada en el artículo 13°, compuesta por solo nueve funcionarios.[19] El presupuesto del Tribunal dependerá de la asignación anual de la Ley de Presupuesto del Sector Público.[20]

7. Atribuciones del Tribunal

El artículo 18° establece las funciones del Tribunal, que antes del año 2003 correspondían a la Comisión Resolutiva, a la Comisión Preventiva Central y a las regionales.[21]

La primera atribución es la de conocer y resolver, a solicitud de parte o del Fiscal Nacional Económico, las situaciones que pudieran constituir infracciones a la ley. Esta atribución fue la que siempre tuvo la Comisión Resolutiva desde 1959.

La segunda atribución es la de conocer y resolver, a solicitud de quien tenga interés legítimo o del Fiscal Nacional Económico, los asuntos de carácter no contencioso sobre hechos, actos o contratos existentes, así como de aquellos que se proponga ejecutar o celebrar, que puedan infringir las disposiciones de la ley, para lo cual podrá fijar las condiciones que deberán ser cumplidas en dichos hechos, actos o contratos. En este caso, las personas que puedan promover el ejercicio de esta función del Tribunal son las personas que tengan un interés legítimo. Por cierto que el Fiscal Nacional Económico también puede solicitar este pronunciamiento. En el año 2016 se excluyeron de esta atribución las operaciones de concentración que tienen un procedimiento propio ante la Fiscalía.

La tercera atribución es la de dictar instrucciones de carácter general, de conformidad a la ley, las cuales deberán considerar los agentes económicos en los hechos, actos y contratos que ejecuten o celebren y que tuvieran relación con la libre competencia o pudieran atentar contra ella.

La cuarta atribución es la de proponer al presidente de la República, a través del ministro de Estado que corresponda, la modificación o derogación de los preceptos legales y reglamentarios que estime contrarios a la libre competencia, como también la dictación de preceptos legales o reglamentarios cuando sean necesarios para fomentar la competencia o regular el ejercicio de determinadas actividades económicas que se presten en condiciones no competitivas. En el año 2016 se agregó que el ministro receptor de la propuesta deberá manifestar su parecer sobre esta.

La quinta atribución, agregada en el año 2016, es la de substanciar, a solicitud exclusiva del notificante de una operación de concentración, el procedimiento de revisión especial de operaciones de concentración, cuando esta hubiera sido prohibida por el Fiscal.

La sexta atribución, también agregada en el 2016, es la de dictar de conformidad a la ley los autos acordados que sean necesarios para una adecuada administración de justicia por parte del Tribunal.

La séptima atribución corresponde al resto de las facultades que le otorgan las leyes.

8. Procedimiento infraccional

El artículo 20° especifica las características fundamentales del procedimiento por infracciones a la ley. El procedimiento será escrito, salvo la vista de la causa, público e impulsado de oficio por el Tribunal hasta su resolución definitiva. Las partes deberán comparecer representadas en la forma prevista por la Ley 18.120 sobre comparecencia en juicio. El artículo 29° establece que las normas contenidas en los libros I y II del Código de Procedimiento Civil se aplicarán supletoriamente al procedimiento de la ley en todo aquello que no sea incompatible con la Ley de la Competencia.[22]

El artículo 20° establece cómo se inicia el procedimiento ante el Tribunal, ya sea por requerimiento del Fiscal Nacional Económico o por demanda de algún particular, lo que deberá ser puesto de inmediato en conocimiento de la Fiscalía.[23] Admitido el requerimiento o la demanda a tramitación, se conferirá traslado a quienes afecte para contestar dentro del plazo de quince días hábiles o al término mayor que el Tribunal señale, que no podrá exceder de treinta días. El artículo 21° señala que la notificación del requerimiento o de la demanda, con su respectiva resolución, será practicada personalmente por un ministro de fe, entregando copia íntegra de la resolución y de los antecedentes que la motivan.[24] El artículo 22° indica que cuando se alcance el plazo de quince días o el término mayor que el Tribunal señale, sea que se hubiere evacuado o no el traslado por los interesados, el Tribunal podrá llamar a las partes a conciliación. En el evento de que se logre la conciliación, el Tribunal se pronunciará sobre ella dándole su aprobación, siempre que no atente contra la libre competencia.[25] Cabe destacar que el procedimiento permite que personas admitidas a litigar que no hubieren sido parte deduzcan reclamación en contra de la resolución que aprueba una conciliación, conforme lo que señala el artículo 27°.[26] El artículo 22° dice que si el Tribunal no considera pertinente el llamado a conciliación o si este fracasa, recibirá la causa a prueba por un término fatal y común de veinte días hábiles.[27] Serán admisibles los medios de prueba del artículo 341° del Código de Procedimiento Civil y todo indicio o antecedente que, en concepto del Tribunal, sea apto para establecer los hechos pertinentes. Al efecto, el Tribunal podrá decretar, en cualquier estado de la causa y aun después de su vista, cuando resulte indispensable para aclarar aquellos hechos que aún parezcan oscuros y dudosos, la práctica de las diligencias probatorias que estime convenientes. Las partes que deseen rendir prueba testimonial deberán presentar una lista de testigos dentro del quinto día hábil desde la resolución que reciba la causa a prueba para que quede ejecutoriada. Las diligencias a las que dé lugar la inspección personal del Tribunal, la absolución de posiciones o la recepción de la prueba testimonial serán practicadas ante el miembro que el Tribunal designe en cada caso. La ley señala que el Tribunal apreciará la prueba de acuerdo con las reglas de la sana crítica, esto es conforme a la lógica, las máximas de la experiencia y los conocimientos científicos afianzados.

En cuanto al fallo, el artículo 23° establece que, vencido el término probatorio, el Tribunal así lo declarará y ordenará traer los autos en relación, fijando día y hora para la vista. El Tribunal deberá oír alegatos de los abogados de las partes cuando alguna de estas lo solicite.[28] El artículo 26° preceptúa que la sentencia definitiva será fundada, debiendo enumerar los fundamentos de hecho, de derecho y económicos con arreglo a los cuales se pronuncia.[29] En ella se hará expresa mención de los fundamentos de los votos de minoría, si los hubiere. Esta sentencia deberá dictarse dentro del plazo de cuarenta y cinco días contados desde que el proceso se encuentre en estado de fallo. El artículo

28° establece que la ejecución de las resoluciones pronunciadas corresponderá directamente al Tribunal, el que contará para tales efectos con todas las facultades de un tribunal de justicia.[30] Las multas impuestas por el Tribunal deberán pagarse dentro de los diez días hábiles siguientes a la fecha en que quede ejecutoriada la respectiva resolución. Si cumplido el plazo el afectado no acreditare el pago de multa, el Tribunal deberá apremiarlo en la forma establecida en el artículo 543° del Código de Procedimiento Civil.

En lo que se refiere a cuestiones accesorias, el artículo 24° establece la regla general de que las cuestiones accesorias serán resueltas de plano, pudiendo el Tribunal dejar su resolución para definitiva.[31] El artículo 25° se refiere a las medidas cautelares, estableciendo que el Tribunal, de oficio o a petición de una parte, podrá decretar en cualquier estado del juicio o antes de su iniciación y por el plazo que estime conveniente todas las medidas cautelares que sean necesarias para impedir los efectos negativos de las conductas sometidas a su conocimiento y para resguardar el interés común.[32] Estas medidas serán esencialmente provisionales y se podrán modificar o dejar sin efecto en cualquier estado de la causa. Para decretarlas, el requirente deberá acompañar antecedentes que constituyan a lo menos la presunción grave del derecho que se reclame o de los hechos denunciados. El Tribunal, cuando estime necesario, podrá exigir caución al actor particular para responder a los perjuicios que se originen.

9. Sanciones

El artículo 26° establece las sanciones que podrá aplicar el Tribunal.[33] En primer lugar, puede modificar o poner término a los actos, contratos, convenios, sistemas o acuerdos que sean contrarios a las disposiciones de la ley. En segundo lugar, puede ordenar la modificación o disolución de las sociedades, corporaciones y demás personas jurídicas de derecho privado que hubieren intervenido en los actos, contratos, convenios, sistemas o acuerdos que sean contrarios a las disposiciones de la ley. En tercer lugar, puede aplicar multas a beneficio fiscal. La modificación de la ley en el año 2016 cambió fundamentalmente el sistema de multas. Hasta el 30 de agosto la multa máxima para los casos de acuerdos o prácticas concertadas ascendía a 30.000 Unidades Tributarias Anuales (UTA) y 20.000 UTA para otro tipo de prácticas. La actual ley permite al Tribunal imponer una multa equivalente al 30% de las ventas del infractor que corresponda a la línea de productos o servicios asociada a la infracción durante el período por el cual se haya extendido la práctica o hasta el doble del beneficio económico reportado por la infracción. En caso de que no sea posible determinar las ventas ni el beneficio económico obtenido por el infractor, el Tribunal tendrá como límite máximo para dicha multa 60.000 UTA.

La nueva disposición mantiene la idea que las multas pueden ser impuestas a la persona jurídica correspondiente, a sus directores, administradores y a toda persona que haya intervenido en la realización del acto respectivo. En el caso de las personas naturales, las multas no podrán pagarse por la persona jurídica en la que ejercieron funciones ni por los accionistas o socios de esta. Si se trata de una empresa perteneciente a un grupo empresarial, la multa no puede ser pagada por otra empresa del mismo grupo ni por los accionistas o socios. En el caso de multas aplicadas a personas jurídicas, responderán solidariamente del pago de estas sus directores, administradores y aquellas personas que se hayan beneficiado del acto, siempre que estas personas hubieran participado en la realización del mismo.

Para la determinación de las multas se considerarán, entre otras, las siguientes circunstancias: el beneficio económico obtenido con motivo de la infracción en caso de que lo hubiere; la gravedad de la conducta; el efecto disuasivo; la calidad de reincidente por haber sido condenado previamente por infracciones anticompetitivas durante los últimos diez años; la capacidad económica del infractor y la colaboración prestada a la Fiscalía antes o durante la investigación. La modificación del 2016 agregó el efecto disuasivo, especificó que la reincidencia es en un período de diez años y por prácticas anticompetitivas que pueden ser diferentes y añadió la consideración de la capacidad económica del infractor.

10. Reclamación de las resoluciones

El artículo 27° señala que las resoluciones pronunciadas por el Tribunal, salvo la sentencia definitiva, serán susceptibles de recurso de reposición, al que podrá darse tramitación incidental o ser resuelto de plano.[34] Será susceptible de recurso de reclamación, pero ante la Corte Suprema, la sentencia definitiva que imponga alguna de las medidas del artículo 26°, como también la que absuelva de la aplicación de dichas medidas. Dicho recurso deberá ser fundado y podrá interponerlo el Fiscal Nacional Económico o cualquiera de las partes en el Tribunal dentro del plazo de diez días hábiles, contados desde la respectiva notificación. El recurso se conocerá con preferencia de otros asuntos y no procederá la suspensión de la vista de la causa por el motivo establecido en el N° 5 del artículo 165° del Código de Procedimiento Civil. La interposición del recurso no suspenderá el cumplimiento del fallo, salvo en lo referido al pago de multas. Sin embargo, a petición de una parte y mediante resolución fundada, la Sala que conozca el recurso podrá suspender los efectos de la sentencia total o parcialmente.

11. Prescripción de las acciones

El artículo 20° señala que las acciones contempladas en él prescriben en el plazo de tres años, contados desde la ejecución de la conducta atentatoria de la libre competencia. Dicha prescripción se interrumpe por requerimiento del Fiscal Nacional Económico o por la demanda de algún particular formulada ante el Tribunal. En el caso de las acciones de la letra a) del artículo 3°, la prescripción será de cinco años y su cómputo no se inicia mientras se mantengan en el mercado los efectos imputables a la conducta. Asimismo, las multas que se determinen prescriben en dos años contados desde que se encuentre firme la sentencia definitiva que se les imponga. Esta prescripción se interrumpe por actos cautelares o compulsivos del Tribunal, del Fiscal o del demandante particular. En cuanto a la suspensión de la prescripción, ella no opera. Respecto de las acciones civiles derivadas de un atentado a la libre competencia, estas prescriben en el plazo de cuatro años, contados desde que se encuentra ejecutoriada la sentencia definitiva.[35]

La Corte Suprema se ha abocado al tema en numerosos casos, en especial en lo referente a la prescripción en requerimientos de la Fiscalía. La Corte ha sido categórica al sostener que no empieza a correr la prescripción mientras subsista la conducta infraccional.[36]

En los casos de colusión el tema es especialmente delicado, pues por lo general esta práctica está compuesta por varias acciones u omisiones que se complementan entre sí en un período apreciable de tiempo. La Corte, basándose en el delito continuado del derecho penal, ha sostenido la idea de la unidad jurídica de la acción.[37]

12. Facultades interpretativas y normativas

El artículo 31° contempla el procedimiento para el ejercicio de las atribuciones interpretativas y normativas de los números 2), 3) y 4) del artículo 18°, así como la emisión de informes que le sean encomendados al Tribunal en virtud de disposiciones legales especiales.[38]

El procedimiento de consulta se inicia con el decreto que ordene la iniciación del procedimiento, el que debe ser publicado en el Diario Oficial y en un diario de circulación nacional y se notificará a la Fiscalía Nacional Económica, a las autoridades que estén directamente concernidas y a los agentes económicos que, a juicio exclusivo del Tribunal, estén relacionados con la materia para que en un plazo no inferior a quince días hábiles estos y quienes tengan interés legítimo puedan aportar antecedentes. En segundo lugar, el Tribunal, vencido el plazo anterior, deberá citar a una audiencia pública que se llevará a efecto dentro del plazo fatal de treinta días contados desde la notificación para que quienes hubieran aportado antecedentes puedan manifestar su opinión oralmente. Si las autoridades, organismos o personas no informaren en los plazos que el Tribunal les fijará, este podrá prescindir del informe. Asimismo, de oficio o a petición del interesado, el Tribunal podrá recabar y recibir los antecedentes que estime pertinentes.

En cuanto a la impugnación de las resoluciones que dicte o emita el Tribunal, estas podrán ser objeto de reposición. Las resoluciones que fijen condiciones que deben ser cumplidas en actos o contratos podrán también ser objeto del recurso de reclamación.

El artículo 32° señala que los actos o contratos ejecutados o celebrados de acuerdo con las decisiones del Tribunal no acarrearán responsabilidad alguna en esta materia, sino en el caso de que, posteriormente y sobre la base de nuevos antecedentes, fueren calificados como contrarios a la libre competencia por el mismo Tribunal y ello desde que se notifique o publique en su caso la resolución que haga tal calificación.[39] En todo caso, los ministros que concurrieron a la decisión no se entenderán inhabilitados para el nuevo pronunciamiento.

13. Nuevo régimen de indemnización de perjuicios

La modificación de la ley en el año 2016 cambió fundamentalmente el régimen de indemnización de perjuicios en materia de libre competencia. El régimen anterior consistía en que la acción se interponía ante el Tribunal Civil competente y se tramitaba como procedimiento sumario. El Tribunal, al resolver, debía fundar su fallo en las conductas, hechos y calificación jurídica ya establecidos en la sentencia del Tribunal.

En la ley actual, la acción de indemnización de perjuicios que tenga lugar con motivo de la dictación por el Tribunal de una sentencia definitiva ejecutoriada se interpone ante el Tribunal y se tramita de acuerdo con el procedimiento sumario. Las resoluciones del Tribunal, salvo la sentencia definitiva, solo son susceptibles de recurso de reposición. La sentencia definitiva solo será susceptible del recurso de reclamación ante la Corte Suprema. El Tribunal, al resolver, fundará su fallo en los hechos establecidos en su sentencia que sirvan de antecedente a la demanda. La apreciación de la prueba el Tribunal la hará de acuerdo con las reglas de la sana crítica. La indemnización comprenderá todos los daños causados durante el período en que se haya extendido el ilícito.[40]

14. Fiscalía Nacional Económica

La Fiscalía Nacional Económica está regulada en el título III de la Ley de la Competencia, en sus artículos 33° a 45°.

La Fiscalía se define como un servicio público descentralizado con personalidad jurídica y patrimonio propio, independiente de todo organismo o servicio, sometido a la supervigilancia del presidente de la República a través del Ministerio de Economía, Fomento y Turismo.[41] La autonomía de la Fiscalía tiene diversas manifestaciones y, a pesar de ser un servicio público descentralizado, tiene varias características especiales. El Fiscal es designado por el Sistema de Alta Dirección Pública a través de un concurso público. La cesación en el cargo, además del término del período legal y la renuncia voluntaria, puede ser por destitución por negligencia manifiesta en el ejercicio de sus funciones y por incapacidad dispuesta por el presidente, con informe favorable de la Corte Suprema. El personal de planta y a contrata tendrá dedicación exclusiva, que será incompatible con cualquier otra función de la Administración del Estado y tampoco podrá prestar servicios a personas que puedan ser objeto de la acción de la Fiscalía.[42] Los asesores o consultores que presten servicios sobre la base de honorarios estarán comprendidos en el artículo 260° del Código Penal.[43] En lo que se refiere a la relativa autonomía económica, la Fiscalía tendrá como ingresos el de la Ley de Presupuestos, las costas y demás sumas que pueda percibir en los procesos en que participe, los ingresos por convenios de asesoría, investigación o de otra naturaleza, los derechos por concepto de certificados y copias y los bienes e ingresos de otra naturaleza.[44] Otro aspecto de la autonomía es que el Fiscal en el ejercicio de sus funciones será independiente de todas las autoridades y tribunales ante los cuales actúe. Puede defender los intereses que le están encomendados en la forma que estime arreglada a derecho, según sus propias apreciaciones.[45] Asimismo, puede determinar discrecionalmente si corresponde investigar o desestimar las denuncias que le formulen.[46]

La dirección de la Fiscalía está a cargo del Fiscal Nacional Económico, quien ejerce la representación judicial y extrajudicial del servicio. Dura cuatro años en su cargo, pudiendo renovarse su nombramiento por una sola vez.[47] Al Fiscal le corresponderá organizar el servicio, para lo cual podrá delegar sus funciones en fiscales adjuntos para que ejerzan sus funciones en su territorio o en otro especial.[48]

Las funciones y atribuciones del Fiscal pueden dividirse en funciones de persecución de ilícitos, funciones relacionadas con la actividad judicial, requerimientos a organismos y sociedades del Estado, requerimientos a particulares y facultades de administración del servicio.

Dentro de las funciones de persecución de ilícitos, la Fiscalía tiene la facultad de instruir las investigaciones que estime procedentes. Por regla general debe notificar de su inicio al afectado. En caso contrario, debe contar con la autorización del Tribunal.[49] El Fiscal puede contar con el auxilio de la Policía de Investigaciones, que, con el conocimiento del presidente del Tribunal, deberá poner a disposición del Fiscal al personal que este requiera para ejecutar las diligencias específicas que se le soliciten. El Fiscal, en conocimiento del presidente del Tribunal, podrá disponer que las investigaciones tengan el carácter de reservadas. La modificación del 2009 permite del mismo modo que el Fiscal disponga que ciertas piezas del expediente sean reservadas o confidenciales siempre que esto tenga por objeto proteger la identidad de quienes han aportado antecedentes en virtud de la delación compensada o que dichas piezas contengan fórmulas, estrategias o secretos comerciales o cualquier otro elemento cuya revelación pueda afectar significativamente el desenvolvimiento comparativo de un titular o resguardar la eficacia de investigaciones de la Fiscalía. La modificación del año 2009 también agregó las medidas intrusivas en casos graves y calificados de investigación de colusiones expresas o tácitas o prácticas concertadas. Esta facultad debe contar con la aprobación previa del Tribunal y la autorización del ministro de la Corte de Apelaciones que corresponda según el turno. Las medidas que pueden solicitarse son: entrar a recintos públicos o privados y, si fuere necesario, allanar, descerrajar, registrar e incautar toda clase de documentos, autorizar la intercepción de toda clase de comunicaciones, ordenar a cualquier empresa de comunicaciones que facilite copias y registros de las comunicaciones transmitidas o recibidas. Los requisitos del requerimiento son dos: deben existir antecedentes precisos y graves acerca de las prácticas de colusión y también especificarse con precisión la singularización de las medidas, el tiempo por el cual podrán ejercerse y las personas a las que dichas medidas puedan afectar. La actuación de la Fiscalía está sujeta a control judicial por parte del ministro de la Corte de Apelaciones, quien resolverá de forma inmediata en una sola audiencia. Por último, existe la posibilidad de arrestar hasta por quince días a quienes entorpezcan las investigaciones de la Fiscalía. Esta facultad está sujeta a control judicial previo, pues la orden de arresto la dará el juez del crimen a requerimiento del Fiscal y con previa autorización del Tribunal.

En relación con la actividad judicial, el Fiscal actúa como parte representando el interés general de la colectividad ante el Tribunal y los tribunales de justicia. En la Corte Suprema, el Fiscal puede defender o impugnar los fallos. El Fiscal debe velar por el cumplimiento de los fallos. Puede emitir los informes que solicita el Tribunal en los casos en que no tenga la calidad de parte. Asimismo, puede suscribir acuerdos extrajudiciales con los agentes económicos involucrados en sus investigaciones. Esta facultad está sujeta a control judicial por parte del Tribunal, el que puede aprobarlo o rechazarlo.

La Fiscalía puede también solicitar la colaboración de todos los organismos públicos, pedir antecedentes y requerir de los organismos técnicos del Estado los informes que estime necesarios.

En cuanto a los particulares, la Fiscalía puede solicitar las informaciones y antecedentes que estime necesarios con motivo de las investigaciones que practique. Los particulares pueden solicitar al Tribunal que deje sin efecto el requerimiento si su entrega pudiere irrogar perjuicio a sus intereses o a los de terceros. También la Fiscalía puede llamar a declarar a los representantes, administradores, asesores y dependientes de las personas que pudiesen haber tenido conocimiento de la práctica restrictiva.

15. Operaciones de concentración

La modificación de la ley del 2016 incorpora un nuevo título IV denominado "De las operaciones de concentración". Las normas contienen las disposiciones sustantivas y procedimentales que se aplican al control preventivo y obligatorio de fusiones y otras operaciones de concentración. Así, la ley dispone que se sujetarán a las normas del título IV las operaciones de concentración que sean notificadas a la Fiscalía.[50]

La ley entiende por operación de concentración todo hecho, acto o convención, o conjunto de ellos, que tenga por efecto que dos o más agentes económicos que no formen parte de un grupo empresarial y que sean previamente independientes entre sí, cesen en su independencia en cualquier ámbito de sus actividades mediante la fusión, la adquisición que permita influir decisivamente en la administración de otro, la asociación bajo cualquier modalidad y la adquisición que permita el control de los activos de la otra empresa. Asimismo, la ley entiende por agente económico para efectos de la concentración toda entidad, o parte de ella, cualquiera sea su forma de organización jurídica o cuando no la tenga, que ofrezca o demande bienes o servicios. También se considerará como agente económico el conjunto de activos tangibles o intangibles o ambos que permitan ofrecer o demandar bienes o servicios.[51]

Las concentraciones que deben ser notificadas en forma previa y obligatoria a la Fiscalía son las que produzcan efectos en Chile y que cumplan con los siguientes requisitos copulativos: (i) que la suma de las ventas en Chile, durante el ejercicio anterior a aquel en que se verifique la notificación, haya alcanzado montos iguales o superiores al umbral establecido por el Fiscal y (ii) que en Chile, por separado, al menos dos de los agentes económicos hayan generado ventas por montos iguales o superiores al umbral. En el caso de fusiones o asociaciones se deben sumar las ventas de los agentes y las de sus respectivos grupos empresariales. Si se trata del control en la administración se deben sumar las ventas en Chile del adquirente, las de todo su grupo empresarial y las ventas de los adquiridos. La fórmula anterior se aplica para el control de los activos en los que en vez del agente adquirido son los generados con los activos adquiridos. A lo anterior hay que deducirle los impuestos, las ventas dentro del mismo grupo empresarial, las que no se originan en la explotación del giro habitual y las demás establecidas por resolución del Fiscal.[52]

La ley establece los antecedentes mínimos que deberán ser acompañados por los consultantes a la Fiscalía. Las exigencias pueden ser simplificadas o complementadas por el reglamento que debe dictar el Ministerio de Economía, Fomento y Turismo. Toda modificación de los antecedentes, estimaciones, proyecciones o conclusiones debe ponerse en conocimiento de la Fiscalía. En el caso de que las modificaciones sean significativas se considerarán para efectos legales como una nueva notificación.[53]

La consulta preventiva voluntaria procede en los casos de que una operación no supere los umbrales establecidos por la Fiscalía. La sustanciación de estas consultas será igual a la de las obligatorias. La Fiscalía, en caso de que no se le consulte voluntariamente, tendrá el plazo de un año para investigar desde el perfeccionamiento de la operación.[54]

Los agentes económicos que proyecten concentrarse no podrán perfeccionar las operaciones de concentración notificadas a la Fiscalía, las que se entenderán suspendidas desde la notificación hasta que se encuentre a firme la resolución o sentencia que pone término al procedimiento.[55] Están obligados a practicar la notificación de concentración los agentes que hayan tomado parte en la concentración. Los terceros que no hayan formado parte de la operación de la concentración no podrán practicar la notificación.[56]

El procedimiento contiene tres fases: el inicio del procedimiento con la revisión de antecedentes, la substanciación del procedimiento y la extensión de la investigación para operaciones de concentración potencialmente más complejas. El procedimiento se inicia por notificación de los agentes o por iniciativa de la Fiscalía. Dentro de los diez días siguientes, la Fiscalía debe pronunciarse sobre si la notificación está completa de acuerdo con la ley y el reglamento. Si se considera incompleta, la Fiscalía se lo comunicará al notificante para que en un plazo de diez días salve los errores u omisiones. La resolución que ordena el inicio de la investigación debe publicarse, resguardando la información confidencial de las notificaciones, para que terceros puedan hacer valer sus observaciones. La segunda fase consiste en la sustanciación del procedimiento, donde el Fiscal tendrá un plazo de treinta días para analizar los antecedentes. El Fiscal podrá aprobar la operación en forma pura y simple, cumpliendo ciertas medidas de mitigación o extender la investigación hasta por noventa días adicionales mediante resolución fundada. Si la Fiscalía extiende la investigación, debe comunicar su decisión a las autoridades directamente concernidas y a los agentes que pueden tener interés en la operación, entrando a una tercera fase. El expediente pasa a ser público, sin perjuicio de ciertas piezas del expediente que pueden ser reservadas o confidenciales. Si la Fiscalía no resuelve dentro del plazo de treinta o noventa días, se entiende aprobada la operación por el solo ministerio de la ley. Al término de la tercera fase, la Fiscalía tiene tres opciones: (i) aprobar la operación en forma pura y simple; (ii) aprobar la operación a condición de que se dé cumplimiento a las medidas de mitigación; (iii) prohibir la operación si concluye que la misma cuenta con aptitud para reducir sustancialmente la competencia. En contra de la resolución de la Fiscalía prohibiendo la operación, el notificante podrá promover ante el Tribunal, dentro del plazo de diez días contados desde la notificación de la resolución, un recurso de revisión especial que deberá ser fundado.[57]

A las atribuciones y procedimientos del Tribunal se agrega la facultad de sustanciar, a solicitud exclusiva del notificante de una operación de concentración, el procedimiento de revisión especial de operaciones de concentración cuando estas hubieren sido prohibidas por el Fiscal.[58] Si el Tribunal revoca lo resuelto por la Fiscalía, en la misma sentencia podrá aprobar la operación en forma pura y simple o sujeta a las últimas medidas ofrecidas por el notificante a la Fiscalía. El Tribunal también podrá aprobar la operación bajo la condición que se dé cumplimiento a otras medidas que considera adecuadas o suficientes. En contra de la sentencia del Tribunal no procede recurso alguno, a menos de que se hubiera condicionado la aprobación al cumplimiento de medidas distintas de la última propuesta realizada por las partes. En este caso, las partes o el Fiscal podrán deducir el recurso de reclamación ante la Corte Suprema.[59]

La FNE ha tenido un arduo trabajo en el análisis de las concentraciones de empresas. La inmensa mayoría de las solicitudes han sido aprobadas por la FNE, generalmente con mitigaciones. El recurso de revisión especial ante el Tribunal ha sido de baja utilización por la cantidad de solicitudes aprobadas con sus correspondientes mitigaciones. Un caso de notoriedad fue la operación de concentración de Ideal y CCU, en el que el Tribunal acogió el recurso de revisión especial deducido en contra de la resolución de la FNER que prohibía la adquisición de la empresa chilena por parte de la mexicana. El Tribunal dio su aprobación sujeta a siete medidas de mitigación e investigación.[60] Recientemente, el Tribunal rechazó el recurso de revisión especial presentado por las Isapres Colmena y Nueva Más Vida en contra de la resolución de la Fiscalía de 03.02.2022. El Tribunal consideró que la operación reducía sustancialmente la competencia y que las partes no acreditaron eficiecias que fuesen capaces de compensar los riesgos que implicaba la operación.[61]

16. Sanciones penales

La reincorporación en la ley de las sanciones penales que habían sido eliminadas en el año 2003 es tal vez la principal modificación del año 2016. Se agrega un nuevo título V, denominado precisamente "De las Sanciones Penales". Aquel título fue modificado por la Ley 21.595 de 2023, que lleva por nombre "Ley de Delitos Económicos".

El tipo penal contemplado en el Decreto Ley 211 sanciona al que celebre u ordene celebrar, ejecute u organice un acuerdo que involucre a dos o más competidores entre sí para fijar precios de venta o de compra de bienes o servicios en uno o más mercados; limite la producción o provisión; divida, asigne o reparta zonas o cuotas de mercado y afecte el resultado de licitaciones realizadas por empresas públicas.[62] La pena principal es la de presidio menor en su grado máximo a presidio mayor en su grado mínimo, vale decir, entre 3 años y 1 día y 10 años de privación de libertad.

Con todo, la Ley de Delitos Económicos considera a la hipótesis antes señalada como un delito económico de primera categoría, lo que significa que actualmente posee la naturaleza de un delito económico, haciéndole aplicable, además del estatuto reglado en el Decreto Ley 211, el contemplado en ésta. La referida ley eliminó también las reglas de determinación de la pena establecidas en el Decreto Ley 211, para que sean aplicadas las que en ella se encuentran consagradas, entre otras materias.

La titularidad de la acción penal la tiene exclusivamente la Fiscalía. La querella puede interponerse una vez que la existencia de la colusión haya sido establecida por sentencia definitiva ejecutoriada del Tribunal, sin que sea admisible la denuncia o cualquier otra querella. La ley exige al Fiscal interponer querella por colusión en aquellos casos en que se tratara de hechos que comprometieran gravemente la libre competencia en los mercados. Si el Fiscal decidiera no interponer querella, deberá emitir una decisión fundada. La interposición de la querella o la decisión de no formularla deberá hacerse en un plazo de seis meses desde que se encuentre ejecutoriada la sentencia del Tribunal.[63]

La acción penal para la persecución del delito de colusión de la ley prescribirá en el plazo de diez años contados desde que se encuentre ejecutoriada la sentencia definitiva del Tribunal.[64]

17. Fortalecimiento de la delación compensada

La modificación del año 2016 persigue el fortalecimiento de la delación compensada, incorporada para los casos de colusión en la modificación del año 2009. El objetivo de la modificación es darles a los delatores una mayor protección, fortaleciendo la autodenuncia. El ejecutor que antes aporte antecedentes a la Fiscalía podrá acceder a los siguientes beneficios: (i) la exención de la multa y la eventual disolución de la persona jurídica involucrada en sede de libre competencia y (ii) en sede penal la exención de la responsabilidad penal por el delito de colusión. Si con posterioridad se hace presente un segundo delator que aporte antecedentes adicionales, podrá acceder a la rebaja de la multa con un límite máximo del 50% de su monto en sede de libre competencia y en sede penal rebaja en un grado la pena y accede de inmediato al beneficio del cumplimiento de la pena en libertad.[65] La modificación incluye la sanción de presidio menor en su grado máximo, desde 3 años y 1 día hasta 5 años, para los casos de falsa delación compensada. La acción penal en cuestión solo puede iniciarse por querella de la Fiscalía.[66]

18. Jurisprudencia sobre colusión

La Fiscalía planteó un requerimiento contra cinco Isapres por supuestamente haberse coludido a partir del año 2002 para rebajar la cobertura de las atenciones hospitalarias de 100% a 90% y las ambulatorias de 90% a 70%. El Tribunal consideró que no existía evidencia suficiente que permitiera tener por acreditado dicho acuerdo, rechazando el requerimiento de la Fiscalía.[67] En otro caso, ante un requerimiento de la Fiscalía y una demanda del Banco de Chile se condenó a Falabella a pagar 8.000 UTA y a París 5.000 UTA por conductas de colusión y abusos de posición dominante.[68] Fue acreditado que las dos compañías presionaron a sus proveedores de productos electrohogar para que desistieran de participar en una feria para clientes del Banco de Chile, logrando que esta fracasara. La colusión se había confirmado por las reiteradas comunicaciones entre ejecutivos de las empresas requeridas, a las que siguieron presiones coordinadas hacia sus proveedores. Otro caso de cierta relevancia fue el requerimiento contra varias radioemisoras por acuerdos entre ellas con el objeto de restringir o eliminar la competencia en distintos concursos de la Subsecretaría de Telecomunicaciones para la adjudicación de concesiones radiales de frecuencia modulada. El Tribunal concluyó que los hechos acreditados constituyeron actos de colusión.[69]

Un caso de gran importancia fue la condena por colusión a Farmacias Cruz Verde y Salcobrand con el máximo permitido de multa en aquel entonces: 20.000 UTA cada una.[70] La sentencia del Tribunal acreditó, más allá de toda duda razonable, la existencia de una colusión entre Cruz Verde, Salcobrand y Ahumada para alzar el precio de a lo menos 206 medicamentos en el período entre diciembre 2007 y marzo 2008. La existencia del acuerdo ilícito tendría evidencia directa en correos electrónicos y declaraciones de ejecutivos.

Ahumada no fue sancionada pues confesó ante la Fiscalía, a pesar de no estar todavía vigente la reforma del 2009.

El Tribunal acogió el requerimiento de la Fiscalía en contra de Tecumseh, Do Brasil y Whirlpool por adoptar e implementar un acuerdo para aumentar el precio de los compresores herméticos, insumo esencial en la fabricación de equipos de refrigeración.[71] Whirlpool fue condenada a 1.500 UTA, rechazando el Tribunal las excepciones de falta de jurisdicción (acuerdo celebrado en Brasil), prescripción y cosa juzgada. Tecumseh no fue sancionada, por acogerse a delación compensada bajo el artículo 39 bis.

Junto con el caso farmacias, el caso pollos es de singular importancia. El Tribunal acogió el requerimiento en contra de Agrosuper, Ariztía y Don Pollo, los que se habrían coludido a través de la Asociación de Productores Avícolas (APA) en la producción de carne de pollo ofrecido en el mercado nacional, asignándose cuotas de producción y comercialización.[72] El Tribunal estableció la existencia del acuerdo mediante correos electrónicos incautados por la Fiscalía. El acuerdo cubría el 80% de la oferta nacional, proyectaba la demanda futura de pollo y asignaba cuotas. El Tribunal también dio por acreditado que APA tuvo un importante rol en la coordinación y ejecución, como también en la fiscalización del acuerdo. Multa máxima de 30.000 UTA para Agrosuper y Ariztía y de 12.000 para Don Pollo, además de la disolución de APA.

En otro caso de delación compensada, el Tribunal acogió el requerimiento de la Fiscalía contra Asfaltos Chilenos, Dynel, Enex y QLA por coludirse en la asignación de contratos de provisión de asfaltos utilizados en obras viales.[73] Enex fue eximida de multa por delación compensada.

El caso de mayor connotación en Chile es el relativo al papel *tissue* entre las papeleras CMPC y la sueca SCA. La Fiscalía inició su investigación a fines del 2014 y CMPC se acogió al programa de delación compensada. A fines del 2015, la Fiscalía dedujo el requerimiento en contra de las dos empresas por asignarse, a través de un acuerdo colusivo, cuotas de participación de mercado y fijar precios desde el año 2000 hasta fines del 2011. El Tribunal fijó tres puntos de prueba: (i) génesis y término de la colusión; (ii) organización y ejecución del mercado de colusión y (iii) beneficios obtenidos por los requeridos. Asimismo, el Tribunal estimó que el estándar probatorio corresponde a uno de prueba clara y concluyente. El análisis de la colusión por parte del Tribunal distingue dos períodos: uno desde el año 2000 en adelante a raíz de la entrada de la marca Acuenta de Líder (hoy D+S) y la guerra de precios subsecuente y otro a partir del 2006.La implementación del acuerdo colusorio estuvo a cargo de CMPC.

El Tribunal rechazó la argumentación de SCA de que había sido coaccionada por CMPC. También rechazó la precepción planteada por SCA que sostenía que la conducta imputada había cesado el 2011 y por lo tanto la prescripción de cinco años se había cumplido. El Tribunal sancionó a SCA con el pago de 20.000 UTA y no sancionó a CMPC por haberse acogido a la delación compensada. A ambas empresas las obligó al programa de cumplimiento. Condenó en costas a SCA por haber sido totalmente vencida. Hay votos de prevención sobre el estándar de prueba por parte de los ministros Tapia y Arancibia, quienes sostuvieron que debiera ser el del balance de probabilidades.[74]

La Corte Suprema fue especialmente cuidadosa en el caso farmacias para establecer jurisprudencia para las colusiones. Sostuvo el Tribunal que se había dado por establecida la colusión, que esta tuvo la aptitud causal para restringir gravemente la competencia en el mercado relevante y que dicha restricción efectivamente se produjo. La Corte señaló que las hipótesis alternativas a la colusión que fueron planteadas en el juicio no fueron acreditadas; se observaron alzas muy simultáneas en los precios de los medicamentos sin que hubiera una explicación uniforme de las requeridas; la Fiscalía, las requeridas y Ahumada están contestes en el orden en que se iniciaban las alzas de precios; el comportamiento paralelo de las cadenas fue acreditado y reconocido por las requeridas y es imposible que exista coincidencia en la subida de los precios.[75] En otro fallo de libre competencia, el de las agencias de turismo, la Corte estableció que los requisitos de la colusión eran: (i) existencia de un acuerdo; (ii) objetivo de obtener mejores beneficios; (iii) aptitud objetiva del acuerdo para producir un efecto contrario a la competencia y (iv) voluntad y decisión conjunta de llevar a cabo el acuerdo.[76] Es interesante ver cómo la Corte Suprema en el caso farmacias enumeró los signos o factores que ayudan a reconocer la existencia de una colusión: (i) cuando es costoso o dificultoso para nuevos proveedores o vendedores entrar a la industria; (ii) hay solo unos pocos proveedores o un pequeño grupo controla la mayor parte del mercado y en general hay muchos compradores; (iii) los proveedores tienen costos similares o los costos fijos explican una alta proporción de los costos totales; (iv) los compradores carecen de experticia; (v) mientras más estandarizado sea un producto más fácil será para los proveedores competidores alcanzar un acuerdo; (vi) el producto tiene pocos o ningún sustituto cercano; (vii) la demanda por el bien es estable; (viii) la participación en el mercado de los oferentes es importante; (ix) los precios ofrecidos son similares o idénticos; (x) hay un incremento inesperado o injustificado de los precios o diferentes proveedores elevan sus precios en un monto similar y por un mismo tiempo; (xi) los proveedores manifiestan la regla de que la industria ha decidido incrementar sus márgenes; (xii) se desentiende la regla de que el precio debe estar relacionado con los costos y las utilidades del productor.[77]

En el primer fallo de la Corte Suprema sobre colusión, a requerimiento de la Fiscalía por supuesto acuerdo de las Isapres para bajar los planes de salud, se advertía que la coincidencia en relación con el inicio de la venta de los planes de salud, como también la simultaneidad en la gradualidad con que se llevó a cabo, pueden ser explicados por una colusión o por la competitividad y características del mercado. No existe una justificación única que explique la existencia de la conducta paralela. De esta manera, aparece con nitidez que la prueba de presunciones no es directa puesto que el hecho del acuerdo puede ser explicado por diversas razones. Para que la probanza pueda producir pleno valor probatorio debe ser directa y si no lo es resulta inhábil para demostrar la colusión.[78]

19. Jurisprudencia sobre abuso de posición dominante

La Corte Suprema ha exigido que la prueba en los casos de colusión sea clara y concluyente. Para el máximo tribunal la colusión puede tener evidencia clara o circunstancial. La clara corresponde a las pruebas materiales contenidas en documentos, minutas, grabaciones o correos electrónicos que muestran que ha existido una comunicación directa entre las empresas. La evidencia circunstancial considera el comportamiento de las empresas porque desde él se presume, deduce o infiere una conducta colusiva. La prueba en la colusión tiene, por lo general, la dificultad de que la documentación es fraccional o dispersa.[79]

En el último tiempo, la Fiscalía ha alegado colusión en los laboratorios y las empresas navieras, en ambos casos basada en la entrega de información (por Biosano en los laboratorios y por la Sudamericana de Vapores en el caso de las navieras). Las empresas navieras fueron requeridas por acuerdos en el tráfico de la ruta América, Europa y Asia. Las altas multas aplicadas eximieron a la Sudamericana por ser el delator.[80] Por su lado, en los laboratorios se produjo la colusión para efectos de resultados en la adquisición de ampollas y Biosano fue eximida de sanción por ser el delator.[81]

La jurisprudencia en esta materia es profusa, tanto por demandas en contra de empresas que supuestamente ejercían una posición dominante como también por requerimientos de la Fiscalía. El Tribunal, desde el año 2004, ha sido bastante exigente en los casos que se le han presentado. Una demanda en contra de Editorial Santillana por abusos de posición dominante al imponer modificaciones al contrato de distribución de textos escolares, aceptar nuevos esquemas de descuentos y metas, como también fijación de precios de venta, fue rechazada por cuanto se estimó que los antecedentes eran insuficientes.[82] Lo mismo ocurrió por no acreditarse en autos las alegaciones de la Fiscalía en contra de la Isapre Integramédica por obligar presuntamente a los médicos que prestan servicios en sus centros a contratar la asesoría legal especializada y el seguro de responsabilidad médica con una empresa determinada, bajo amenaza de desvinculación de los médicos.[83] El Tribunal rechaza una demanda de la Asociación de Exportadores en contra de las empresas navieras Ultramar y Saam al considerar que la emisión de un documento adicional que certifica el embarque no puede constituir un abuso de posición dominante por existir alternativas para obtener el certificado fitosanitario que no tienen costo adicional para los exportadores.[84] Asimismo, el Tribunal rechazó un requerimiento de la Fiscalía en contra de la Cámara de Comercio de Santiago que le imputó abuso de posición dominante a través de cobros por concepto de aclaraciones de deudas en el Boletín de Informaciones Comerciales. En este caso, el Tribunal recomendó a la Superintendencia de Bancos e Instituciones Financieras que las entidades sometidas a su fiscalización cumplan con la obligación de la Ley de Protección de la Vida Privada en función de que comuniquen a la Cámara de Comercio el pago o extinción de las deudas.[85]

El Tribunal acogió las demandas o los requerimientos cuando parecía claro que la práctica restrictiva era consecuencia obligada de la posición dominante de la empresa demandada. Así, acogió el requerimiento en contra de Lan y Lan Cargo por abuso de posición dominante en el transporte aéreo internacional de carga a Punta Arenas.[86] En otra causa, el Tribunal condenó a la Empresa Eléctrica de Magallanes por abuso de posición en el suministro de servicio eléctrico en Puerto Williams, al elevar las tarifas por sobre la fórmula de indexación del contrato de concesión.[87] En el mismo sentido, el Tribunal falló contra SCL, concesionaria del aeropuerto de Santiago, por abuso de su condición a través de establecer una tarifa para las subconcesiones de los *courier* no contempladas en las bases de licitación, por discriminación en favor de Correos de Chile respecto de otras empresas de *courier* y restringir la ampliación de infraestructura de algunas de estas empresas.[88]

Dos sentencias muy interesantes del Tribunal en esta materia son las de la Compañía Chilena de Fósforos y la Compañía Chilena de Tabacos, en ambos casos por requerimiento de la Fiscalía, las que fueron acompañadas de las demandantes Canada Chemicals en el primer caso y Philips Morris en el segundo. En estos casos el Tribunal consideró que las empresas tenían una posición dominante que les permitió realizar las prácticas restrictivas que fueron sancionadas. En el caso de Fósforos, el Tribunal determinó que se habían establecido barreras artificiales a la entrada de nuevos competidores mediante cláusulas de exclusividad, sistemas de incentivos con el objeto de mantener la exclusividad y otros incentivos con fines excluyentes.[89] En el caso de Tabacos, el Tribunal estableció que el uso de espacios para instalar avisos publicitarios cuya aplicación implique exclusividad o produzca un resultado análogo exige que la compañía reserve o ceda el 20% del *facing* de las cigarreras y se abstenga de realizar actos que impidan cualquier actividad promocional lícita.[90]

Han sido pocos los casos en que el Tribunal ha acogido las demandas presentadas por las empresas. Un primer caso es la demanda de GTD Teleductos en contra de la Empresa de Ferrocarriles del Estado.[91] En este caso se consideró que EFE había abusado de su posición dominante al discriminar arbitrariamente en los precios de los atraviesos de la vía férrea. En otro caso el Tribunal acogió una demanda en contra del Puerto Terrestre Los Andes, que ejerciendo un monopolio cobra un servicio de estiba y desestiba cuyo cobro no está jurídicamente expresado por el contrato de concesión.[92]

Por el contrario, han sido numerosos los casos en que el Tribunal ha rechazado los requerimientos de la Fiscalía o los demandantes. En el requerimiento de la Fiscalía contra la empresa eléctrica Atacama, el Tribunal lo rechazó, a pesar de considerar que la empresa eléctrica tiene una posición dominante respecto de la protección de servicio de escolta.[93] El Tribunal también rechazó una demanda en contra de la Naviera Danvi Ship para el transporte de mercadería al por mayor hacia Isla de Pascua. De los antecedentes acompañados no se pudo concluir la posición dominante ni que, si la hubiere tenido, las conductas desarrolladas eran efectivamente prácticas restrictivas.[94]

En una demanda contra el representante de la marca Stihl se estimó que no se había acreditado la posición dominante en equipos y maquinarias para el sector agrícola, forestal y la jardinería, ni tampoco que se hubieran entregado condiciones comerciales discriminatorias o negado la venta.[95]

El Tribunal rechazó una demanda contra Copec por supuestos abusos de posición dominante en los contratos de la empresa distribuidora de combustibles. Se consideró que, del análisis del contrato, no se allegaron antecedentes que permitiesen establecer que las condiciones contractuales por sí solas tendiesen a restringir la competencia.[96]

En el área de los seguros, el Tribunal rechazó una demanda de Will en contra de Claro por abuso de posición dominante, competencia desleal y conductas predatorias por cuanto no fueron acreditados los elementos necesarios para constituir un ilícito.[97]

Hubo un requerimiento de la Fiscalía en contra de algunas empresas de turismo por coordinación para tratar de obtener un incremento de las comisiones pagadas por Explora, pero el Tribunal lo desestimó al considerar que las agencias no tenían un poder de mercado suficiente para ser usado en forma abusiva, lo que no fue acreditado en el caso.[98]

En una demanda en contra de la Dirección de Compras y Contratación Pública, en la contratación de campañas comunicacionales por parte del Estado, el Tribunal estimó que al ser el mercado relevante todo el país el Estado no tendría poder de mercado que habilite a su titular a abusar del mismo.[99]

En la demanda de Electrocenter en contra de Nokia, el Tribunal rechazó que la posición de dominio de Nokia haya explicado las supuestas prácticas restrictivas. No se llegó al convencimiento de que el alza de los precios y las cláusulas abusivas fuesen atentatorias a la libre competencia. La terminación del contrato de distribución puede ser analizada en otra sede, pero no el de libre competencia.[100]

Por último, el Tribunal rechazó la demanda de Delfos en contra de SCL Terminal Aéreo por supuestas conductas abusivas al concluir que no se acreditaron las acusaciones en el mercado de transporte de pasajeros desde el Aeropuerto Arturo Merino Benítez.[101]

La Corte Suprema ha señalado que para abusar de la posición dominante se requiere que haya una finalidad claramente perseguida y demostrada en el respectivo proceso, porque en esta materia el dolo debe probarse ya que no se está ante una figura penal para poder aplicar el artículo 1° del Código Penal.[102]

20. Jurisprudencia sobre acuerdos de precios

El Tribunal ha acogido todos los requerimientos de la Fiscalía en relación con los acuerdos de precios entre empresas competidoras. La única demanda al respecto, de los pescadores de Pichilemu en contra del sindicato, fue también acogida por el Tribunal. En este caso el sindicato obligó a los locatarios de la caleta administrada por el sindicato a ofrecer sus productos a un menor precio, restringiendo la competencia en el mercado relevante.[103]

Los requerimientos acogidos por el Tribunal son de naturaleza muy distinta. La Fiscalía presentó un requerimiento contra 74 de los 84 médicos de Punta Arenas por acuerdo de precios para prestaciones de diversas especialidades médicas a través de la Asociación Médica Patagonia.[104] También se acogió un requerimiento en contra de médicos obstetras y ginecólogos de Ñuble por aumentar los precios en forma sostenida de consultas e intervenciones en Ñuble.[105]

Los demás requerimientos por acuerdos de precios están referidos al transporte público. En el requerimiento de la Fiscalía en contra de la Asociación General de Buses Interurbanos, el Tribunal falló que se había incurrido en prácticas colusorias a través de la facultad de la asociación de repartir el mercado y decidir quién compite y cómo se compite.[106] Asimismo, el Tribunal acogió un requerimiento en contra de nueve empresas de microbuses y cuatro de taxis colectivos en Osorno por haberse coludido para alzar coordinadamente los precios.[107] En otra sentencia, el Tribunal sancionó a la Asociación Gremial Agmital por diversas prácticas que tuvieron por objeto excluir a un competidor del mercado.[108] En la misma forma, el Tribunal acogió un requerimiento en contra de varias líneas de transporte público rural entre Puerto Montt y los Muermos por haber gestado un acuerdo que les otorgó poder de mercado realizando una alza coordinada de tarifas.[109]

En el año 2014 hubo cinco causas por acuerdos de precios en el transporte público, cuatro de ellas por requerimiento de la Fiscalía. El Tribunal acogió el requerimiento en contra de varias líneas de transporte Santiago-Curacaví por haber celebrado acuerdos anticompetitivos para fijar tarifas y determinar el reparto de frecuencias.[110] De la misma forma, se sancionó a varias líneas de buses Santiago-Cartagena por acuerdos en los aumentos de precios.[111] La misma práctica fue penada en las líneas de transporte público entre Copiapó y Caldera por alza concertada de precios.[112] En el caso de Valdivia, las líneas de taxibuses acordaron aumentar concertadamente sus tarifas a través de la Asociación Gremial de Empresarios de Taxibuses de Valdivia.[113]

En el caso de los médicos de Punta Arenas, la Corte Suprema fue más categórica que el Tribunal al señalar que lo relevante era si el acuerdo, tal como fue concebido, tuvo la aptitud objetiva de producir un resultado anticompetitivo, lo que resulta suficiente para su sanción.[114]

En 2019 el Tribunal dictó sentencia en contra de Walmart, Cencosud y SMU por una práctica concertada para determinar el precio de venta, a través de los proveedores, para que el precio del pollo fresco no excediera el precio de lista mayorista. Esta práctica se había realizado entre los años 2008 y 2011. El Tribunal aplicó altas multas y condonó en costas a dos de las tres cadenas de supermercado.[115]

El Tribunal acogió el requerimiento en contra de los laboratorios Baxter y Sanderson por ponerse de acuerdo en los precios en las licitaciones. En este caso se aplicó una multa baja (400 UTA) por cuanto los acuerdos no se concretaron y los laboratorios no obtuvieron beneficio alguno.[116]

21. Jurisprudencia sobre precios

El Tribunal analizó especialmente el precio abusivo en la demanda de transportistas en contra del Puerto Terrestre Los Andes. El demandado cobra la tarifa máxima que corresponde al servicio regulado de estiba y desestiba que no es efectivamente prestado por el Puerto y lo hace abusando de su posición dominante. El Tribunal determinó que el precio era abusivo al constatar una diferencia superior de dos a tres veces, según el cálculo de un informe pericial.[117]

En relación con precios los discriminatorios, el Tribunal ha sostenido que un mismo bien puede ser vendido a distintos precios sin configurar una conducta anticompetitiva de discriminación de precios cuando la diferencia de precios encuentra una explicación razonable en la brecha de costos y riesgos que implica para el vendedor el negocio de cada comprador.[118]

La Corte Suprema, en un caso de precios regulados con un régimen subsidiado que establecía un precio máximo dirigido a sectores de la población ubicados en sectores rurales y de bajo ingreso, consideró que no afectaba la libre competencia. La ley reguladora estableció un sistema subsidiado cuando no hay oferta o no se pacta en términos de eficacia. La Corte sostuvo que el derecho a la libre competencia no es absoluto y toma como límites los principios constitucionales de la dignidad humana y de la subsidiariedad.[119]

En materia de imposición de precios, en un requerimiento de la Fiscalía y demanda de los exportadores por cobros de servicios no solicitados, el Tribunal acogió la demanda en contra de los agentes de naves. Esta sentencia fue revocada por la Corte Suprema.[120]

22. Jurisprudencia sobre precios predatorios

La inmensa mayoría de las demandas interpuestas por concepto de precios predatorios han sido rechazadas por el Tribunal. Hace excepción el requerimiento de la FNE en contra de la telefónica CMET por cuanto se había beneficiado de su filial participando en el mercado denunciado bajo los costos de operación.[121]

El Tribunal rechazó una demanda en contra de la Polla Chilena de Beneficencia por haber mantenido como proveedor a una empresa extranjera que ofrecía precios por debajo de los costos.[122] El Tribunal condenó en costas a la demandada, pues los precios predatorios de una empresa extranjera no son materia de la ley de la competencia si no de la ley sobre importación de mercaderías al país.

En otro caso, el Tribunal rechazó la demanda en contra de James Hardie Fibrocementos por cuanto no hubo evidencia del poder de mercado ni de que se haya comercializado bajo los costos evitables relevantes.[123]

Una demanda de CMET en contra de la Compañía de Telecomunicaciones de Chile fue rechazada por cuanto no se acompañó un estudio de costos ni ningún otro antecedente que pudiera establecer que la promoción estaba bajo los costos evitables de proveerla.[124]

GPS Chile demandó a Entel PCS, demanda que fue rechazada porque no se pudo probar el poder de mercado y porque la rentabilidad anual del negocio siempre fue positiva.[125]

En otro caso, el Tribunal rechazó una demanda en contra de la Dirección de Bienestar Social de la Armada por prácticas predatorias en el supermercado de Puerto Williams por cuanto las pruebas fueron insuficientes.[126]

En tres casos sobre materias muy diferentes el Tribunal también rechazó el argumento principal de los precios predatorios. En un caso de supermercado la estrategia empleada fue la de "*loss leading*", que consiste en que se bajan los precios de alta recordación y sensibilidad para ganar clientela de otros productos.[127]

En un caso telefónico, el demandante no pudo comprobar la existencia de la predación y el suficiente poder de mercado de la demandada.[128] Por último, en una demanda en contra, el Ministerio de Transportes y Telecomunicaciones argumentó que el empleo de un subsidio para la provisión de redes en 1.424 localidades rurales generaba una supuesta predación de precios.[129]

En algunos casos se ha planteado el difícil tema de si corresponde sancionar en esta práctica los estrangulamientos de márgenes. El Tribunal no las ha considerado hasta ahora.[130]

La Corte Suprema señaló que la eventual existencia de precios por debajo de los costos por parte de un proveedor extranjero pertenece al ámbito de la Ley 18.525 sobre importación de mercaderías al país.[131] En otro fallo, la Corte admitió que existe uniformidad en la doctrina respecto de que la estrategia de producción se asume cuando una empresa fija sus precios a un nivel que le significa un sacrificio en términos de menores beneficios en el corto plazo con el objeto de excluir el nivel o evitar la entrada de nuevos competidores para en el largo plazo recuperar el sacrificio inicial mediante el incremento de los precios. La predicción exige la existencia de la pérdida de corto plazo y que el actor tenga suficiente poder de mercado potencial o los suficientes recursos financieros para obtener una posición de dominio.[132]

23. Jurisprudencia sobre barreras de entrada

Sal Punta de Lobos fue requerida y sancionada por imponer barreras artificiales a la entrada de nuevos competidores con el objeto de mantener su posición de dominio.[133] El Tribunal acogió el requerimiento en contra de varias líneas de transporte por bloquear el acceso de competidores a diversos terminales de Valparaíso, La Serena y Antofagasta, impidiendo o retardando que nuevos actores pudiesen ofrecer sus servicios.[134] El Tribunal rechazó una demanda en contra de Inmobiliaria Santa Rosa de Tunquén, en el mercado de captación y tratamiento de agua potable en el territorio del condominio, al no acreditarse la existencia de barreras de entrada en el mercado relevante.[135]

El Tribunal acogió la demanda del Instituto Profesional de Chile en contra del Colegio de Kinesiólogos por actos de hostigamiento con el fin de impedir el desarrollo de la carrera de Kinesiología impartida por el demandante.[136]

24. Jurisprudencia sobre licitaciones

En el caso de las licitaciones hay una apreciable cantidad de casos, la mayoría surgida de denuncias en contra del Ministerio de Transportes y Telecomunicaciones y de distintas municipalidades.

El Tribunal rechazó una denuncia en contra del Ministerio de Transportes y Telecomunicaciones por cuanto en las bases de la licitación de plantas de revisión técnica se exigía que los participantes fueran personas jurídicas y por la exigencia de capital, que parecía alta y dejaba a varias empresas fuera de la posibilidad de presentarse. El rechazo se justificó en que las bases no discriminaban en cuanto a las propuestas, las que estarían todas en igualdad de condiciones.[137] En otra causa por las plantas de revisión técnica, el Tribunal, junto con rechazar la demanda, sostuvo que no era atribución suya sino de la autoridad de transporte definir las exigencias y costos que implique ingresar a esa actividad económica.[138]

En una licitación privada, la FNE requirió a la Sociedad de Desarrollos Educacionales por la licitación de uniformes escolares de los colegios controlados por ella. El Tribunal desechó el requerimiento por considerar que fue suficiente el concurso privado en el que se invitó a un número limitado pero suficiente de oferentes.[139] En otro caso de uniformes escolares, el Tribunal falló en contra del colegio American British por establecer condiciones en la licitación que favorecían a una sociedad relacionada.[140]

El tema de las licitaciones realizadas por las municipalidades, especialmente para la recolección de basura, ha sido recurrente en la jurisprudencia. Dentro de las primeras consultas hechas al Tribunal, la Municipalidad de San Miguel solicitó un pronunciamiento sobre las bases de la licitación para la recolección de residuos. El Tribunal absolvió la consulta y dejó sin efecto el Dictamen 995 de la Comisión Preventiva Central que recomendaba la consulta de las bases de licitación que los municipios hicieran para la recolección de basura.[141] En otra consulta acerca de las bases de licitación de la Municipalidad de San Fernando, el Tribunal objetó algunos aspectos de las bases pues consideró que las exigencias contenidas en ellas eran verdaderas barreras de entrada a la actividad.[142] El Tribunal acogió un requerimiento de la FNE contra la Municipalidad de Curicó, previniendo que la experiencia que se requiere de los postulantes debe ser relevante y no específica en la basura y advirtió también que los plazos en las bases de licitación deben ser prudentes.[143] En otro requerimiento de la FNE en contra de la Municipalidad de Antofagasta en la licitación de recolección de basura, el Tribunal rechazó pues estimó que no se acreditó que favoreciera especialmente a la empresa que se adjudicó la licitación.[144] En una consulta hecha por una empresa en relación con la licitación de estacionamientos en el centro de Melipilla, el Tribunal absolvió favorablemente siempre que se cumplan las siguientes condiciones: (i) deberá adjudicarse al licitante que ofrezca el menor precio; (ii) el plazo de vigencia de la concesión no debe superar los treinta años; (iii) los pagos a la Municipalidad deberán estar preestablecidos en las bases y determinados en función del valor económico de los activos que se entreguen para desarrollar el proyecto; (iv) las bases no deberán contener barreras de entrada y (v) podrá haber demandas de exclusividad en la medida que estén justificadas en la evaluación financiera.[145]

En materia aeronáutica han existido bastantes casos tanto de consultas como de demandas. El Tribunal rechazó las bases de licitación de redes hidrantes en el aeropuerto Chacalluta por cuanto otorgaba a la Dirección General de Aeronáutica Civil discrecionalidad en su accionar tanto en el procedimiento de licitación como durante la explotación.[146] En la demanda de Sky en contra del Ministerio de Transportes y Telecomunicaciones por la licitación de frecuencias internacionales, el Tribunal propuso la modificación del reglamento de licitaciones por presentar características que restringen la competencia.[147] El Tribunal acogió la demanda en contra del consorcio SCL por negociar en forma directa y no hacer licitaciones para los operadores de taxis de turismo en el aeropuerto de Santiago.[148] El Tribunal, en otro caso, falló también contra el aeropuerto en la licitación de los *courier* por cuanto estableció tarifas para las subconcesiones no contempladas en las bases de la licitación, por discriminación en favor de Correos y por restringir la ampliación de infraestructura de algunos *courier* existiendo terrenos para ello.[149] En otra ocasión, el Tribunal acogió el requerimiento de la FNE en contra de la Junta de Aeronáutica Civil con el objeto de adjudicar siete frecuencias entre Santiago y Lima.[150] Se ordenó modificar las bases para que ninguna línea aérea se quede con más del 70% de dicho mercado. Asimismo, se debe considerar en la licitación, además de la mejor oferta, las ofertas que propendan a la creación de las mejores condiciones de competencia. La sentencia contiene una serie de recomendaciones para la autoridad aeronáutica.

En dos casos la FNE hizo el requerimiento ante el Tribunal sobre la base de una colusión de los licitantes para hacer fracasar licitaciones públicas. El primer caso se refiere a las empresas proveedoras de oxígeno AGA, Air Liquide, Indura y Praxair que habrían tenido una conducta concertada con el objeto de hacer fracasar la licitación de la Central Nacional de Abastecimiento del Sistema Público de Salud.[151] El Tribunal falló en favor de la FNE, sentencia que fue revocada por la Corte Suprema que dejó sin efecto las multas impuestas. En otro caso, el Tribunal rechazó un requerimiento de la FNE contra Asfaltos Moldeables, Productos Bituminosos y Química Latinoamericana por haberse puesto de acuerdo en los precios para hacer fracasar una licitación pública, en tanto no se acreditó la existencia de dicho acuerdo.[152] Un tercer requerimiento hizo la FNE contra Bertonati, San José y Kaufmann porque se habían puesto de acuerdo en los mercados en una licitación de ambulancias en el país.[153]

El Tribunal resolvió acoger las excepciones de prescripción opuestas por las requeridas.

En materia de telecomunicaciones, el Tribunal resolvió la consulta de la Subsecretaría de Telecomunicaciones respecto de la procedencia de excluir, limitar o condicionar la participación de las actuales concesionarias de telefonía móvil en el concurso de telefonía móvil digital avanzada.[154] El Tribunal manifestó no solamente su rechazo a dicha posibilidad, sino que ordenó a la Subtel adoptar las siguientes medidas: (i) lo antes posible implementar la portabilidad del número telefónico móvil; (ii) subdividir la frecuencia 1710-1755 MHg y 2110-2155 MHg en el mayor número de bloques técnicamente posibles; (iii) establecer plazos de ejecución que no limiten los interesados a aquellos que ya conocen la infraestructura o redes de comunicaciones móviles. En otro caso, el Tribunal rechazó la demanda de Netland en contra del Ministerio de Transportes y Telecomunicaciones por cuanto en el concurso de infraestructura digital se asignó un subsidio para el desarrollo de secuencias de acceso de internet en las áreas rurales.[155] A pesar de la existencia de restricciones al concurso, el Tribunal señaló que no existían antecedentes que permitieran dar por acreditado que las restricciones fueron injustificadas. Se propuso que el presidente de la República realizara cambios sustanciales en los mecanismos de asignación de subsidios con cargo al Fondo de Desarrollo de las Telecomunicaciones. En un tercer caso referido a los radiodifusores, la FNE requirió a varios radiodifusores por celebración de acuerdos entre competidores en la adjudicación de concesiones radiales de frecuencia modulada.[156] El Tribunal concluyó que los hechos acreditados constituían actos colusorios.

Más recientemente, las prácticas relacionadas con licitaciones han sido las siguientes. El Tribunal acogió una demanda en contra del Ministerio de Obras Públicas por el diseño de una licitación que facultaba al concesionario a cobrar una tarifa exclusoria de competidores en el trayecto entre Niebla y Corral.[157] Un caso de gran notoriedad fue el requerimiento de la FNE contra la Asociación Chilena de Agencias de Publicidad, su presidente ejecutivo, siete de sus directores y unas agencias de publicidad por un boicot colectivo en contra de las licitaciones convocadas por Metro y Transbank para la contratación de una agencia de publicidad.[158] El tribunal falló contra las agencias. Otro caso de importancia fue la demanda de Sonda en contra del Servicio de Registro Civil e Identificación por la licitación del sistema de identificación, debido a que la excluyó por no acreditar experiencia en proyectos similares al licitado.[159] El Tribunal falló a favor de Sonda, sancionando al Registro Civil.

En tres demandas contra el Ministerio de Transportes y Telecomunicaciones, el Tribunal rechazó las demandas interpuestas por falta de mérito.[160, 161 y 162]

La Corte Suprema ha indicado que en la licitación de un servicio público es atribución de la autoridad definir las exigencias y costos que implique ingresar a la actividad económica. El Tribunal debe intervenir solamente si los términos y condiciones impiden, restringen o entorpecen la libre competencia de cualquier modo.[163] En otro caso, la Corte reiteró que en las licitaciones el mercado relevante corresponde a cada licitación específica.[164] Así, el objeto de la licitación constituye un mercado en sí, distinto del mercado final. La misma tesis fue contenida por la Corte Suprema en la licitación de construcción de hospitales por el servicio de salud de Osorno.[165]

25. Jurisprudencia sobre concesiones

Recientemente ha habido casos interesantes en la jurisprudencia del Tribunal. En uno de ellos, una empresa constructora demandó a la Municipalidad de San José de la Mariquina por una licitación que entablaría pautas evaluativas que constituirían una barrera de entrada que impediría a otras empresas competir en igualdad de condiciones. El Tribunal rechazó la demanda y con costas por ser infundada.[166] En otro caso la Municipalidad de Pedro Aguirre Cerda consultó las bases de la licitación para la concesión de la Estación Intermodal Metropolitana. El Tribunal absolvió la consulta favorablemente, ordenando la modificación de diversas cláusulas.[167] En un tercer caso, la Sociedad Nacional de Pesca demandó a la Subsecretaría de Pesca y Acuicultura por el diseño de las subastas en las que la autoridad habría reservado entre 40% y 60% a las empresas de menor tamaño. El Tribunal estimó que no se apreciaba que las cuotas hubieran afectado la competencia.[168]

El Tribunal rechazó una demanda en contra de la Municipalidad de Santiago por negar el otorgamiento de permisos municipales para establecimientos de superficie luego de suscribir contratos de concesión de estacionamientos subterráneos. El Tribunal exigió modificar en los contratos de concesión la exclusividad, pues de modificarse la normativa urbana la obligación contractual del municipio subsistiría sin existir un sustento legal y por lo tanto sería contraria al artículo 4° de la ley.[169]

En materia de concesiones telefónicas, existió un requerimiento de la Fiscalía en contra de las telefónicas móviles. De acuerdo con la Fiscalía, las empresas requeridas habían realizado un ejercicio abusivo de sus derechos al oponerse a las solicitudes de concesiones pedidas a la Subtel por interesados en ingresar al mercado de la telefonía móvil OMV. En cuanto al ejercicio abusivo de acciones judiciales o administrativas, el Tribunal reiteró su jurisprudencia (Sentencias 47, 83 y 90) señalando que para calificar una conducta como contraria a la libre competencia se requiere dilucidar si ella tenía de manera inequívoca y como única finalidad la de imponer barreras artificiales a la entrada de competidores al mercado.[170] La naturaleza y alcances de las concesiones otorgadas por la autoridad siguen siendo una preocupación constante por parte de los órganos de la libre competencia.

26. Jurisprudencia sobre facilidad esencial

Shell Chile consultó respecto de la política de la Dirección General de Aeronáutica Civil manifestada en una serie de actos administrativos mediante los cuales se privilegió el uso de redes hidrantes en el abastecimiento de combustible para aviones.[171] El Tribunal señaló que la decisión de la Dirección tendió a afectar las condiciones de competencia en este mercado al darle el carácter de facilidad esencial a las redes hidrantes. Si existían razones técnicas o de seguridad, la Dirección debió asegurarse de que el precio cobrado a terceros y las condiciones de acceso a las redes no fueran discriminatorios y que su precio no constituyera una barrera de entrada para quienes no son propietarios de dichas redes.

El Tribunal, en el requerimiento de la Fiscalía en contra de la Cámara de Comercio, señaló que esta tiene un especial deber de cuidado en sus conductas al ser una empresa verticalmente integrada que controla una facilidad esencial en el mercado aguas arriba y tiene una posición dominante.[172] El requerimiento se planteó por supeditar la renovación del contrato de aprovisionamiento del Boletín de Informaciones Comerciales a una serie de exigencias.

El Tribunal rechazó una demanda de AFEX en contra del Banco de Chile por el cierre unilateral de 26 cuentas corrientes.[173] Se estimó que las cuentas no eran un insumo esencial para la protección de servicios financieros de AFEX.

27. Jurisprudencia sobre discriminación de precios

El tema de la discriminación de precios ha surgido en numerosos casos, especialmente relacionados con los abusos de posición dominante. Sin embargo, ha habido tres casos en que la demanda se sustenta exclusivamente en la discriminación de precios: la basura, el negocio inmobiliario y las telecomunicaciones. En los tres el Tribunal acogió las demandas.

En el caso de la basura, la demanda fue contra Santa Marta por las tarifas por los servicios que prestan en los rellenos sanitarios de su propiedad.[174] El Tribunal exigió que las tarifas se conformen a criterios objetivos y no discriminatorios, iguales para todos los que se encuentran en una misma situación. En materia inmobiliaria, el Tribunal condenó a una empresa de servicios sanitarios por establecer cobros arbitrariamente discriminatorios y abusivos.[175] En las telecomunicaciones, el Tribunal acogió una demanda en contra de Telefónica Móviles al incurrir en una práctica de discriminación arbitraria de precios que se tradujo en un estrangulamiento de los márgenes de sus competidores.[176]

28. Jurisprudencia sobre negativa de venta

La práctica restrictiva de la negativa de venta ha estado presente en varias sentencias del Tribunal. En una consulta resuelta negativamente por el Tribunal, este estimó que una negativa de venta que sea contraria a la libre competencia debe reunir tres requisitos: (i) que se afecte sustancialmente la capacidad de actuar en el mercado ante la imposibilidad de obtener en condiciones comerciales normales los insumos necesarios; (ii) que el impedimento sea causado por el grado insuficiente de competencia y (iii) que el afectado esté dispuesto a aceptar las condiciones comerciales usuales.[177] El Tribunal rechazó una demanda en contra de ENAP por considerar que no se había configurado una negativa injustificada ni menos una práctica exclusoria.[178] En otro fallo, el Tribunal volvió a insistir que para que exista negativa de venta en materia de libre competencia deben concurrir copulativamente los tres requisitos.[179]

29. Jurisprudencia sobre ventas atadas

El Tribunal rechazó una demanda en contra de Entel por venta atada de productos y bloqueo de tarjeta SIM, impidiendo su utilización en otros teléfonos móviles.[180] El Tribunal consideró que no se trataba de ventas atadas, pues además de venderse conjuntamente se comercializaban por separado. En otra causa, el Tribunal acogió demanda de Voissnet en contra de Compañía de Telecomunicaciones de Chile por condicionar contractualmente la venta de banda ancha en la contratación de un servicio telefónico.[181]

La Corte Suprema definió los contratos atados como aquellos que obligan a quien desea adquirir un bien a la adquisición de otros que no requiere necesariamente para poder celebrar la convención efectivamente deseada. El eventual abuso de posición dominante exige que las prácticas no deriven de una eficiencia productiva o de inversión tecnológica, sino que ellas tengan como fin el de restringir la competencia.[182]

En el caso de Televisión Interactiva en contra de VTR por negativa injustificada de venta de señales y venta de otras señales a precios prohibitivos, el Tribunal consideró que VTR no tenía posición dominante y por lo tanto no podría ser sancionado. La Corte Suprema acogió la reclamación ordenando a VTR iniciar un proceso de negociación con la actora.[183]

30. Jurisprudencia sobre no competencia

El Tribunal rechazó una demanda en contra de la empresa Monrás y Günther por falta de pruebas y por considerar que las cláusulas de no competencia no son en principio ilícitas, salvo que se demuestre que impiden, restringen o entorpecen la competencia o que tienden a producir dichos efectos en un mercado determinado.[184]

Asimismo, el Tribunal rechazó otra demanda en contra de Bioagro por cláusula de no competencia al considerar que la empresa demandada no tenía poder de mercado para afectar la libre competencia o, si teniéndolo, la cláusula no era manifiestamente desproporcionada y excesiva en relación con el derecho que mediante su inclusión se trata de proteger.[185]

31. Jurisprudencia sobre competencia desleal

Laboratorio Lafi demandó a Novartis por actos de competencia desleal en la publicidad comparativa de ciertos medicamentos.[186] El Tribunal condenó a Novartis, puesto que al tener poder de mercado realizó conductas de competencia desleal para alcanzar, mantener o incrementar una posición dominante. En otro caso el Tribunal acogió el recurso de reclamación interpuesto en contra de un dictamen de la Comisión Preventiva Central que declaraba que en la exportación de rosa mosqueta al Japón Santa Magdalena habría abusado de su posición incurriendo en competencia desleal.[187] El Tribunal rechazó una demanda de Nestlé contra Masterfoods por prácticas de competencia desleal fundadas en el uso de publicidad que a juicio de los demandantes sería ilícita.[188]

El Tribunal sentenció en el caso Nestlé que la propaganda es contraria a la libre competencia cuando es engañosa y resulta idónea para alcanzar, mantener o incrementar una posición dominante, que en este caso no sucedería. En otra causa Laboratorio Lafi nuevamente demandó por competencia desleal, ahora contra Pfizer.[189] A diferencia del caso anterior, el Tribunal rechazó la demanda sosteniendo que para incurrir en competencia desleal la demandante debía acreditar en el proceso copulativamente el carácter engañoso de la publicidad y el objetivo de alcanzar, mantener o incrementar una posición dominante en el mercado.

Después de estos casos iniciales, el Tribunal ha acogido pocas demandas por competencia desleal. Así, el Tribunal sancionó a Farmacias Ahumada por la imitación de un producto de la demandante Laboratorio Knopp.[190] El hecho de que la demandada detentara una posición dominante y comercializara un producto que imitaba al de la competencia era suficiente para configurar la competencia desleal. En otra causa se sancionó a una empresa por competencia desleal, la que consistió en inscribir el producto "kanikama" para impedir que otras empresas comercializaran en Chile el producto alimenticio japonés.[191] Después de rechazar varias demandas de competencia desleal, el Tribunal acogió una demanda por competencia desleal en los servicios de marcación abreviada a través de comunicaciones enviadas a potenciales clientes que contenían aseveraciones incorrectas o falsas que tuvieran la aptitud de desviar clientela y que pudieran impedir o dificultar el ingreso de nuevos actores al mercado.[192] Asimismo, el Tribunal acogió una demanda de Comercial Arauco en contra de D&S por realizar una publicidad comparativa engañosa con la aptitud de alcanzar, mantener o incrementar una posición dominante en el mercado.[193] El Tribunal consideró que los errores que contenía la publicidad comparativa podían desviar clientela constituyendo una práctica restrictiva.

El Tribunal ha rechazado numerosas demandas de empresas que alegaban competencia desleal. En todas ellas el Tribunal recalcó que para que concurra la competencia desleal se requiere copulativamente que se hayan realizado los actos y que dichos actos tengan por objeto alcanzar, mantener o incrementar una posición dominante. El Tribunal así lo señaló en la demanda de Dakota por el uso de la marca de calzados Dakota por otras empresas.[194] El Tribunal rechazó la demanda por presuntos actos de competencia desleal en la importación directa de equipos de sonido al no poder establecerse que las conductas imputadas hayan sido idóneas para incurrir en una práctica restrictiva.[195] En una demanda en contra de Laboratorio Maver, el Tribunal consideró que se habían ejecutado actos de competencia desleal, pero que la demandada no tenía una posición dominante ni tampoco podía alcanzar, mantener o incrementar una posición dominante en ninguno de los escenarios de mercado relevante posibles.[196] En el caso de Reebok en contra de Adidas la demanda fue también rechazada, pues se estimó que la demandada no tenía una posición dominante en el mercado relevante ni que pudiese alcanzarla por medio de la realización de conductas de amedrentamiento y amenazas de la confiscación de los productos.[197] En materia de telecomunicaciones, el Tribunal rechazó una demanda de Telmex en contra de Telefónica por actos de competencia desleal constituidos por un abuso sistemático de procedimientos administrativos y judiciales para impedir su ingreso en la concesión de servicio público telefónico local inalámbrico.[198] Bayer demandó a Maver por supuestos actos de competencia desleal por un eventual abuso de derechos y acciones legales para impedir el ingreso de los productos Tabcin de Bayer y el Tribunal rechazó la demanda, pues los hechos eran las normas de la Sentencia N° 60/2007.[199]

La Corte Suprema consideró que la existencia de una gran semejanza entre los productos en cuanto a su presentación visual y asociación de nombres se debe a la clara intención de imitar visualmente y asimilar su imagen al diseño original.[200] En otro fallo, la Corte ha reiterado que para confirmar la competencia desleal en materia de libre competencia se requiere siempre que se hayan realizado actos de competencia desleal y que dichos actos tengan por objeto alcanzar, mantener o incrementar una posición dominante.[201]

En algunos casos se ha planteado dentro de las prácticas restrictivas la publicidad comparativa. El Tribunal ha señalado que la publicidad comparativa debe ser especialmente cuidadosa y cumplir con las características de ser veraz, objetiva y demostrable. Así, en el caso de la demanda de Comercial Arauco contra D&S Valdivia el Tribunal consideró que los errores en la publicidad podían desviar clientela, configurándose la conducta de competencia desleal.[202]

32. Jurisprudencia sobre marcas y patentes

Las materias de marcas y patentes han estado presentes en su relación con la competencia tanto en términos de consultas como de demandas.

Al Tribunal se le consultó acerca de la legitimidad de la importación de productos auténticos y originales marca Chevron luego de recibir una carta que los compelía a cesar la venta por no ser distribuidor autorizado y estar utilizando indebidamente la marca. El Tribunal señaló que existe jurisprudencia reiterada de que los dueños de las marcas pueden protegerse frente a terceros que desean utilizar indebidamente el signo distintivo. Sin embargo, no se puede impedir que se importen y distribuyan productos legítimos de la misma marca.[203] En otro caso, se consultó si afectaba la libre competencia la importación de productos de determinadas marcas que se encuentran registradas en Chile por terceros. El Tribunal consideró que no le afectaba y, en lo que concierne al procedimiento de registro, no es materia de su competencia.[204] El Tribunal consideró que una empresa no infringía las normas de libre competencia al importar y comercializar baterías alcalinas Duracell, sin perjuicio del titular para ejercer las acciones legales que estime pertinentes.[205] Por último, el Tribunal declaró que no se infringía la libre competencia al importar y comercializar alarmas y accesorios de automóviles bajo una determinada marca en la medida de que sean originales y legítimamente comercializados en cualquier país.[206]

En materia de demandas, el Tribunal rechazó la demanda de Recalcine en contra de Novartis por existir una duda razonable respecto de la real composición del producto Zeite, que justificaría la acción de la demandada, y por lo tanto la demanda fue rechazada.[207] En otro caso el Tribunal acogió la demanda de Hemisferio Izquierdo en contra de José Solar, ordenando al demandado abstenerse de ejecutar conductas tendientes a impedir que sus competidores puedan usar la expresión genérica "*executive search*" para identificar los servicios de selección de ejecutivos.[208] El Tribunal rechazó la demanda del laboratorio Tecnofarma en contra de Sanofi por los costos enviados por la demandada, que solo tenían por objeto informar de la existencia de patentes.[209] En otra sentencia el Tribunal rechazó la demanda en relación con la importación de equipos de música pues el hecho de que una marca esté registrada no faculta a su dueño para impedir que otros la importen y comercialicen.[210] Por último, en una demanda entre productores de pisco, el Tribunal reiteró su jurisprudencia en el sentido de carecer absolutamente de competencia para resolver controversias relativas a la Propiedad Industrial.[211]

33. Jurisprudencia sobre concentración de los mercados

El Tribunal aprobó la fusión entre Metrópolis y VTR. Estimó que los tres servicios en conjunto—internet banda ancha, telefonía y televisión por cable—permitirían expandir la penetración de estos bienes a un gran número de hogares en Chile. Los beneficios superan los costos que significa tener una empresa con posición dominante, escenario en el que es esperable la entrada de nuevas empresas. Dado que en el corto plazo la fusión supondría una concentración relevante en la TV pagada, el Tribunal impuso condiciones para dicha fusión.[212] El mismo criterio empleó el Tribunal para aprobar la operación de Telefónica Móviles y Bell South. A pesar de la concentración, el Tribunal estimó que esta no restringiría la competencia, atendidas las características técnicas y económicas del mercado en que opera la telefonía móvil y la influencia del vertiginoso cambio tecnológico.[213] La consulta de ING para fusionar AFP Santa María con Bansander AFP fue aprobada por el Tribunal declarando que dicha operación no infringe las normas de la libre competencia siempre que, por un lado, se dé cumplimiento a condiciones destinadas a mitigar previsibles abusos en materia de comisiones y, por otro, se implementen medidas para facilitar los ingresos y operaciones de nuevas AFP.[214]

Un caso de mayor relevancia fue el rechazo del Tribunal a la fusión de Falabella y D&S. El Tribunal lo fundamentó con las siguientes razones: (i) la fusión produciría un enorme cambio en la estructura del mercado, creándose una empresa que sería el actor dominante en el *retail* integrado; (ii) dado el tamaño del mercado y las barreras de entrada es poco probable que un mismo operador imponga posición competitiva en un plazo razonable; (iii) se produciría una disminución sustancial y duradera en las condiciones de competencia con efectos perjudiciales esperados en términos de bienestar; (iv) las eficiencias y sinergias no fueron suficientemente acreditadas y (v) no existen condiciones o medidas de mitigación que sean suficientes y eficaces para compensar o minimizar los riesgos que la operación implica para la competencia.[215] Poco tiempo después, la Fiscalía presentó un requerimiento en contra de Cencosud. El Tribunal ordenó consultar en forma previa a su materialización cualquier operación de concentración en la industria supermercadista.[216]

El Tribunal resolvió afirmativamente la consulta de SQM y Anagra en relación con una fusión entre ambas empresas. El Tribunal puso cuatro condiciones para darle su aprobación: (i) SQM tendrá la obligación de consultar previamente cualquier operación de integración vertical y de contratos de distribución con exclusividad; (ii) SQM no podrá discriminar arbitrariamente entre sus clientes; (iii) SQM no podrá vender los fertilizantes en forma atada a otros productos y (iv) SQM deberá mantenerse como sociedad anónima abierta o consultar si desea modificar esta situación a futuro.[217]

Frente a una consulta de la Corporación Nacional de Consumidores y Usuarios de Chile, el Tribunal aprobó la fusión de LAN y TAM sujeta a las siguientes condiciones: (i) intercambio de cuatro pares de *slots* diarios en el aeropuerto Guarulhos para el transporte aéreo Santiago-São Paulo; (ii) extensión de los beneficios pasajero frecuente de LATAM a pasajeros de una aerolínea interesada; (iii) suscribir acuerdos interlíneas en las rutas Santiago-São Paulo-Santiago-Río de Janeiro y/o Santiago-Asunción con aerolíneas interesadas que así lo soliciten; (iv) no podrá aumentar la oferta mensual de asientos disponibles en la ruta Santiago-São Paulo entre 15 minutos antes y 15 minutos después de los vuelos intercambiados; (v) LAN deberá modificar el Plan de Autorregulación; (vi) deberán renunciar al menos a una de las dos alianzas globales de LAN y TAM; (vii) eliminación y revisión de los acuerdos de código compartido con aerolíneas que no pertenecen a la misma alianza; (viii) LAN deberá renunciar a cuatro frecuencias de la 5ª libertad a Lima; (ix) compromiso de manifestar opinión favorable a la apertura unilateral de ciclos para cabotaje en Chile; (x) compromiso de promover el crecimiento y normal operación de los aeropuertos Guarulhos y Arturo Merino Benítez y (xi) establecer condiciones de comercialización no exclusivas con agencias de viajes y distribuidores.[218]

SMU consultó al Tribunal sobre la fusión entre SMU y Supermercados del Sur, la que fue resuelta favorablemente con las siguientes medidas de mitigación: (i) enajenación como una sola unidad de supermercados, centros de distribución y marca comercial dentro del plazo de ocho meses; (ii) el adquirente de los activos no puede estar relacionado con SMU ni tener una participación superior al 25% de las ventas a nivel nacional; (iii) mientras no se enajenen los supermercados, SMU debe mantener en operación los locales y equiparar los precios a los cobrados en la localidad más cercana que presenta condiciones de competencia; (iv) enajenación de Montserrat en ocho meses; (v) modificación de cláusulas de no competencia de Supermercados del Sur en dos años; (vi) establecimiento de términos y condiciones generales en términos análogos a Cencosud y (vii) obligación de SMU de consultar cualquier operación de concentración en la industria supermercadista, ya sea de un segmento mayorista o minorista.[219] Por último, el Tribunal aprobó la adquisición de Sheraton y San Cristóbal Towers por parte de Inversiones Hoteleras Holding considerando que hay un bajo nivel de concentración, lo que muestra escasas barreras de entrada.[220]

En materia de combustibles, el Tribunal aprobó con mitigaciones la compra de Copec al adquirir participación en la matriz extranjera de Terpel. Según el Tribunal, no es necesario un análisis profundo si una de las medidas de mitigación es la total enajenación de los activos de Terpel en Chile. La desinversión debe realizarse cumpliendo los siguientes requisitos: (i) que se enajenen como una unidad todos los activos propios de su giro a un solo adquirente; (ii) que la venta permita el surgimiento de una entidad competitiva; (iii) que la venta se haga en el más breve plazo.[221] Poco tiempo después, Terpel consultó sobre la adquisición de sus activos por Quiñenco, del grupo Luksic. El Tribunal falló en contra del consultante declarando que la operación consultada era contraria a las normas de libre competencia y declaró que, salvo en lo concerniente al plazo para enajenar los activos por parte de Terpel, se mantenía vigente lo resuelto en la consulta de Copec.[222] La Corte Suprema revirtió el rechazo a la adquisición por parte de Quiñenco de los activos de Terpel.[223] El Tribunal se habría pronunciado con dos votos de minoría de ministros que estuvieron por aprobar la operación consultada. La Corte consideró que, al no estar acreditado en forma clara y precisa que uno de los efectos de la pretendida fusión sería la coordinación futura de empresas que operan en el mercado de distribución de combustibles, la operación debiera aprobarse. Asimismo, señaló que el Tribunal no está facultado en una consulta a hacer un juicio *ex-ante*, ejerciendo una potestad sancionatoria de la que carece en ese contexto.

34. Jurisprudencia sobre actividades económicas

El Colegio de Cirujano Dentistas consultó aranceles de referencia. El Tribunal señaló: (i) no deben existir precios de referencia donde existe un número reducido de oferentes en un mercado relevante; (ii) no deben establecerse los aranceles en función de estimaciones de ingresos esperados y (iii) en los demás casos, los precios de referencia deben establecerse sobre la base de variables históricas, ser determinados por un tercero independiente, entregar información agregada, asegurar que su adscripción sea voluntaria y estar a disposición del público en general.[224]

En materia de asociaciones gremiales, el Tribunal falló en el requerimiento de la Fiscalía contra Mini Buses Agmital A.G. que una asociación gremial puede ser acusada y condenada por colusión y otros ilícitos contrarios a la competencia. El análisis es de fondo, no de forma y, si los miembros utilizan una entidad gremial como un vehículo empresarial destinado a coordinar conductas anticompetitivas, la asociación debe ser sancionada.[225] La Corte Suprema ha sido enfática al señalar que la utilización de una asociación gremial para abusar del poder de mercado que obtienen conjuntamente los asociados al coordinarse a través de ella no es indiferente al derecho de la competencia.[226]

En materia bancaria, el Tribunal rechazó la denuncia de la Corporación Nacional de Consumidores y Usuarios en contra de la Asociación de Bancos e Instituciones Financieras por infracciones a la Ley de Competencia a través de acuerdos de precios, colusión en la fijación de tasas de interés, falta de transparencia en el cobro de intereses, comisiones y otros conceptos. El Tribunal consideró que la evidencia reunida no era suficiente para acreditar ninguna de las conductas imputadas.[227] En otro caso relevante, varios bancos demandaron al Banco Estado por abuso de posición monopólica en las tarifas interbancarias de las transferencias electrónicas. El Tribunal rechazó la demanda sosteniendo que el demandado no tenía una posición de dominio.[228]

En materia de combustibles, el Tribunal rechazó un requerimiento de la FNE en contra de Copec, Esso, Shell e YPF por conductas colusivas en la distribución mayorista de los combustibles líquidos.[229] En otra causa, el Tribunal acogió una demanda contra Shell por haber infringido los Dictámenes 435 y 438 de la Comisión Preventiva Central.[230] En otra demanda contra Copec, el Tribunal rechazó la demanda con costas a los demandantes por haber sido totalmente vencida.[231] Otra demanda en contra de Copec, Esso y Shell por colusión de precios fue rechazada por el Tribunal.[232] Una demanda contra Terpel por diferencia de precios, competencia desleal, negativa de venta y discriminación de precios fue rechazada.[233] Por último, el Tribunal rechazó una demanda contra Copec por supuestos abusos de posición dominante en las cláusulas de diversos contratos en un esquema de franquicias.[234]

En cuanto a cooperativas, el Tribunal rechazó una demanda en contra de Capel por prohibir en sus estatutos que los socios ejerzan actividades económicas de la misma índole de las que realizan dentro de la cooperativa y también por la prohibición de comercializar con terceros.[235] Asimismo, señaló que la expulsión de la cooperativa y el reembolso de las cuotas, en la medida que no afecten la competencia, corresponde a un conflicto societario que debe ser resuelto en la sede que corresponda.

En materia de derechos de agua, el Tribunal absolvió favorablemente la consulta de Hidro-Aysén relativa a la adquisición o solicitud de nuevos derechos de aprovechamiento de aguas de carácter no consuntivos en cuatro puntos de la cuenca del río Aysén.[236]

En farmacias, el Tribunal acogió el requerimiento de la Fiscalía en contra de los laboratorios Recalcine, Sanderson, Pharma Investi, Socofar y Abbott, aplicando multas en contra de todos ellos por cuanto los requeridos no habrían cumplido en forma satisfactoria las instrucciones de la Resolución 634 de la

Comisión Resolutiva de 2001, las que tenían por objeto procurar condiciones de transparencia en el mercado farmacéutico.[237]

Equifax consultó sobre un servicio *exchange*, que fue absuelto favorablemente por el Tribunal.[238] Para los efectos de minimizar los riesgos, el Tribunal recomendó las siguientes medidas: (i) no se podrán establecer con los clientes del servicio *exchange* cláusulas de exclusividad; (ii) el precio y las condiciones comerciales deberán sujetarse a términos y condiciones económicas objetivas, generales y no arbitrariamente discriminatorias; (iii) los contratos de Equifax y de las empresas proveedoras de crédito deberán ser negociados en forma bilateral; (iv) el servicio *exchange* solo podrá entregar información agregada de las deudas de cada persona natural y (v) Equifax deberá remitir a la Fiscalía una copia de los términos generales de contratación.

En lo referente a medios de comunicación, la revista Punto Final demandó a los ministerios de Hacienda, Interior y de Planificación y Cooperación por supuestas prácticas restrictivas por una eventual concentración de avisaje en favor de las grandes cadenas periodísticas y en desmedro de lo que ellos denominan como "prensa independiente". El Tribunal rechazó la demanda por no existir antecedente probatorio ni antecedentes económicos que permitan concluir que los demandados debieron contratar una mayor cantidad de avisaje con Punto Final.[239]

En el futbol profesional, el Tribunal consideró que la Asociación Central de Futbol incurría en prácticas restrictivas al cobrar una cuota exageradamente alta como cuota de incorporación para ascender de la Segunda División a Primera B, imponiendo una barrera de entrada.[240]

En el mercado de la leche, el Tribunal acogió los recursos de reclamación de Soprole y Loncoleche en contra del Dictamen 1/96 de la Comisión Preventiva de la IX Región de 28.05.96, dejándolo sin efecto en todas sus partes. El requerimiento de la FNE en contra de Nestlé, Parmalat, Soprole, Watts y Dos Álamos se rechazó por falta de pruebas acerca de la existencia de un acuerdo de reparto de mercado. Sin embargo, Nestlé fue multada por discriminación arbitraria de precios.[241]

En el mercado del azúcar, según la Corte Suprema, el mercado de los insumos presenta características oligopsónicas, puesto que la empresa dominante produce azúcar, melaza y otros productos derivados de la remolacha, siendo la única planta refinadora de azúcar. Sin embargo, tales circunstancias por sí solas no constituyen un atentado a la libre competencia, salvo que ellas concurrieran conjuntamente con conductas restrictivas de la competencia.[242]

En las consultas por radiodifusión, el Tribunal aprueba con condiciones la consulta del grupo Prisa de la compra de cuatro cadenas de radio de Iberoamerican y otras ocho cadenas radiales.[243] El Tribunal establece las siguientes condiciones: (i) consulta previa de cualquier adquisición de radio; (ii) limitación de la cláusula de no competencia a dos años y (iii) enajenación, renuncia o término de concesiones en siete ciudades. Posteriormente, el Tribunal ha autorizado la participación de GLR en la renovación de concesiones del Grupo GLR en distintos lugares del país.[244, 245, 246 y 247]

El Tribunal aprobó la adquisición por Radiodifusión (relacionada con Canal 13) de las radioemisoras Oasis y Huachipato, sujeta a las siguientes condiciones: (i) prohibición de ventas atadas; (ii) regulación de venta conjunta de espacios publicitarios; (iii) prohibición de discriminaciones arbitrarias y subsidios cruzados; (iv) separación negocios de radio y televisión y (v) limitación en la duración de la cláusula de no competencia de los vendedores.[248] La Corte Suprema, al conocer de la reclamación en contra de la primera de las resoluciones del Tribunal en esta materia, estableció el criterio de que, al ser el mercado de las comunicaciones radiales limitado, cualquier fusión producirá concentración y las reales consecuencias de la fusión solo se verán luego de estar operando las empresas fusionadas, sin que necesariamente ellas sean negativas.[249]

En lo que se refiere a las telecomunicaciones, tres operadores telefónicos demandaron a Claro, Entel y Telefónica Movistar por no presentar, según lo requerido por la Corte Suprema, una oferta de planes generales, informes objetivos y no discriminatorios.[250] El Tribunal realizó la demanda con costas. El mismo resultado se había producido en la demanda de Conadecus por participar de tres compañías en el concurso de 700 MHz con el fin de acaparar y así afectar gravemente la competencia.[251]

En materia de supermercados, el Tribunal ordenó el archivo de la investigación de la Comisión Resolutiva en relación con eventuales conductas abusivas entre las cadenas de super o hipermercados y sus proveedores por existir una consulta de la AGIP.[252] En otro caso, el Tribunal consideró como una práctica restrictiva la negativa de Líder de vender chocolates Nestlé como represalia por no participar en una promoción de D&S. En otra consulta de AGIP, se advirtió a D&S y Jumbo que deben abstenerse de cualquier conducta que implique alterar *ex post* y unilateralmente los precios y demás condiciones, debiendo establecer en forma objetiva y no discriminatoria las condiciones de compra a los proveedores. El Tribunal, en la misma causa, también ordenó la consulta previa en cualquier operación de compra o de fusión.[253] El Tribunal rechazó el requerimiento de la FNE en contra de Rendic por descontar de las ventas facturadas a sus proveedores un aporte para la inauguración de tres supermercados.[254] El Tribunal previno a la empresa de que en el futuro haga explícitos los aportes y emplee criterios objetivos y razonables. En el caso Comercial Arauco con D&S Valdivia se plantearon varios temas de libre competencia en esta actividad. El Tribunal consideró que el carácter nacional de Líder y sus complementariedades de costo le confieren la aptitud de alcanzar una posición dominante en Valdivia. La estrategia de precios puede ser una de *loss leading* para los efectos de aumentar la demanda de otros productos.[255] La Corte Suprema se pronunció respecto de los acuerdos que pueden existir entre un supermercado y los proveedores para contribuir a la construcción de nuevos locales. Señaló que, en la medida en que los proveedores los acuerden libremente, no los consideran una práctica restrictiva por parte del supermercado.[256]

En cuanto a los tabacos, el Tribunal acogió la demanda de Philip Morris en contra de la Compañía Chilena de Tabacos por la comisión de prácticas restrictivas consistentes en la imposición de barreras artificiales a la entrada del respectivo mercado.[257] El Tribunal dejó sin efecto los contratos de exclusividad que la demandada suscribiera con algunas empresas y le ordenó abstenerse de incluir dicha cláusula en contratos futuros. Previno a la demandada de que en lo sucesivo no impidiera ni entorpeciera la exhibición y venta de cigarrillos de sus competidores en sus puntos de venta. El Tribunal acogió el requerimiento de la FNE y la demanda de Philip Morris solo en cuanto se declara que la suscripción por parte de la Compañía Chilena de Tabacos de cláusulas contractuales de arrendamiento de derechos o espacios publicitarios en su aplicación práctica restringe la competencia.[258]

En materia de tarjetas, el Tribunal acordó favorablemente la reclamación en contra del Dictamen 1270 de 2003 de la Comisión Preventiva Central que había acogido una demanda en contra de Transbank por abuso de posición dominante mediante el cobro de precios discriminatorios. Asimismo, el Tribunal acogió el requerimiento de FNE en contra de Transbank por una práctica discriminatoria consistente en una devolución a sus socios por las transacciones realizadas, pero no a quienes no lo son.[259] En otra causa, el Tribunal rechazó la demanda de Multicaja en contra de Banco Estado por estimar que el demandado carecía de una posición de dominio en los mercados relevantes, de modo que no pudo haber cometido los abusos de posición dominante imputados en la demanda.[260]

De interés en esta materia es la consulta presentada por Transbank sobre el sistema tarifario implementado desde el 1° de abril de 2020. Mientras el Tribunal aprobó el sistema tarifario, la Corte Suprema posteriormente lo rechazó.

En materia de telecomunicaciones, el Tribunal rechazó la demanda con costas de Entel en contra de la Subsecretaría de Telecomunicaciones por haber aprobado las bases de un nuevo concurso para otorgar concesiones de servicio público telefónico local inalámbrico.[261] El Tribunal consideró que la Subsecretaría había rechazado de acuerdo con la Resolución 584 de la Comisión Resolutiva y que la acción del demandante era para obstaculizar o retardar la entrada de nuevos competidores. En otra causa, el Tribunal acogió la demanda de Voissnet y el requerimiento de la FNE declarando que la Compañía de Telecomunicaciones de Chile habría incurrido en una práctica restrictiva al restringir la entrada de Voissnet y otros potenciales competidores al mercado de prestación de servicios de telefonía.[262]

El Tribunal rechazó la demanda por supuestas prácticas predatorias interpuesta por CMET en contra de la Compañía de Telecomunicaciones de Chile, con costas.[263] Sin perjuicio de lo anterior, el Tribunal hizo presente que CTC al ofertar la promoción había infringido el D.S. 742/03 del Ministerio de Transportes y Telecomunicaciones que reglamentó el régimen de flexibilidad tarifaria. Por su lado, el Tribunal rechazó la demanda de GPS en contra de Entel por precios predatorios pues nada en la demanda fue acreditado.[264]

Voissnet demandó a la Compañía de Telecomunicaciones de Chile por condicionar contractualmente la venta de banda ancha a la contratación de servicio telefónico.[265] El Tribunal condenó a la compañía de teléfonos y la obligó a comercializar por separado cada uno de los servicios que integran sus ofertas conjuntas. Un requerimiento de la Fiscalía en contra de las tres empresas de telefonía móvil, Movistar, Entel y Claro, fue rechazado por el Tribunal por cuanto no se ha establecido que hayan entorpecido el acceso a infraestructura y servicios necesarios para las operaciones en telefonía móvil.[266]

NOTAS

1) Comisión Resolutiva, Resolución 537 de 1999.
2) Ley de la Competencia, artículo 3° inciso 1°.
3) Ley de la Competencia, artículo 3° inciso 2° letra a).
4) Ley de la Competencia, artículo 3° inciso 2° letra a)
5) Ley de la Competencia, artículo 3° inciso 2° letra b)
6) Ley de la Competencia, artículo 3° inciso 2° letra c)
7) Ley de la Competencia, artículo 3° inciso 2° letra d)
8) Ley de la Competencia, artículo 3° bis
9) Ley de la Competencia, artículo 39° letras h) y j)
10) Ley de la Competencia, artículo 4° bis
11) Ley de la Competencia, artículo 5°
12) Ley de la Competencia, artículo 8°
13) Ley de la Competencia, artículo 6°
14) Ley de la Competencia, artículo 9°
15) Ley de la Competencia, artículo 11° bis
16) Ley de la Competencia, artículo 11°
17) Ley de la Competencia, artículo 12°
18) Ley de la Competencia, artículo 10°
19) Ley de la Competencia, artículo 13°
20) Ley de la Competencia, artículo 17°
21) Ley de la Competencia, artículo 18°
22) Ley de la Competencia, artículo 29°
23) Ley de la Competencia, artículo 20°
24) Ley de la Competencia, artículo 21°
25) Ley de la Competencia, artículo 22°
26) Ley de la Competencia, artículo 27°
27) Ley de la Competencia, artículo 22°
28) Ley de la Competencia, artículo 23°

29) Ley de la Competencia, artículo 26°
30) Ley de la Competencia, artículo 28°
31) Ley de la Competencia, artículo 24°
32) Ley de la Competencia, artículo 25°
33) Ley de la Competencia, artículo 26°
34) Ley de la Competencia, artículo 27°
35) Ley de la Competencia, artículo 20°
36) Corte Suprema 27.01.2020 Rol 8850-2019
37) Corte Suprema 14.08.2020 Rol 15,005-2019
38) Ley de la Competencia, artículo 31°
39) Ley de la Competencia, artículo 32°
40) Ley de la Competencia, artículo 30°
41) Ley de la Competencia, artículo 33°
42) Ley de la Competencia, artículo 38°
43) Ley de la Competencia, artículo 43°
44) Ley de la Competencia, artículo 44°
45) Ley de la Competencia, artículo 39°
46) Ley de la Competencia, artículo 41°
47) Ley de la Competencia, artículo 33°
48) Ley de la Competencia, artículo 34°
49) Ley de la Competencia, artículo 39°
50) Ley de la Competencia, artículo 46°
51) Ley de la Competencia, artículo 47°
52) Ley de la Competencia, artículo 48°
53) Ley de la Competencia, artículo 48°
54) Ley de la Competencia, artículo 48°
55) Ley de la Competencia, artículo 49°
56) Ley de la Competencia, artículo 48°
57) Ley de la Competencia, artículos 50° a 55°
58) Ley de la Competencia, artículo 26° letra e)
59) Ley de la Competencia, artículo 31° bis
60) Sentencia N° 166 de 27.11.2018

61) Sentencia N° 182 de 05.09.2022
62) Ley de la Competencia, artículo 62°
63) Ley de la Competencia, artículo 64°
64) Ley de la Competencia, artículo 65°
65) Ley de la Competencia, artículo 39° bis
66) Ley de la Competencia, artículo 39° bis
67) Sentencia N° 57 de 12.07.2007
68) Sentencia N° 63 de 10.04.2008
69) Sentencia N° 112 de 22.06.2011
70) Sentencia N° 119 de 31.01.2012
71) Sentencia N° 122 de 14.06.2012
72) Sentencia N° 139 de 25.09.2014
73) Sentencia N° 148 de 23.12.2015
74) Sentencia N° 160 de 28.12.2017
75) Corte Suprema 07.09.2012 Rol 2578-2012
76) Corte Suprema 20.09.2012 Rol 10954-2011
77) Corte Suprema 07.09.2012 Rol 2578-2012
78) Corte Suprema 28.01.2008 Rol 4052-2007
79) Corte Suprema 27.01.2020 Rol 8850-2019
80) Sentencia N° 156 de 08.01.2018
81) Sentencia N° 171 de 24.04.2019
82) Sentencia N° 5 de 13.07.2004
83) Sentencia N° 42 de 06.09.2006
84) Sentencia N° 48 de 04.01.2007
85) Sentencia N° 56 de 22.06.2007
86) Sentencia N° 55 de 21.06.2007
87) Sentencia N° 73 de 20.08.2008
88) Sentencia N° 75 de 30.09.2008
89) Sentencia N° 90 de 14.12.2009
90) Sentencia N° 115 de 17.11.2011
91) Sentencia N° 76 de 14.10.2008
92) Sentencia N° 100 de 21.07.2010

93) Sentencia N° 93 de 06.01.2010
94) Sentencia N° 95 de 14.01.2010
95) Sentencia N° 101 de 23.07.2010
96) Sentencia N° 108 de 21.12.2010
97) Sentencia N° 110 de 28.01.2011
98) Sentencia N° 113 de 19.10.2011
99) Sentencia N° 114 de 17.11.2011
100) Sentencia N° 131 de 18.10.2013
101) Sentencia N° 149 de 12.05.2016
102) Corte Suprema 16.06.2005 Rol 5719-2004
103) Sentencia N° 135 de 30.04.2014
104) Sentencia N° 74 de 02.09.2008
105) Sentencia N° 145 de 01.04.2015
106) Sentencia N° 82 de 22.01.2009
107) Sentencia N° 94 de 07.01.2010
108) Sentencia N° 102 de 11.08.2010
109) Sentencia N° 116 de 20.12.2011
110) Sentencia N° 133 de 15.01.2014
111) Sentencia N° 136 de 08.05.2014
112) Sentencia N° 137 de 19.06.2014
113) Sentencia N° 141 de 04.11.2014
114) Corte Suprema 29.12.2008 Rol 5937-2008
115) Sentencia N° 167 de 28.02.2019
116) Sentencia N° 172 de 0801.2020
117) Sentencia N° 100 de 21.07.2010
118) Sentencia N° 107 de 07.12.2010
119) Corte Suprema 15.07.2011 Rol 9265-2010
120) Sentencia N° 38 de 07.06.2006
121) Sentencia N° 28 de 07.09.2005
122) Sentencia N° 32 de 06.10.2005
123) Sentencia N° 39 de 13.06.2006
124) Sentencia N° 72 de 31.07.2008

125) Sentencia N° 78 de 04.12.2008
126) Sentencia N° 123 de 04.07.2012
127) Sentencia N° 103 de 08.09.2010
128) Sentencia N° 105 de 22.10.2010
129) Sentencia N° 151 de 16.06.2016
130) Sentencia N° 110 de 28.01.2011
131) Corte Suprema 14.11.2005 Rol 5601-2005
132) Corte Suprema 11.07.2011 Rol 7500-2010
133) Sentencia N° 47 de 05.12.2006
134) Sentencia N° 173 de 25.06.2020
135) Sentencia N° 134 de 30.01.2014
136) Sentencia N° 140 de 04.11.2014
137) Sentencia N° 35 de 27.12.2005
138) Sentencia N° 11 de 03.12.2004
139) Sentencia N° 14 de 05.04.2005
140) Sentencia N° 21 de 06.07.2005
141) Sentencia N° 62 de 12.03.2008
142) Resolución N° 4 de 06.04.2005
143) Resolución N° 7 de 30.05.2005
144) Sentencia N° 77 de 04.11.2008
145) Sentencia N° 92 de 29.12.2009
146) Resolución N° 46 de 22.04.2015
147) Resolución N° 13 de 27.06.2006
148) Sentencia N° 44 de 26.09.2006
149) Sentencia N° 61 de 27.12.2007
150) Sentencia N° 75 de 30.09.2008
151) Sentencia N° 81 de 18.01.2009
152) Sentencia N° 43 de 07.09.2006
153) Sentencia N° 79 de 10.12.2008
154) Sentencia N° 106 de 02.12.2010
155) Resolución N° 27 de 17.07.2008
156) Sentencia N° 105 de 22.10.2010

157) Sentencia N° 112 de 22.06.2011
158) Sentencia N° 121 de 10.05.2012
159) Sentencia N° 128 de 29.01.2013
160) Sentencia N° 132 de 25.10.2013
161) Sentencia N° 138 de 30.07.2014
162) Sentencia N° 143 de 17.03.2015
163) Sentencia N° 144 de 17.03.2015
164) Corte Suprema 05.05.2005 Rol 1753-2005
165) Corte Suprema 11.01.2012 Rol 6874-2011
166) Corte Suprema 27.01.2020 Rol 8850-2019
167) Sentencia N° 169 de 07.03.2019
168) Resolución 66 de 28.07.2021
169) Sentencia 177 de 30.09.2021
170) Sentencia N° 20 de 23.01.2005
171) Sentencia N° 104 de 13.09.2010
172) Resolución N° 6 de 05.05.2005
173) Sentencia N° 124 de 09.08.2012
174) Sentencia N° 129 de 02.05.2013
175) Sentencia N° 37 de 10.05.2006
176) Sentencia N° 85 de 02.07.2009
177) Sentencia N° 88 de 15.10.2009
178) Resolución N° 19 de 07.12.2006
179) Sentencia N° 64 de 18.04.2008
180) Sentencia N° 107 de 07.12.2010
181) Sentencia N° 25 de 03.08.2005
182) Sentencia N° 97 de 04.03.2010
183) Corte Suprema 14.01.2011 Rol 2140-2010
184) Sentencia 161 de 06.04.2018
185) Corte Suprema 15.05.2019 Rol 8313-2018
186) Sentencia N° 111 de 13.04.2011
187) Sentencia N° 127 de 10.01.2013
188) Sentencia 156 de 21.03.2017

189) Sentencia 154 de 24.08.2016
190) Sentencia N° 8 de 22.09.2004
191) Sentencia N° 10 de 24.11.2004
192) Sentencia N° 12 de 20.12.2004
193) Sentencia N° 17 de 20.05.2005
194) Sentencia N° 24 de 28.07.2005
195) Sentencia N° 30 de 21.09.2005
196) Sentencia N° 130 de 24.07.2013
197) Sentencia N° 103 de 08.09.2010
198) Sentencia N° 23 de 19.07.2005
199) Sentencia N° 40 de 21.06.2006
200) Corte Suprema 20.12.2005 Rol 4236-2005
201) Corte Suprema 20.10.2005 Rol 3904-2005
202) Sentencia N° 103 de 08.09.2010
203) Resolución N° 5 de 18.04.2005
204) Resolución N° 21 de 28.08.2007
205) Resolución N° 26 de 29.05.2008
206) Resolución N° 38 de 22.12.2011
207) Sentencia N° 46 de 28.11.2006
208) Sentencia N° 50 de 31.01.2007
209) Sentencia N° 52 de 02.05.2007
210) Sentencia N° 68 de 18.06.2008
211) Sentencia N° 71 de 10.07.2008
212) Resolución N° 1 de 25.10.2004
213) Resolución N° 2 de 04.01.2005
214) Resolución N° 23 de 04.01.2008
215) Resolución N° 24 de 31.01.2008
216) Sentencia N° 65 de 08.05.2008
217) Resolución N° 31 de 09.12.2009
218) Resolución N° 37 de 21.09.2011
219) Resolución N° 43 de 12.12.2012
220) Resolución N° 49 de 14.04.2016

221) Resolución N° 34 de 26.05.2011
222) Resolución N° 39 de 26.04.2012
223) Corte Suprema 02.01.2013 Rol 3993-2012
224) Resolución N° 45 de 12.12.2014
225) Sentencia N° 102 de 11.08.2010
226) Corte Suprema 14.01.2011 Rol 6615-2010
227) Sentencia N° 15 de 20.04.2005
228) Sentencia N° 176 de 21.08.2020
229) Sentencia N° 18 de 10.06.2005
230) Sentencia N° 53 de 06.06.2007
231) Sentencia N° 69 de 26.06.2008
232) Sentencia N° 87 de 13.08.2009
233) Sentencia N° 107 de 07.12.2010
234) Sentencia N° 108 de 21.12.2010
235) Sentencia N° 99 de 08.04.2010
236) Resolución N° 30 de 26.05.2009
237) Sentencia N° 33 de 08.11.2005
238) Resolución N° 47 de 08.07.2015
239) Sentencia N° 89 de 12.11.2009
240) Sentencia N° 173 de 25.06.2020
241) Sentencia N° 7 de 05.08.2004
242) Corte Suprema 30.11.2005 Rol 4762-2005
243) Resolución N° 20 de 27.07.2007
244) Resolución N° 29 de 18.03.2009
245) Resolución N° 32 de 15.06.2010
246) Resolución N° 36 de 10.08.2011
247) Resolución N° 40 de 12.07.2012
248) Resolución N° 41 de 27.09.2012
249) Corte Suprema 22.11.2007 Rol 4578-2007
250) Sentencia N° 136 de 30.07.2014
251) Sentencia N° 140 de 24.07.2015
252) Sentencia N° 6 de 20.07.2004

253) Sentencia N° 9 de 05.10.2004
254) Sentencia N° 31 de 04.10.2005
255) Sentencia N° 103 de 08.09.2010
256) Corte Suprema 29.12.2005 Rol 5603-2005
257) Sentencia N° 26 de 05.08.2005
258) Sentencia N° 115 de 14.12.2009
259) Sentencia N° 29 de 12.09.2005
260) Sentencia N° 142 de 16.01.2015
261) Sentencia N° 13 de 17.03.2005
262) Sentencia N° 45 de 26.10.2006
263) Sentencia N° 72 de 31.07.2008
264) Sentencia N° 78 de 04.12.2008
265) Sentencia N° 97 de 04.03.2010
266) Sentencia N° 104 de 13.09.2010

BIBLIOGRAFÍA

1. Aimone Gibson, Enrique y Silva Walbaum, Adolfo: Derecho de la libre competencia chilena (Santiago: Thomson Reuters, 2020).
2. Alvear Téllez, Julio: Libertad económica, libre competencia y derecho del consumidor (Valencia: Tirant lo Blanch, 2017).
3. Bascuñán Rodríguez, Antonio: Estudios sobre la colusión (Santiago: Thomson Reuters, 2016).
4. Bernedo Pinto, Patricio: Historia de la libre competencia en Chile 1969-2010 (Santiago: Fiscalía Nacional Económica, 2013).
5. Budnick Ojeda, Gabriel: Libre competencia: regla per se y colusión (Santiago: Hammurabi, 2019).
6. Comisión Asesora Presidencial para la Defensa de la Libre Competencia (Santiago, 2012).
7. Espinosa Marty, Rodrigo: Ley antimonopolios: doctrina, jurisprudencia y crítica (Santiago: Editorial Jurídica de Chile, 1980).
8. Facusse Andreucci, Vanessa y Montoya Squif, Ana María (eds.): Desafíos de la libre competencia (Santiago, Thomson Reuters, 2019).
9. Fiscalía Nacional Económica: Decreto Ley 211 que fija normas para la defensa de la libre competencia (Santiago, 2011).
10. Fiscalía Nacional Económica: Funciones que cumplen los organismos antimonopolios (Santiago: Editorial Jurídica de Chile, 1992).
11. García Machmar, William: Manual de la libre competencia, 2 Tomos (Santiago: Thomson Reuters, 2010).
12. Garret, James (ed.): World antitrust law and practice (Boston : Little Brown and Company, 2995) pp. 11-34.
13. Hermosilla Zúñiga, Fernanda: La colusión (Santiago: Hammurabi, 2018).
14. Hernández Paulsen, Gabriel y Tapia Rodríguez, Mauricio: Colusión y daños a la competencia (Santiago: Thomson Reuters, 2019).
15. Juppet Ewing, María Fernanda y Morales Godoy, Joaquín: La Colusión en Chile (Santiago: Thomson Reuters, 2018).
16. Mardones Osorio, Marcelo: Lecciones de Derecho Económico, Vol. I (Valencia: Tirant lo Blanch, 2020).

17. Menchaca Olivares, Tomás: El arte de administrar justicia. El nuevo régimen de multas en el derecho de la competencia chileno, en Valdés Domingo y Vásquez, Omar: El nuevo régimen de libre competencia (Santiago: Rubicón, 2022) pp. 203-256.
18. Montt Dubornais, Luis: Ley antimonopolios, 12 Tomos (Santiago: LexisNexis, 1995-2002).
19. Montt Rettig, Paulo y Nehme Zalaquett, Nicole (eds.): Libre competencia y retail (Santiago, Abeledo Perrot, 2010).
20. Morales Godoy, Joaquín y Zavala Ortiz, José Luis: Derecho Económico (Santiago: Thomson Reuters, 2013).
21. Morandé Lavín, Felipe y Doña, Juan Esteban: Libre competencia y regulación: estudio de casos (Santiago: Editorial Universitaria, 2011).
22. Opazo Brull, Ernesto: La Comisión Antimonopolios y estudio del título V de la ley N° 13.305 (Santiago: Editorial Jurídica de Chile, 1962).
23. Ortúzar Latapiat, Waldo: Ley antimonopolios: Jurisprudencia de la Comisión Resolutiva 1974-1977 (Santiago: Editorial Jurídica de Chile, 1978).
24. Ortúzar Latapiat, Waldo: Ley antimonopolios: Jurisprudencia de la Comisión Resolutiva 1978-1980 (Santiago: Editorial Jurídica de Chile, 1985).
25. Paredes Molina, Ricardo: Fundamentos para una política antimonopolios (Santiago: Universidad de Chile, Economía y Administración, 1991).
26. Romero Guzmán, Juan José: Ejecución y cumplimiento de un marco normativo de libre competencia (Santiago: Thomson Reuters, 2014).
27. Ruiz-Tagle Vial, Carlos: Curso de Derecho Económico (Santiago: Librotecnia, 2018).
28. Streeter Prieto, Jorge: Libre competencia y libertad de contratación (Santiago: Fiscalía Nacional Económica, 2004).
29. Thomson Reuters: Derecho público económico, 2 Tomos (Santiago, 2011).
30. Tribunal de Defensa de la Libre Competencia: La libre competencia en el Chile del Bicentenario (Santiago: Thomson Reuters, 2011).
31. Valdés Prieto, Domingo: La discriminación arbitraria en el derecho económico especialmente en la legislación antimonopólica (Santiago: Conosur, 1992).
32. Valdés Prieto, Domingo: Libre competencia y monopolio (Santiago: Editorial Jurídica de Chile, 2006).
33. Valdés Prieto, Domingo y Vásquez Duque, Omar (eds.): Nuevo régimen de la libre competencia (Santiago: Rubicón, 2022).
34. Witker V., Jorge: Derecho de la competencia en América (Santiago: Fondo de Cultura Económica, 2000).

VIII. Competencia Desleal

1. Evolución
2. Normas generales
3. Actos de competencia desleal
4. Acciones, procedimientos y sanciones

COMPETENCIA DESLEAL

1. Evolución

La Ley de Competencia de 1973 no contemplaba la competencia desleal como un ejemplo de práctica restrictiva a la competencia. Las Comisiones Preventiva y Resolutiva empezaron a conocer y fallar casos de competencia desleal bajo el tipo genérico de cualquier arbitrio que tenga por finalidad eliminar, restringir o entorpecer la libre competencia. La modificación de la Ley de Competencia en el año 2003 agrega al listado ejemplar de prácticas restrictivas tanto las prácticas predatorias como las de competencia desleal, realizadas con el objeto de alcanzar, mantener o incrementar una posición dominante. La nueva práctica está inserta en el artículo 3° de la Ley de Competencia que sanciona al que ejecuta, celebra, individual o colectivamente, cualquier hecho, acto o convención que impida, restrinja o entorpezca la libre competencia o que tienda a producir dichos efectos. El análisis del Tribunal de la Libre Competencia se centró en determinar si la práctica desleal había alcanzado, mantenido o incrementado la posición dominante del denunciante.

En el año 2007 se incorpora la competencia desleal a través de la Ley 20.169 en una configuración distinta a la práctica restrictiva de la competencia. El análisis jurídico lo hace la justicia civil solamente en función de si se cometió la práctica genérica de la Ley de Competencia Desleal o de algunas de las prácticas enunciadas en la ley. Paralelamente, contiene el tipo de la Ley de Competencia, inmensamente más efectivo que la Ley de Competencia Desleal. Lo anterior explica el cambio jurisprudencial del Tribunal de la Competencia siendo muy exigente en que la práctica desleal realmente afecte la libre competencia y no fuera de aquellas que deban ser analizadas bajo la Ley de Competencia Desleal. Asimismo, subsisten las normas sobre protección de los derechos de los consumidores que en algunos aspectos se asemejan a los actos sancionados en la Ley de Competencia Desleal y las leyes de propiedad industrial e intelectual.

La competencia desleal se incorpora a nuestro ordenamiento jurídico en el año 2007. En el derecho comparado, por lo general se considera que la competencia desleal es una institución de cierta relevancia del derecho mercantil. Esta visión corresponde a los países donde no se reconoce autonomía al derecho económico y sus instituciones, si son privadas, forman parte del derecho mercantil o comercial. Mientras que si son públicas, son parte del derecho administrativo económico. En Chile, pareciera que debe estar incluida en el orden público económico y concretamente formar parte del derecho económico.

El proyecto de ley que regula la Competencia Desleal fue presentado por moción parlamentaria en septiembre del 2003. Los antecedentes generales del proyecto son bastante confusos y se basan en las experiencias de Argentina, Colombia y España. La ley de 2007 fue modificada por las leyes 20.416 de 2010, y 21.131 y 21.166, ambas de 2019, las que se agregaron al listado de actos de competencia desleal tres nuevos casos.

2. Normas generales

La ley tiene un amplísimo ámbito de aplicación. Su objeto es proteger a competidores, consumidores y, en general, a cualquier persona afectada en sus intereses legítimos por un acto de competencia desleal.[1] Luego, la ley amplía todavía más el ámbito de aplicación al admitir que un mismo acto puede ser al mismo tiempo de competencia desleal y una práctica restrictiva de la competencia, un acto contrario a los derechos de los consumidores o un acto atentatorio a la propiedad intelectual o industrial.[2]

La compatibilidad entre los actos de competencia desleal y las tres leyes mencionadas no implica contradicción, sino que complementación. Pueden existir actos de competencia desleal que a la vez sean prácticas restrictivas de la competencia y así lo han declarado la Comisión Preventiva, la Comisión Resolutiva y el Tribunal de la Competencia. Lo mismo ocurre con la Ley de Protección del Consumidor, donde hay actos de competencia desleal que son muy parecidos a las infracciones contrarias a los consumidores. En cuanto a la ley de propiedad industrial e intelectual, puede haber infracciones a la ley que a su vez son actos de competencia desleal. En todos estos casos será el demandante quien deberá decidir, sobre la base del interés jurídico protegido, dónde debe demandar.

3. Actos de competencia desleal

El capítulo II de la ley hace una tipificación general de los actos de competencia desleal y después enumera a título ejemplar o no taxativo ciertos actos de competencia desleal. La ley entiende como acto de competencia desleal toda conducta contraria a la buena fe o a las buenas costumbres que, por actos ilegítimos, persiga desviar clientela de un agente del mercado.[3] Por consiguiente, para ser calificada una conducta de competencia desleal se requieren tres elementos copulativos: acto contrario a la buena fe o a las buenas costumbres, que, utilizando medios contrarios a la ley, tenga por objeto desviar clientela de un agente del mercado.

La ley describe a título ejemplar nueve clases de actos de competencia desleal en su artículo 4°.[4]

A. Actos de aprovechamiento de la reputación ajena

La ley sanciona cualquier conducta que se aproveche indebidamente de la reputación ajena y cualquier inducción a la confusión. La confusión se puede dar en los bienes, actividades, signos distintivos o establecimientos, en la relación entre los propios y los de un tercero. El acto de confusión tiene por lo general una doble víctima: la empresa imitada por pérdida de clientela y eventual desprestigio y por la otra los consumidores que adquieren los bienes inducidos por el error. La Ley de Protección al Consumidor se modificó en este respecto en el año 2004, incorporando la infracción a través de cualquier mensaje publicitario que produzca confusión en los consumidores respecto de la identidad de las empresas y actividades, productos, nombres, marcas en otros signos distintivos de los competidores (artículo 28 A). Para algunos se podría estar afectando el principio *non bis in idem*, para otros los intereses tutelados son totalmente diferentes.

B. Actos de engaño

Se considera acto de competencia desleal el uso de signos o la difusión de hechos o aseveraciones que sean incorrectos o falsos, que induzcan a error sobre las ventajas realmente proporcionadas por los bienes ofrecidos, ya sean propios o ajenos. El engaño se puede dar respecto de la naturaleza, proveniencia, componentes, características, precio, modo de producción, marca, idoneidad para los fines que pretende satisfacer, calidad o cantidad. En esta materia, también se contempla en la Ley de Protección al Consumidor la sanción al que a sabiendas o debiendo saberlo induce a error o engaño respecto de algunos elementos que la norma específica.

C. Actos de descrédito

La ley sanciona las aseveraciones incorrectas o falsas que sean capaces de menoscabar la reputación en el mercado de los competidores. La jurisprudencia ha reconocido que en los actos de descrédito se acepta la alegación de *exceptio veritatis*.

D. Actos de discriminación

La Ley de Competencia Desleal también sanciona manifestaciones agraviantes que digan relación con la nacionalidad, las creencias, ideologías, vida privada o de cualquier otra circunstancia personal del competidor, que no tenga relación directa con la calidad del bien.

E. Actos de publicidad comparativa desleal

Toda comparación con los bienes, actividades o establecimientos de un tercero, cuando se funde en algún antecedente que no sea veraz y demostrable, es sancionada por la ley. Para la Ley de Competencia Desleal, cualquier comparación contraria a la buena fe mercantil constituye una deslealtad en la competencia, al margen de los medios que se utilicen.

F. Inducción al incumplimiento contractual

Toda conducta que persiga inducir a proveedores, clientes u otros contratistas a infringir los deberes contractuales contraídos con un competidor es considerada un acto de competencia desleal.

G. Ejercicio abusivo de acciones judiciales

La ley sanciona el ejercicio manifiestamente abusivo de acciones judiciales con la finalidad de entorpecer la operación de un agente del mercado.

H. Condiciones de contratación

Una octava conducta se refiere a las condiciones de contratación. Esta norma, así como la siguiente, fueron agregadas por la Ley de Empresas de Menor Tamaño, Ley 20.416 del 3 de febrero de 2010. La relación contractual se da aquí entre una empresa con un proveedor que sea empresa de menor tamaño. La norma sanciona la imposición por parte de una empresa a un proveedor de las condiciones de contratación ofrecidas por ese mismo proveedor a empresas competidoras de la empresa, para los efectos de obtener mejores condiciones. Asimismo, se sanciona la imposición a un proveedor de condiciones de contratación con empresas competidoras basadas en las condiciones ofrecidas a la empresa.

I. Conductas abusivas en la contratación

Una novena conducta, incorporada por la Ley 21.131 y extendida por la Ley 21.166, ambas de 2019, consiste en el establecimiento o aplicación de cláusulas contractuales o conductas abusivas en desmedro de los proveedores, así como en el incumplimiento sistemático de deberes contractuales contraídos con ellos o de los plazos dispuestos en la Ley 19.983 para el cumplimiento de la obligación de pago del saldo insoluto contenido en la factura. Tratándose de las empresas de menor tamaño, ellas podrán demandar el monto de los perjuicios que deriven del incumplimiento de acuerdo con las reglas generales.[5]

4. Acciones, procedimientos y sanciones

La ley contempla cuatro acciones que pueden ejercerse conjunta o separadamente:

i. acción de cesación del acto o de prohibición del mismo, si aún no se ha puesto en práctica;.
ii. acción declarativa del acto de competencia desleal si la perturbación creada por el mismo subsiste;
iii. acción de remoción de los efectos producidos por el acto, mediante la publicación de la sentencia condenatoria o de una rectificación a costa del autor del ilícito u otro medio idóneo;
iv. acción de indemnización de perjuicios ocasionados por el acto, sujeto a las disposiciones del título XXV del Libro IV del Código Civil.[6]

La ley señala que cualquiera que resulte directa y personalmente amenazado o perjudicado en sus intereses legítimos por un acto de competencia desleal, podrá ejercer las acciones.[7] Hay dos excepciones en relación a la acción de indemnización de perjuicios. La primera es cuando el demandado ya hubiese sido condenado a reparar el mismo daño de conformidad con otro ordenamiento legal. La segunda excepción se refiere a la acción entablada por asociaciones gremiales que tengan por función efectiva la defensa de los intereses de agentes del mercado. En ambos casos no se puede entablar la acción de indemnización de perjuicios.

La prescripción de las acciones de la ley es de un año contado desde la fecha en que finaliza la realización del acto o desde que fue conocido, si ello ocurrió con posterioridad. La prescripción es de cuatro años en el caso de la indemnización de perjuicios. En el caso de que se ejerciten las acciones de cesación, declarativa o de remoción, se interrumpe el plazo de prescripción de la acción de indemnización de perjuicios.[8] Las causas de competencia desleal son de competencia de los juzgados de letras en lo civil del domicilio del demandado o del actor, a elección de este último.[9]

Las acciones de competencia desleal se tramitarán de acuerdo con las normas del procedimiento sumario. En el caso de que se ejerzan las acciones de cesación, declarativa o de remoción, y posteriormente se solicite la indemnización de perjuicios, los hechos establecidos en el primer juicio se tendrán por probados en el juicio de indemnización de perjuicios. Contra la sentencia procederán todos los recursos. En el caso de existir un indicio grave y preciso de amenaza o de ejecución de un acto, el tribunal a solicitud de parte, podrá ordenar la suspensión inmediata del acto.[10] Si la sentencia firme establece que han existido actos de competencia desleal, el tribunal que dictó la resolución debe remitir todos los antecedentes al Fiscal Nacional Económico, quien tendrá la facultad de requerir al Tribunal de Defensa de la Libre Competencia la aplicación de una multa a beneficio fiscal de entre 2 y 1.000 unidades tributarias mensuales. Para la determinación de la multa, el tribunal considerará, entre otros, el beneficio económico obtenido con motivo de la infracción, la gravedad de la conducta y la calidad de reincidente del infractor.[11]

NOTAS

1) Ley de Competencia Desleal, artículo 1°
2) Ley de Competencia Desleal, artículo 2°
3) Ley de Competencia Desleal, artículo 3°
4) Ley de Competencia Desleal, artículo 4°
5) *Ver*, comentario anterior. La Ley 21.166 (también de 2019), agregó un inciso 2° a esta infracción, relativo a las empresas de menor tamaño y la acción de indemnización de perjuicios.
6) Ley de Competencia Desleal, artículo 5°
7) Ley de Competencia Desleal, artículo 6°
8) Ley de Competencia Desleal, artículo 7°
9) Ley de Competencia Desleal, artículo 8°
10) Ley de Competencia Desleal, artículo 9°
11) Ley de Competencia Desleal, artículo 10°

BIBLIOGRAFÍA

1. Contreras Blanco, Oscar: La competencia desleal y el deber de corrección en la ley chilena (Santiago: Ediciones UC, 2012).

2. González Iturria, Marco Antonio: Ley 20.169 que regula la competencia desleal en Cuadernos de Extensión Jurídica IV: Mercado de valores y derechos de la competencia, pp. 187-198 (Santiago: Universidad de los Andes, 2014).

3. Menchaca Olivares, Tomás: Libre competencia y competencia desleal en la Ley 20.169 ¿Existe contradicción entre ambas disciplinas?, en Cuadernos de Extensión Jurídica IV: Mercado de valores y derecho de la competencia, pp. 221-228 (Santiago: Universidad de los Andes, 2014).

4. Morales Godoy, Joaquín y Zavala Ortiz, José Luis: Derecho Económico (Santiago: Thomson Reuters, 2013).

5. Nehme Zalaquett, Nicole: Competencia Desleal en Decisiones del Tribunal de Defensa de la Libre Competencia años 2004-2005 (Santiago: Universidad Adolfo Ibáñez, 2008).

6. Ortúzar Decombe, Santiago: Competencia desleal y propiedad intelectual en Cuadernos de Extensión Jurídica IV, pp 3-35 (Santiago: Universidad de los Andes, 2014).

7. Poblete Iturrate, Orlando: El proceso civil de competencia desleal en Cuadernos de Extensión Jurídica IV: Mercado de valores y derecho de la competencia, pp. 67-101 (Santiago: Universidad de los Andes, 2014).

8. Rivas Sánchez, María: Los ilícitos de competencia desleal en la jurisprudencia chilena (Santiago: Thomson Reuters, 2012).

IX. Protección del Consumidor

1. Evolución de la legislación
2. Definiciones legales
3. Ámbito de aplicación de la ley
4. Derechos y deberes del consumidor
5. Asociaciones para la defensa de los derechos de los consumidores
6. Obligaciones del proveedor
7. Cláusulas abusivas en contratos de adhesión
8. Normas sobre información y publicidad
9. Normas sobre promociones y ofertas
10. Normas sobre créditos para el consumidor
11. Normas sobre cobranzas extrajudiciales
12. Normas especiales en materia de servicios
13. Normas relativas a la seguridad de los productos y servicios
14. Normas sobre responsabilidad por incumplimiento
15. Normas sobre sanciones
16. Intereses colectivos o difusos de los consumidores
17. Procedimientos establecidos en la ley
18. Sernac financiero
19. Servicio Nacional del Consumidor

PROTECCIÓN DEL CONSUMIDOR

1. Evolución de la legislación

El análisis del régimen de protección del consumidor se hace en función de la Ley 19.496 de 1997, que reemplazó a la Ley 18.223 de 1982, que fue la primera normativa en esta materia en nuestro régimen jurídico. La Ley 19.496 ha tenido tres importantes modificaciones. La primera fue en 1999 a través de la Ley 19.659, que profundizó la regulación del crédito del proveedor al consumidor. La segunda modificación fue la Ley 19.955 de 2004, que introdujo una serie de modificaciones en el ámbito de aplicación de la ley, las normas sobre cláusulas ineficaces en los contratos de adhesión, las asociaciones de consumidores, el aumento de sanciones a determinadas conductas y el procedimiento para el ejercicio de acciones cuando existen intereses colectivos y difusos. La tercera fue la Ley 21.081 de 2018, que pretendía fortalecer al Sernac con nuevas facultades normativas y sancionadoras, reemplazar la competencia de los juzgados de policía local, fortalecer las asociaciones de consumidores y aumentar significativamente las multas. Sin embargo, esta ley fue consultada al Tribunal Constitucional en cuanto a su constitucionalidad, el cual se pronunció en contra de las nuevas facultades del Sernac el 18 de enero del 2018. Recientes modificaciones del régimen de protección del consumidor son la Ley 20.416 de 2010 y la Ley 20.555 de 2011 sobre Sernac Financiero, la Ley 20.756 de 2014, la Ley 20.855 de 2015 y la Ley 21.062 de 2018. En el año 2019 se dictó el DFL N° 3 del 13 de septiembre, que fijó el texto refundido, coordinado y sistematizado de la Ley 19.496 de 1997. Las Leyes 21.236 de 2020 y 21.320 de 2021 incorporaron pequeñas modificaciones a la Ley 19.496, mientras que la Ley 21.398 del mismo año estableció medidas para incentivar la protección de los derechos de los consumidores. Por último, el año 2024 fueron incorporadas otras modificaciones menores por las Leyes 21.695, 21.708 y 21.718.

2. Definiciones legales

La ley comienza estableciendo que su objeto es el de normar las relaciones entre proveedores y consumidores, establecer las infracciones en perjuicio de estos últimos y señalar el procedimiento aplicable a estas materias.

La ley contempla una importante novedad en la legislación económica: proporcionar una serie de definiciones que pretenden aclarar conceptos de uso frecuente en el régimen de protección al consumidor.[1]

Los consumidores o usuarios son definidos como las personas naturales o jurídicas que, en virtud de cualquier acto jurídico oneroso adquieren, utilizan o disfrutan como destinatarios finales de bienes o servicios. Para la ley, el consumidor es solamente el consumidor final, el que adquiere el bien para la satisfacción de necesidades. En ningún caso pueden ser consumidores los proveedores.

Los proveedores son definidos como las personas naturales o jurídicas que, en forma habitual, desarrollen actividades de producción, fabricación, importación, construcción, distribución o comercialización de bienes o prestaciones de servicios a consumidores, por las que se cobra un precio o tarifa. El concepto de proveedor es amplio en términos de las actividades en que puede estar involucrado, pero debe serlo en forma habitual y percibir por la actividad el pago de una suma de dinero. La modificación del año 2004 precisó que no se considerarán proveedores los que posean un título profesional y ejerzan su actividad en forma independiente.

La información básica comercial son los datos, instructivos, antecedentes o indicaciones que el proveedor debe suministrar obligatoriamente al público consumidor, en cumplimiento de una norma jurídica. La modificación del año 2004 agregó que tratándose de proveedores que reciban bienes en consignación para su venta, estos deberán agregar a la información básica comercial los antecedentes relativos a su situación financiera, incluidos los estados financieros cuando corresponda. Se complementa el concepto de información comercial básica, ya que además de lo que dispongan otras normas legales o reglamentarias, se entiende en aquella a la identificación del bien o servicio que se ofrece al consumidor, así como también los instructivos de uso y los términos de la garantía general. También se agregó el 2004 que la información comercial básica deberá ser entregada por medios que aseguren su acceso claro, expedito y oportuno. En el caso de bienes y servicios cuyo uso normal represente un riesgo para la integridad y seguridad de las personas, la ley señala que será obligatoria la entrega de la información al consumidor, junto con los bienes y servicios a que accedan. Se exceptúan de las obligaciones sobre información básica comercial los bienes ofrecidos a granel. En el caso de los bienes durables es considerada como información básica comercial la duración del bien siempre que su uso se haga en condiciones previsibles. En los bienes durables también es información básica comercial el plazo en que el proveedor se obliga a disponer de repuestos y servicio técnico para su reparación.

Para los servicios de despacho, el proveedor deberá indicar claramente el costo total y el tiempo que tarda el servicio antes del perfeccionamiento del contrato.

En cuanto a la publicidad, la ley conceptualiza como comunicación la que el proveedor dirige al público, por cualquier medio idóneo, con el fin de informarlo y motivarlo a adquirir o contratar un bien o servicio. La modificación del año 2004 agregó que se entendían incorporadas al contrato las condiciones objetivas contenidas en la publicidad hasta el momento de celebrar el contrato. Las condiciones objetivas están establecidas en la ley y son las siguientes: los componentes del producto y el porcentaje en que concurren; la idoneidad del bien para los fines que se pretende satisfacer y que haya sido atribuido en forma explícita por el comerciante; las características relevantes del bien destacados por el anunciante o que deben ser proporcionados de acuerdo a las normas de información comercial; el precio, su forma de pago y el costo del crédito; las condiciones en que opera la garantía y su condición de no producir daño al medio ambiente, a la calidad de vida y de ser reciclable o reutilizable.[2]

El anunciante es el proveedor de bienes, prestador de servicios o entidad que, por medio de la publicidad, se propone ilustrar al público acerca de la naturaleza, características, propiedades o atributos de los bienes o servicios cuya producción, intermediación o prestación constituye el objeto de su actividad, o motivarlo a su adquisición por parte de los consumidores.

El contrato de adhesión se define como aquel cuyas cláusulas han sido propuestas unilateralmente por el proveedor, sin que el consumidor pueda alterar su contenido para celebrarlo.

Las promociones se conceptualizan como las prácticas comerciales, cualquiera sea la forma que se utilice en su difusión, consistentes en el ofrecimiento al público en general de bienes y servicios en condiciones más favorables que las habituales, exceptuándose las simples rebajas de precio.

La oferta es la práctica comercial consistente en el ofrecimiento al público de bienes o servicios rebajados en forma transitoria, en relación con las habituales del respectivo establecimiento.

La última modificación de la ley incorpora en el artículo 2 ter, como regla de interpretación de la ley, que esta se interpretará siempre en favor de los consumidores de acuerdo con el principio proconsumidor. Serán los tribunales los que tendrán que aplicar esta regla, lo que puede pasar a ser algo en extremo complejo para los múltiples casos contemplados en la ley. Añade la nueva norma que las reglas de interpretación del Código Civil se aplicarán de manera complementaria al principio proconsumidor.[3]

3. Ámbito de aplicación de la ley

La ley establece como regla general de aplicación los actos que sean mercantiles para el proveedor y civiles para el consumidor final.[4] La norma se hace extensiva a otras situaciones que no cumplen con la regla general, pues para el proveedor los actos son también civiles, a saber:

i. Comercialización de sepulcros o sepulturas.

ii. Actos o contratos en que el proveedor se obligue a suministrar el uso o goce de un inmueble por períodos determinados, continuos o discontinuos, no superiores a tres meses, siempre que lo sean amoblados y para fines de descanso o turismo.

iii. Contratos de educación básica, media, técnico profesional y universitaria solo respecto de las normas sobre contratos de adhesión, de los párrafos referentes a información y publicidad; promociones y ofertas de los artículos 18°, 24°, 26°, 27° y 39° C y respecto de la facultad de los usuarios de recurrir ante los tribunales correspondientes conforme a los procedimientos que la propia ley establece. No queda incluido el derecho de recurrir ante los tribunales por la calidad de la educación o por las condiciones académicas fijadas en los reglamentos internos vigentes a la época del ingreso, los cuales no podrán ser alterados sustancialmente en forma arbitraria.

iv. Contratos de venta de viviendas realizadas por empresas constructoras, inmobiliarias y por los Servicios de Vivienda y Urbanización en lo que no diga relación con las normas sobre calidad de las viviendas contenidas en la Ley 19.472.

v. Actos celebrados o ejecutados con ocasión de la contratación de los servicios en el ámbito de la salud. Se excluyen las prestaciones de salud, las materias relativas a la calidad de estas y su financiamiento, de la acreditación y certificación de los prestadores y, en general, cualquier otra materia que se encuentre regulada en leyes especiales.

Las situaciones particulares (iii), (iv) y (v) fueron agregadas por la modificación del año 2004. En esa misma ocasión también se añadió un artículo que precisó las actividades que quedan excluidas de la aplicación de la ley.[5] Estas son la producción, fabricación, importación, construcción, distribución y comercialización de bienes o la prestación de servicios regulados por leyes especiales, como por ejemplo las referidas al mercado financiero (bancos), telecomunicaciones, energía y otras. En caso de que exista normativa especial, la Ley de Protección al Consumidor se aplicará en todo caso en tres situaciones:

a) En las materias que las leyes especiales no prevean.
b) En lo relativo al procedimiento en las causas en que esté comprometido el interés colectivo o difuso de los consumidores o usuarios y el derecho a solicitar indemnización mediante dicho procedimiento.
c) En lo relativo al derecho del consumidor o usuario para recurrir en forma individual, conforme al procedimiento que la propia ley establece, ante el tribunal correspondiente, a fin de ser indemnizado de todo perjuicio originado en el incumplimiento de una obligación contraída por los proveedores, siempre que no existan procedimientos indemnizatorios en dichas leyes especiales.

4. Derechos y deberes del consumidor

La ley consigna un catálogo de derechos y deberes genéricos del consumidor.[6]

i. La libre elección del bien o servicio. La modificación del año 2004 agregó que el silencio no constituye aceptación en los actos de consumo. La libertad implica que el consumidor podrá optar sin presión alguna en la elección del bien, siendo por tanto contrarias a la ley aquellas prácticas en que el proveedor condiciona la venta de un bien o la prestación de un servicio a la adquisición o utilización por parte del consumidor de otros bienes complementarios o anexos.
ii. El derecho a una información veraz y oportuna sobre los bienes y servicios ofrecidos, su precio, condiciones de contratación y otras características relevantes de los mismos. La ley, asimismo, establece el deber del consumidor de informarse responsablemente del precio, condiciones de contratación y características relevantes de los mismos.
iii. El no ser discriminado arbitrariamente por parte de los proveedores.

iv. La seguridad en el consumo, la protección de la salud y el medio ambiente. Como contrapartida, se consigna el deber de evitar los riesgos que puedan afectarlos.
v. El derecho a la reparación o indemnización adecuada y oportuna de todos los daños materiales y morales en caso de incumplimiento de cualquiera de las obligaciones contraídas por el proveedor y el deber de accionar de acuerdo a los medios que la ley le franquea.
vi. La educación para un consumo responsable y el deber de celebrar operaciones de consumo con el comercio establecido.
vii. La obligación de acudir siempre al tribunal competente, lo que debe ser informado por el proveedor al celebrar el contrato y en el momento de surgir una controversia. En el caso de mediación, conciliación o arbitraje las partes podrán someter a estos mecanismos de solución de controversias solo una vez surgido el conflicto. Un reglamento dictado por el Ministerio de Economía establecerá las normas para la aplicación de estos mecanismos.
viii. Los demás derechos de todo consumidor consagrados en leyes, reglamentos y demás normativas, en especial las normas de la Ley 18.010 sobre operaciones de crédito de dinero, sin importar el monto adeudado.

Además de los derechos generales, la ley contempla varios derechos específicos: el derecho de retracto del artículo 3° bis y 3° ter, el derecho de reposición del artículo 19°, el derecho de opción del artículo 20° y el derecho de exigir judicialmente el cumplimiento de la promoción u oferta del artículo 35° inciso 3°.

El derecho de retracto del artículo 3° bis fue incorporado en la modificación del año 2004 por la Ley 19.955.[7] El término unilateral del contrato se debe dar dentro de un plazo de diez días, contados desde la recepción del producto o la contratación del servicio y antes de la prestación del mismo. El derecho de retracto no requiere de expresión de causa. La ley exige que el ejercicio de este derecho se haga efectivo mediante carta certificada enviada al proveedor, cuando los bienes o servicios sean ofrecidos en reuniones convocadas con dicho objetivo por el proveedor, en que el consumidor deba expresar su aceptación dentro del mismo día de la reunión. La ley también se pone en el caso de que el precio haya sido cubierto total o parcialmente con un crédito otorgado al consumidor por el proveedor o por un tercero, previo acuerdo entre este y el proveedor. Si el consumidor ejerce el derecho de retracto, el proveedor estará obligado a devolverle las sumas abonadas, sin retención de gastos, a la mayor brevedad posible y, en cualquier caso, antes de los 45 días siguientes a la comunicación del retracto. Asimismo, deberán restituirse en buen estado los elementos originales del embalaje o su valor previamente informado.

La modificación del año 2004 también incorporó un artículo 3° ter aplicable al derecho de retracto en la prestación de los servicios educacionales de nivel superior proporcionados por centros de formación técnica, institutos profesionales y universidades.[8] La ley faculta al alumno para que dentro del plazo de diez días contados desde la primera publicación de los resultados de las postulaciones a las universidades chilenas deje sin efecto el contrato con la respectiva institución, sin pago alguno por los servicios educacionales no prestados. Para hacer efectivo el retracto el alumno de primer año debe demostrar encontrarse matriculado en otra entidad de educación superior. La institución educacional no podrá retener los dineros pagados ni los documentos de pago o crédito otorgados, debiendo devolverlos todos en el plazo de diez días desde que se ejerza el derecho de retracto. Incluso se impide negociar o endosar los documentos recibidos antes que se complete la primera publicación de resultados. En forma excepcional, la institución de educación superior puede retener por concepto de costos de administración hasta el 1% del arancel anual del programa o carrera.

En los contratos celebrados por medios electrónicos o por contratación a distancia, el consumidor podrá retractarse, salvo en la contratación de servicios donde el proveedor podrá excluirlo, informando al consumidor sobre dicha exclusión en forma inequívoca, destacada y fácilmente accesible y en forma previa a la suscripción del contrato y pago del precio del servicio. Asimismo, no procederá el retracto en estos contratos si no puede ejercerse el derecho por la naturaleza de los bienes que no puedan ser devueltos o puedan deteriorarse rápidamente, o si fueran confeccionados conforme a las especificaciones del consumidor, o se trate de bienes de uso personal. Un reglamento del Ministerio de Economía regulará la forma y condiciones en que el proveedor deberá comunicar la exclusión del derecho de retracto para que se haga de forma inequívoca, destacada y fácilmente accesible. El consumidor podrá usar los mismos medios que utilizó para celebrar el contrato.

La Ley 21.938 de 2021 agregó un nuevo caso de retracto cuando se trata de compras presenciales en la que el consumidor no tuvo acceso directo al bien. La modificación legal también incorporó como derecho del consumidor la obtención gratuita de certificados de estudios, de notas, de estado de deuda u otros documentos análogos de los establecimientos de educación superior, institutos profesionales y de formación técnica.

Un segundo derecho específico es el del artículo 19° de la ley referente al derecho de reposición.[9] El derecho a la reposición del producto o, en su defecto, a optar por la bonificación de su valor en la compra de otro producto o por la devolución que haya pagado en exceso, existe cuando la cantidad o el contenido neto de un producto sea inferior al indicado en el envase o empaque.

Un tercer derecho específico es el contemplado en el artículo 20°.[10] El denominado derecho a opción consiste en que el consumidor podrá elegir entre la reparación gratuita del bien, su reposición por otro bien o la devolución de la suma pagada, sin perjuicio de la indemnización de perjuicios que proceda, si se da cualquiera de los casos señalados en dicha norma.

Un cuarto derecho específico es el contemplado en el artículo 35°.[11] El artículo 35° inciso 3° preceptúa el derecho de exigir judicialmente el cumplimiento de la promoción u oferta. En el caso de rehusarse el proveedor al cumplimiento de lo ofrecido en la promoción u oferta, el consumidor podrá requerir al juez competente que ordene su cumplimiento forzado, pudiendo este disponer una prestación equivalente en caso de no ser posible el cumplimiento en especie de lo ofrecido.

El artículo 4° de la ley señala el fundamental concepto de orden público económico de que los derechos establecidos en ella son irrenunciables anticipadamente por los consumidores.[12]

5. Asociaciones para la defensa de los derechos de los consumidores

La modificación de la ley en 1997 permitió la creación de las organizaciones para la defensa de los derechos de los consumidores. Sin embargo, en el período 1997-2004 hubo en este sentido poca aplicación de la ley, por cuanto el procedimiento de constitución de las fundaciones o corporaciones era engorroso, no existía el procedimiento para intereses colectivos y difusos y no se contemplaban incentivos estatales para dichas organizaciones. En la modificación del año 2004 se les denomina como asociaciones y se les conceptualiza como la organización constituida por personas naturales o jurídicas, independientes de todo interés económico, comercial o político, cuyo objetivo sea proteger, informar y educar a los consumidores y asumir la representación y defensa de los derechos de sus afiliados y de los consumidores que así lo soliciten, todo ello con independencia de cualquier otro interés.[13]

La normativa aplicable a las asociaciones es la de la ley y, en lo no previsto por la Ley de Asociaciones Gremiales, especialmente en lo referente a su constitución y disolución, se aplicarán subsidiariamente las normas sobre las asociaciones civiles.[14] En cuanto a las causales de disolución, la ley contempla que pueden ser disueltas por sentencia judicial o por disposición de la ley. Incluso, en caso de que el juez, dentro del plazo de tres años, declare temerarias dos o más demandas colectivas por una misma asociación de consumidores, podrá a petición de parte y en casos graves y calificados, decretar la disolución por sentencia fundada. En cuanto a los directores de una asociación disuelta por sentencia judicial, quedarán inhabilitados para formar parte de otras asociaciones de consumidores durante el periodo de dos años.[15]

La ley señala las funciones que solo las asociaciones podrán ejercer:

i. Difundir el conocimiento de las disposiciones de la ley.
ii. Informar, orientar y educar a los consumidores para el adecuado ejercicio de sus derechos y brindarles asesoría cuando lo requieran.
iii. Estudiar y preparar medidas encaminadas a la protección de los derechos de los consumidores y efectuar o apoyar investigaciones en el área del consumo.
iv. Representar a sus miembros y ejercer las acciones a que se refiere esta ley en defensa de los consumidores que le entreguen mandato, incluyendo de representación en los tribunales para la determinación de la indemnización de perjuicios.
v. Representar el interés individual y el interés colectivo y difuso ante las autoridades jurisdiccionales o administrativas.
vi. Participar en los procesos de fijación de tarifas de servicios básicos domiciliarios.[16]

Por otro lado, la ley prohíbe ciertas actividades a las asociaciones de consumidores, en especial la redistribución de fondos a sus miembros, el desarrollo de actividades lucrativas, la inclusión como asociados de personas dedicadas a actividades empresariales, percibir donaciones, realizar publicidad y, en general, dedicarse a actividades distintas de las señaladas en la ley.[17]

Están inhabilitados para integrar el consejo directivo de una asociación de consumidores: el condenado por los delitos concursales del Código Penal, el condenado por delito contra la propiedad o delito sancionado con pena aflictiva, el sancionado como reincidente de denuncia temeraria y los que ejerzan cargos de elección popular, así como los consejeros regionales.[18 y 19]

La modificación de la ley en el año 2004 agregó un fondo concursable destinado al financiamiento de iniciativas de las asociaciones.[20]

6. Obligaciones del proveedor

La ley contiene una enumeración de obligaciones del proveedor. El artículo 12° contiene una primera obligación genérica.[21] Todo proveedor está obligado a respetar los términos, condiciones y modalidades, conforme a las cuales se hubiese ofrecido o convenido con el consumidor para la entrega del bien o la prestación del servicio. La segunda obligación dice relación con la formación del consentimiento en el comercio electrónico y está desarrollada en el artículo 12° A de la modificación del año 2004.[22] El consentimiento no se entenderá formado si el consumidor no ha tenido previamente un acceso claro, comprensible e inequívoco de las condiciones generales del mismo y la posibilidad de almacenarlos o imprimirlos. La sola visita al sitio de internet en el cual se ofrece el acceso a determinados servicios no impone al consumidor obligación alguna, a menos que haya aceptado en forma inequívoca las condiciones ofrecidas por el proveedor. Una vez perfeccionado el contrato, el proveedor estará obligado a enviar confirmación escrita del mismo, la que debe contener una copia íntegra, clara y legible del contrato. La tercera obligación del proveedor, incorporada en la modificación del año 2018, se refiere a los proveedores de servicios de telecomunicaciones que realicen ofertas conjuntas. Estos deberán ofrecer individualmente cada uno de los servicios y planes que componen la oferta conjunta.[23] Una cuarta obligación, agregada en una modificación del año 2024, se encuentra dirigida a los proveedores de dispositivos móviles de información y telecomunicaciones, quienes deben garantizar la interoperabilidad común entre los equipos y sus dispositivos de carga. Agrega la ley que quienes comercialicen estos dispositivos deben ofrecer a los consumidores la posibilidad de adquirirlos conjuntamente o por separado, no pudiendo atarse la adquisición de uno de ellos a la del otro.[24] Una quinta obligación se refiere a las garantías voluntarias ofrecidas por los proveedores de vehículos motorizados, los que deberán ser informados a los consumidores de manera clara e inequívoca antes del perfeccionamiento del contrato. Los fabricantes, importadores y proveedores de vehículos usados no podrán limitar la libre elección de los servicios técnicos destinados a la mantención de los vehículos. La ley incluso obliga a los proveedores de vehículos proporcionar al consumidor otro similar durante la reposición que lo prive de su uso por un término superior de cinco días hábiles.[25] La sexta obligación del proveedor está contenida en el artículo 13°.[26] Los proveedores no podrán negar en forma injustificada la venta de bienes o la prestación de servicios en las condiciones ofrecidas. La séptima obligación está contenida en el artículo 14°, al establecer que cuando con conocimiento del proveedor se expendan productos con alguna deficiencia, usados o refaccionados o cuando se ofrezcan productos en cuya fabricación se hayan utilizado partes o piezas usadas, se deberá informar de manera expresa las circunstancias antes mencionadas al consumidor, para que este decida la operación de compra.[27] El cumplimiento de la obligación de dar a conocer la condición o calidad del bien exime al proveedor de las obligaciones derivadas del derecho de opción. La octava obligación está contenida en el artículo 15° de la ley, al referirse a las materias de seguridad en los establecimientos comerciales, en cuanto ellas deben respetar la dignidad y derechos de las personas, observando un trato deferente a sus clientes y excluyendo conductas vejatorias o humillantes.[28] Una novena obligación se refiere específicamente a los proveedores de estacionamiento de acceso público general.[29] La décima obligación es la de todos los prestadores institucionales de salud, en cuanto al cobro de estacionamiento a los pacientes de urgencia o que presenten dificultad para su desplazamiento.[30]

Las obligaciones específicas de los proveedores son las siguientes:

i. Respetar el precio exhibido, publicitado o informado.[31]
ii. Cuando la cantidad o el contenido neto sea inferior al indicado en el envase o empaque, aceptar la reposición del producto o, en su defecto, permitir al consumidor optar entre la bonificación en la compra de otro bien o la devolución del precio que haya pagado en exceso.[32]
iii. Veracidad en la publicidad y evitar que ella induzca a error o engaño sobre los componentes del bien o servicio, su idoneidad, sus características usuales, el precio o tarifa, las condiciones de garantía, la posibilidad de ser reciclable y no dañar el medio ambiente.[33]
iv. Informar acerca de las bases y el tiempo de las promociones y ofertas.[34]
v. En el caso de concursos debe informar monto o número de premios y el plazo para reclamar.[35]
vi. Si otorgan crédito al consumidor, tienen la obligación de informar sobre el precio contado, la tasa de interés aplicada y el interés moratorio, cualquier pago adicional que sea procedente cobrar, el monto, número y periodicidad de los pagos, el sistema de cálculo de la cobranza en caso de créditos impagos.[36]
vii. Cuando se prestan servicios de reparación, utilizar componentes o repuestos nuevos y adecuados, salvo que el consumidor lo autorice a utilizar los usados.[37]

viii. Advertir a los consumidores en el uso de los productos potencialmente peligrosos. Lo mismo opera respecto de los servicios riesgosos, caso en el cual debe adoptar medidas suficientes para resguardar la seguridad.[38]

7. Cláusulas abusivas en contratos de adhesión

En la teoría de los contratos generalmente se considera que un contrato es de adhesión cuando una de las partes establece las condiciones del contrato y la otra queda solo en condiciones de aceptarlo o rechazarlo, sin que pueda negociar sobre él. La modificación de la ley en el año 1997 incorporó un párrafo especialmente destinado a los contratos de adhesión.

El artículo 17° señala que los contratos de adhesión deben cumplir los siguientes requisitos:

i. Deberán estar escritos de modo claramente legibles con un tamaño de letra no inferior a 2,5 milímetros y en idioma castellano, salvo aquellas palabras de otros idiomas que el uso haya incorporado al léxico.
ii. Deberán adaptarse pare garantizar su comprensión a las personas con discapacidad visual o auditiva.[39]
iii. Los contratos deben ser redactados en castellano. Contratos en otros idiomas deben ser aceptados expresamente por el consumidor mediante su firma en un documento escrito en castellano, anexo al contrato y quedando en manos del consumidor un ejemplar en castellano, el que se citará en caso de dudas para todos los efectos legales.

En el caso de los contratos impresos en formularios prevalecerán las cláusulas que se agregan sobre las del formulario cuando son incompatibles entre sí. La última modificación de la ley agregó la obligación de los proveedores de proporcionar los contratos de adhesión al organismo fiscalizador competente.[40]

El artículo 16° de la ley contiene una enumeración taxativa de cláusulas las que si están contenidas en un contrato de adhesión no van a producir efecto legal.[41]

Estas cláusulas, denominadas leoninas, son las siguientes:

a) Las que otorguen a las partes la facultad de dejar sin efecto o modificar a su solo arbitrio el contrato o suspender unilateralmente su ejecución.
b) Establecer incrementos de precios por servicios, accesorios, financiamiento o recargos. Se exceptúan los incrementos que correspondan a prestaciones adicionales que sean susceptibles de ser aceptadas o rechazadas en cada caso y estén consignadas por separado en forma específica.

c) Pongan de cargo del consumidor los efectos de deficiencias, omisiones o errores administrativos, cuando ellos no le sean imputables.
d) Inviertan la carga de la prueba en perjuicio del consumidor.
e) Contengan limitaciones de responsabilidad frente al consumidor que puedan privar a este de su derecho de resarcimiento frente a deficiencias que afecten la utilidad o finalidad esencial del producto o servicio.
f) Incluyan espacios en blanco que no hayan sido llenados o utilizados antes de suscribir el contrato.
g) Cláusulas en contra de las exigencias de la buena fe, aludiendo para estos efectos a parámetros objetivos que causen, en perjuicio del consumidor, un desequilibrio importante en los derechos y obligaciones que para las partes se deriven del contrato. Para ello se atenderá a la finalidad del contrato y las disposiciones especiales o generales que lo rigen. La norma establece una presunción de buena fe para las cláusulas que han sido revisadas y autorizadas por un órgano administrativo en ejecución de sus facultades legales.
h) Limitan los modos a través de los cuales los consumidores pueden ejercer sus derechos, en conformidad a las leyes.

La modificación de la ley en el año 2004 fijó nuevas normas sobre las cláusulas compromisorias contenidas en contratos de adhesión. Cuando en un contrato de adhesión se designa un árbitro será obligatorio incluir una cláusula que informe al consumidor de su derecho a recusarlo. Lo anterior se entiende sin perjuicio del derecho del consumidor de recurrir siempre ante el tribunal competente.

En cuanto a la sanción de ineficacia jurídica, la jurisprudencia antes del año 2004 había dejado sin efecto los actos en su totalidad. El artículo 16° A agregado con la modificación del año 2004, aclaró que declarada la nulidad de una o varias cláusulas, por aplicación de las normas del artículo 16°, esta subsistirá con las restantes cláusulas, a menos que por la naturaleza misma del contrato o atendida la intención original de los contratantes, ello no fuera posible. El procedimiento para la tramitación de las acciones será el mismo que el contemplado en el título IV de la ley.[42]

En materia de interpretación de los contratos de adhesión la ley contempla que las cláusulas ambiguas se interpretarán en favor del consumidor. Cuando existan cláusulas contradictorias entre sí, prevalecerá aquella cláusula o parte de ella que sea más favorable al consumidor.

8. Normas sobre información y publicidad

La ley establece que el proveedor que a sabiendas o debiendo saberlo y a través de cualquier tipo de mensaje publicitario induzca a error al consumidor en cuanto a: i) los componentes del producto y al porcentaje en que concurren, ii) la idoneidad del bien o servicio para los fines que se pretende satisfacer y que haya sido atribuida en forma explícita por el anunciante, iii) las características relevantes del bien destacadas por el anunciante o que deban ser proporcionadas de acuerdo a las normas de información comercial, iv) el precio del bien, su forma de pago y el costo del crédito en conformidad con las normas vigentes, vi) las condiciones en que opera la garantía y vii) su condición de no producir daño al medio ambiente, a la calidad de vida y de ser reciclable o reutilizable, incurrirá en infracción y será responsable de los perjuicios que se causen.[43]

En la modificación del año 2004 se agregó un nuevo artículo 28° A.[44] Incurre también en infracción a la ley cualquier tipo de mensaje publicitario que produzca confusión en los consumidores respecto a la identidad de empresas, actividades, productos, nombres, marcas u otros signos distintivos de los competidores. La Ley de Competencia Desleal tiene una norma muy similar. La modificación del año 2004 también incorporó un artículo referido a la información y publicidad por correo electrónico.[45] Toda comunicación promocional o publicitaria enviada por correo electrónico deberá indicar la materia o asunto sobre el que versa, la identidad del remitente y contener una dirección válida a la que el destinatario pueda solicitar la suspensión de los envíos. El mismo concepto se aplica a los proveedores en sus comunicaciones promocionales por internet. Solicitada la suspensión, el envío de nuevas comunicaciones quedará prohibido.

En materia de rotulación, se establece que el proveedor que estando obligado a rotular los bienes o servicios que produzca, expenda o preste, no lo hiciere o faltare a la verdad en la rotulación, la ocultare o alterare, será sancionado con multas de hasta 300 Unidades Tributarias Mensuales.[46]

La ley preceptúa el contenido obligatorio de la publicidad de los precios al señalar que los proveedores deberán dar conocimiento al público de los precios de los bienes que expendan o de los servicios que ofrezcan, con excepción de los que por sus características deban regularse convencionalmente.[47] El precio deberá indicarse de modo claramente visible que permita al consumidor, de manera efectiva, el ejercicio de su derecho a elección, antes de formalizar o perfeccionar el acto de consumo.

Los consumidores pueden denunciar la publicidad falsa en el tribunal competente, de oficio o previa solicitud del Sernac o del particular afectado, al que podrá disponer la suspensión de las emisiones publicitarias y podrá exigir al anunciante que realice la publicidad correctiva. El denunciado podrá hacer valer sus alegaciones en audiencia dentro de tres días. Si el denunciado no concurre a la audiencia la sentencia será inapelable, si concurre será apelable en el solo efecto devolutivo.[48]

El artículo 32°, modificado en el año 2004, establece que la información básica comercial de los productos de fabricación nacional o de procedencia extranjera, así como su identificación, instructivos de uso y garantías, y la definición que de ellos se haga, deberán efectuarse en idioma castellano, en términos comprensibles y legibles, en moneda de curso legal y conforme al sistema de pesos y medidas que se aplica en el país.[49]

En cuanto a la información comprobable, la ley señala que la información que se consigna en los productos, etiquetas, envases, empaques o en la publicidad y difusión de los bienes, deberá ser susceptible de comprobación y no contendrá expresiones que induzcan a error o engaño al consumidor. Expresiones tales como garantizado y garantía solo podrán ser consignadas cuando se señalen en qué consisten y la forma en que el consumidor puede hacerlas efectivas.[50]

En los casos de publicidad falsa o engañosa el Sernac o el tribunal competente, de oficio o a solicitud del denunciante, podrá exigir al medio de comunicación la identificación del anunciante dentro de las 48 horas del requerimiento formal.[51]

9. Normas sobre promociones y ofertas

La ley establece que en las promociones y ofertas se deberá informar al consumidor sobre las bases de las mismas y el tiempo o plazo de su duración. La modificación del año 2004 agregó un nuevo inciso que indica que no se entenderá cumplida esta obligación por el solo hecho de haberse depositado las bases en notaría. El consumidor podrá requerir del juez competente o del Sernac el cumplimiento forzado de la promoción u oferta y, si ello no es posible, una prestación equivalente para aquellos casos que el proveedor no cumpla lo ofrecido en la promoción u oferta. La ley señala que, si la promoción consiste en un sorteo o concurso, el proveedor deberá informar sobre el monto o número de premios de aquellos y el plazo en que se podrá reclamar, así como la difusión de los resultados.[52]

10. Normas sobre créditos para el consumidor

La ley establece que el proveedor que concede crédito directo al consumidor deberá informar oportunamente de forma clara y entendible:

i. El precio al contado, el que deberá expresarse en tamaño igual o mayor que la información acerca del monto de las cuotas.
ii. Tasa de interés que se aplique sobre los saldos de precio y la tasa de interés moratorio en caso de incumplimiento, la que deberá quedar señalada en forma explícita.
iii. El monto de los siguientes importes distintos a la tasa de interés: impuestos correspondientes a la respectiva operación de crédito, gastos notariales, gastos inherentes a los bienes recibidos en garantía, seguros expresamente aceptados por el consumidor y cualquier otro importe permitido por ley.
iv. Alternativas de monto y número de pagos a efectuar y su periodicidad.
v. Monto total a pagar por el consumidor en cada alternativa de crédito, correspondiendo dicho monto a la suma total de cuotas a pagar.
vi. Tasa de interés moratorio en caso de incumplimiento y el sistema de cálculo de gastos que genere la cobranza extrajudicial, incluidos los honorarios que correspondan, así como las modalidades y procedimiento de dicha cobranza.[53]

La ley señala que los intereses se aplicarán sobre los saldos insolutos del crédito concedido y los pagos no podrán ser exigidos por adelantado, salvo acuerdo en contrario.[54] La ley establece que el cobro de intereses por sobre el interés máximo convencional se considerará una conducta infraccional, sin perjuicio de la sanción civil de la Ley 18.010 artículo 8°.[55]

11. Normas sobre cobranzas extrajudiciales

La modificación de la ley en 1999 tuvo un especial impacto en esta materia, con nuevas normas reguladoras en las cobranzas extrajudiciales, aplicables a las relaciones entre proveedores y consumidores, incluidas las operaciones de crédito en que intervengan los bancos y las sociedades financieras.[56]

En primer lugar, se establece una escala porcentual en relación con el capital adeudado o cuota vencida. Se fija como regla general que los gastos de cobranza solo podrán cobrarse una vez transcurridos quince días desde la mora del deudor. Una vez vencido dicho plazo se aplica la siguiente escala: obligaciones de hasta 10 UF, tasa del 9%; obligaciones por la parte que exceda 10 UF hasta 50 UF, tasa del 6%; obligaciones por la parte que exceda 50 UF, tasa de 3%.

El proveedor deberá informar al consumidor si la cobranza la realizará directamente o a través de terceros, los horarios en que se efectuará y la eventual información sobre ella a terceros conforme a la Ley sobre Protección de Datos de Carácter Personal. Asimismo, se informará si las modalidades y procedimientos pueden ser cambiados anualmente en el caso de operaciones de consumo a plazo que exceda un año.

La ley prohíbe ciertos procedimientos, tales como el envío de documentos que aparenten ser escritos judiciales, comunicaciones a terceros ajenos a las obligaciones en las que se dé cuenta de la morosidad, visitas o llamados telefónicos a la morada del deudor durante días y horas que no son hábiles y, en general, conductas que afecten la privacidad del hogar, la convivencia normal de sus miembros y la situación laboral del deudor.

La ley establece la opción, para el consumidor que está siendo objeto de cobranza extrajudicial, de pagar directamente la deuda vencida o las cuotas impagas, aunque el proveedor haya encargado la cobranza a un tercero.

12. Normas especiales en materia de servicios

La ley señala que cuando se trate de la reparación de cualquier tipo de bienes, se entenderá implícita la obligación de emplear componentes o repuestos adecuados. Si no se cumple esta obligación, se deben sustituir los componentes empleados, sin perjuicio de las indemnizaciones que correspondan.[57] El prestador de servicios se debe hacer responsable por el plazo por el cual responderá por la reparación efectuada. El consumidor podrá reclamar por el servicio defectuoso dentro del plazo de treinta días hábiles. La ley señala que para ejercer estas acciones deberá acreditar el acto o contrato con la documentación respectiva.[58] El proveedor que actúe como intermediario en la prestación de un servicio responderá directamente frente al consumidor, sin perjuicio del derecho a repetir contra el prestador de los servicios.[59]

13. Normas relativas a la seguridad de los productos y servicios

Los artículos 44° a 49° están referidos a la seguridad de los productos y servicios. Tratándose de productos cuyo uso resulte potencialmente peligroso para la salud o la integridad física de los consumidores o para la seguridad de sus bienes, el proveedor deberá incorporar en los mismos, o en instructivos anexos en idioma español, las advertencias e indicaciones necesarias para que su empleo se efectúe con la mayor seguridad posible. En lo que se refiere a la prestación de servicios riesgosos, el proveedor debe adoptar las medidas necesarias para que se realice en condiciones adecuadas de seguridad, informando al usuario y a quienes puedan verse afectados por tales riesgos de las providencias preventivas que deben observarse. La sanción de incumplimiento en esta materia puede ascender hasta 750 Unidades Tributarias Mensuales.[60]

En caso de peligro o riesgo detectado con posterioridad a la introducción en el mercado, el fabricante, importador o distribuidor deberá poner en conocimiento de la autoridad competente la existencia de los peligros o riesgos no previstos oportunamente.[61]

La ley establece que, declarada judicialmente o determinada por la autoridad competente, la peligrosidad o su toxicidad en niveles considerados como nocivos para la salud o la seguridad de las personas, los daños o perjuicios que provengan de su consumo serán de cargo solidariamente del productor, importador y primer distribuidor. Se eximirá de la responsabilidad solidaria a quien provea las medidas de prevención legal o reglamentaria y los demás cuidados y obligaciones que exige la naturaleza de aquellos.[62]

14. Normas sobre responsabilidad por incumplimiento

Las reglas generales de infracción a la ley se encuentran entre los artículos 18° y 23° de la ley. El artículo 18° establece como regla general que es infracción a la ley el cobro de un precio superior al exhibido, informado o publicitado.[63] Bajo el artículo 23° comete infracción a la ley el proveedor que en la venta de un bien o en la prestación de un servicio, actuando con negligencia, causa menoscabo al consumidor debido a fallas o deficiencias en su calidad, cantidad, identidad, instancia, procedencia, seguridad, peso o medida.[64] El artículo 19° establece la situación cuando el proveedor entrega un producto en cantidad inferior a la señalada en el envase. En este caso el consumidor tiene el derecho a la reposición del producto o la opción de que se le bonifique por el valor con la compra de otro producto o la devolución del precio pagado en exceso.[65]

La ley contempla una enumeración taxativa de casos en que el consumidor tiene la opción entre la reparación gratuita del bien, su reposición o la devolución de la suma pagada, sin perjuicio de la indemnización por los daños causados.[66] Los casos del artículo 20° son los siguientes:

i. Cuando los productos sujetos a normas de seguridad o calidad de cumplimiento obligatorio no cumplen las especificaciones correspondientes.
ii. Cuando los materiales, partes, piezas, elementos, sustancias o ingredientes que constituyen o integran los productos no corresponden a las especificaciones que ostentan o a las menciones del rotulado.
iii. Cuando cualquier producto, por deficiencias de fabricación, elaboración, materiales, partes, piezas, elementos, sustancias o ingredientes, estructuras, calidad o condiciones sanitarias, en su caso, no sea enteramente apto para el uso o consumo al que está destinado o el que el proveedor hubiese señalado en su publicidad.
iv. Cuando el proveedor y consumidor hubieren convenido que los productos objeto del contrato deben reunir determinadas especificaciones y esto no ocurre.
v. Cuando después de la primera vez de haberse hecho efectiva la garantía y prestado el servicio técnico correspondiente, subsisten las deficiencias que hagan el bien inepto para el uso y consumo que el proveedor le dio en la publicidad. No será necesario hacer efectivas las garantías otorgadas por el proveedor para ejercer el derecho establecido en este artículo.
vi. Cuando la cosa objeto del contrato tenga defectos o vicios ocultos que imposibiliten el uso a que habitualmente se destina.
vii. Cuando la cantidad de los metales en los artículos de orfebrería, joyería y otros sea inferior a la que en ellos se indique.

La ley regula el ejercicio de las opciones de los artículos 19° y 20°.[67] La regla general es que los derechos deberán ejercerse directamente ante el proveedor en un plazo de tres meses siguientes a la fecha en que se haya recibido el producto. En el caso de que prestado el servicio de reparación subsistieren las deficiencias que hacen al bien inapto para su uso o consumo, el consumidor podrá optar entre su reposición o la devolución de la cantidad pagada. Si los productos son perecibles, el plazo es el que conste en el producto, en su envoltorio o, en su defecto, en el término máximo de siete días. Tratándose de la devolución de la cantidad pagada el plazo se contará desde la boleta o factura y la devolución será sin el Impuesto al Valor Agregado. Si existe garantía, el consumidor antes de ejercer el derecho de opción deberá hacerla efectiva ante quien corresponda y agotar las posibilidades que ofrece.

15. Normas sobre sanciones

La ley establece que comete infracción el proveedor que actuando con negligencia cause menoscabo al consumidor en la venta de un bien o en la prestación de un servicio, el que podrá ser sancionado con multa de hasta 300 UTM salvo que tenga sanción diferente. Las multas pueden ascender hasta 2.250 UTM en espectáculos públicos por sobreventas o en transporte de pasajeros, salvo en los aéreos por sobrecupo.[68] La modificación del año 2018 aumentó las sanciones en dos situaciones específicas. La primera está referida a la publicidad falsa o engañosa difundida por medios de comunicación social, en relación a cualquiera de los elementos del artículo 28°, la que hará incurrir al infractor en una multa de hasta 1.500 Unidades Tributarias Mensuales. En caso de que incida en las cualidades de los productos o servicios que afecten la salud o la seguridad de la población o del medio ambiente, hará incurrir al infractor en una multa de hasta 2.250 Unidades Tributarias Mensuales. El juez, en caso de reincidencia, podrá elevar las multas hasta el doble. Reincidente es el proveedor que sea sancionado por infracción a esta ley, dos o más veces dentro del mismo año calendario.[69] La otra situación especial de sanciones es contra el que suspendiera, paralizara o no prestara, sin justificación, un servicio previamente contratado y por el cual se hubiera pagado derecho de conexión, de instalación, de incorporación o de mantención, el que será castigado con multas de hasta 750 Unidades Tributarias Mensuales. Cuando el servicio fuera el agua potable, gas, alcantarillado, energía eléctrica, teléfono o recolección de basura o elementos técnicos, los responsables serán sancionados con multas de hasta 1.500 Unidades Tributarias Mensuales. El proveedor no podrá efectuar cobro alguno por el servicio durante el tiempo en que se encuentre interrumpido y en todo caso estará obligado a descontar o reembolsar al consumidor el precio del servicio en la proporción que corresponda.[70]

Para la determinación del monto de las multas el Sernac o el tribunal correspondiente deberá aplicar las siguientes reglas. Son circunstancias atenuantes: haber adoptado medidas de mitigación, auto denuncia ante el Sernac, colaboración sustancial al Sernac y no haber sido sancionado por la misma infracción durante los últimos 36 meses. Son circunstancias agravantes: haber sido sancionado por la misma infracción últimos 24 meses, haber causado daño patrimonial a los consumidores, haber dañado la integridad física, psíquica o en forma grave su dignidad, y haber puesto en riesgo la seguridad de los consumidores. Para establecer el monto de la multa se considerará la gravedad de la conducta, deber de profesionalidad del proveedor, asimetría de información, beneficio económico, duración de la conducta y capacidad económica del infractor. La reducción o sentencia señalará los fundamentos que sirvan de base para la multa.[71]

En materia de prescripción, se preceptúa que las acciones que persiguen la responsabilidad del fabricante, productor o distribuidor por haber incurrido en una contravención a la ley prescriben dos años desde que se haya cometido la infracción. Las multas impuestas prescribirán en el plazo de un año desde que hubiese quedado a firme la sentencia condenatoria.[72]

16. Intereses colectivos o difusos de los consumidores

La modificación del año 2004 tuvo su mayor impacto en los procedimientos de la ley. Por primera vez se incorpora en el sistema jurídico un procedimiento en que se hacen efectivos los intereses colectivos o difusos. El artículo 50° señala que el incumplimiento de las normas de la ley, dará lugar a las acciones destinadas a sancionar al proveedor, anular las cláusulas abusivas incorporadas en los contratos de adhesión, obtener la prestación de la obligación incumplida, hacer cesar el acto que afecte el ejercicio de los derechos de los consumidores y obtener la debida indemnización de perjuicios o la reparación que corresponda. El ejercicio de las acciones puede realizarse a título individual o en beneficio del interés colectivo o difuso de los consumidores. Por interés individual se entienden las acciones que se promueven exclusivamente en defensa de los derechos del consumidor afectado. De interés colectivo son las acciones que se promuevan en defensa de derechos comunes a un conjunto determinado o determinable de consumidores, ligados a un proveedor por un vínculo contractual. Son de interés difuso las acciones que se promuevan en defensa de un conjunto indeterminado de consumidores afectados en sus derechos. Para determinar las indemnizaciones será necesario acreditar el daño y el vínculo contractual entre el infractor y los consumidores afectados.[73] En el caso de acciones de interés colectivo, se deberá acreditar el vínculo contractual que liga al infractor con los consumidores ofendidos.

17. Procedimientos establecidos en la ley

La ley contiene un título IV que desarrolla el procedimiento de la aplicación de la ley y del procedimiento para la defensa del interés colectivo o difuso (artículos 50 a 54).[74] La ley del 2018 pretendía que se demandara ante el Sernac o los jueces de policía local. El fallo del Tribunal Constitucional declaró que el hecho que el Sernac fuese juez y parte en materia de protección del consumidor era inconstitucional. La ley distingue entre los procedimientos individuales y los colectivos o difusos. El procedimiento por intereses individuales está desarrollado en el artículo 50A a 50F. El juez competente es el juez de policía local correspondiente al domicilio del consumidor o al domicilio del proveedor. En el caso de las acciones de interés colectivo o difuso serán competentes los tribunales ordinarios de justicia, de acuerdo a las reglas generales.[75] En procedimientos individuales no se requiere patrocinio de abogado. Las partes pueden valerse de cualquier medio de prueba admisible en derecho. La prueba se apreciará siempre conforme a las reglas de la sana crítica.[76] Si la denuncia es declarada temeraria, los responsables serán sancionados con una multa de hasta 200 UTM.[77]

La modificación del 2014 incorporó un párrafo 2° al título de los procedimientos que regula la mediación individual, la conciliación y el procedimiento sancionatorio instruido por el Sernac en los artículos 51° a 54°. En el párrafo 3° se desarrolla el procedimiento específico ante los juzgados de policía local, en los artículos 50Q a 50S.

El procedimiento especial para la protección del interés colectivo o difuso de los consumidores fue incorporado el año 2004. Todas las pruebas que deban rendirse se apreciarán conforme a las reglas de la sana crítica. El procedimiento se inicia por demanda del Sernac de una asociación de consumidores constituida, a lo menos, con anterioridad de seis meses y que cuente con la debida autorización del directorio y de un grupo de consumidores afectados en un mismo interés, en un número no inferior a cincuenta personas debidamente individualizadas. En materia de perjuicios basta señalar el daño sufrido y solicitar la indemnización que deberá ser la misma para todos los consumidores que se encuentren en igual situación. La modificación del 2018 agrega que las indemnizaciones podrán extenderse al daño moral siempre que se haya afectado la integridad física, síquica o la dignidad de los consumidores. La norma también contempla que la acción de indemnización de perjuicios que se ejerza ante el Tribunal de la Competencia en virtud de la modificación de la Ley de la Competencia del año 2016, podrá tramitarse por el procedimiento de las causas de interés colectivo o difuso. Las resoluciones del Tribunal de la Competencia en esta materia solo serán susceptibles del recurso de reposición, salvo la sentencia definitiva y las resoluciones que pongan término al procedimiento o hagan imposible su continuación, las que serán susceptibles del recurso de reclamación ante la Corte Suprema.[78] El procedimiento por intereses colectivos y difusos está desarrollado en los artículos 51 a 54 de la ley.

18. Sernac financiero

La Ley 20.555 de 2011 introdujo la reforma de la ley referida al Sernac financiero. La reforma establece nuevos derechos aplicables a los consumidores en el ámbito financiero, normas referidas a los contratos de adhesión, el sello Sernac y el mecanismo de solución de controversias.

Los derechos de los consumidores en el ámbito financiero fueron agregados en un nuevo inciso del artículo 3°.[79] Los nuevos derechos del consumidor financiero son:

a) Recibir la información del costo total, lo que incluye conocer la carga anual equivalente que incluye los intereses y otros cargos. Asimismo, existe el derecho de ser informado por escrito de las razones de rechazo a la contratación del servicio financiero, las que deberán fundarse en condiciones objetivas.
b) Conocer las condiciones objetivas que el proveedor establece previa y públicamente para acceder al crédito y otras operaciones financieras.
c) Oportuna liberación de garantías una vez extinguidas estas.
d) Elegir al tasador de los bienes ofrecidos en garantía, entre las alternativas que presente la institución financiera.
e) Conocer a su solo requerimiento la liquidación total del crédito.
f) Los que regula la Ley de Portabilidad Financiera.

Los artículos 17° A a 17° D se refieren al deber de informar en los contratos de adhesión. El proveedor debe informar en términos simples el cobro de los bienes y servicios ya prestados de forma que el consumidor pueda verificar si el cobro se ajusta a las condiciones y términos del contrato. En las promociones debe informarse el costo total de la misma.[80] Para los contratos de adhesión de servicios crediticios, de seguros y en general de cualquier producto financiero, debe tener los siguientes contenidos mínimos: (i) desglose de todos los cargos, comisiones, costos y tarifas que expliquen el valor efectivo de los servicios prestados; (ii) causales de término anticipado del contrato; (iii) duración del contrato; (iv) anexo con servicios contratados en el caso de ser varios o de tener uno principal con servicios conexos; (v) servicio de atención al cliente; (vi) sello Sernac y la existencia de mandatos. La norma prohíbe los mandatos en blanco y los que no admiten revocación del consumidor. Los contratos que contemplan cargos por uso, mantención u otros fines, deberán especificar los costos, periodicidad y mecanismos de reajuste. En el caso de los reajustes, deberán basarse en condiciones objetivas que no dependan del solo criterio del proveedor y que sean verificables.[81] La norma también establece que los contratos de adhesión de productos financieros deberán contener al inicio una hoja con un resumen estandarizado de sus principales cláusulas y los proveedores deberán incluir esta hoja en sus cotizaciones para facilitar su comparación por los consumidores.[82] La ley exige a los proveedores comunicar periódicamente (o dentro del plazo máximo de tres días hábiles) cuando el consumidor solicite la información referente al servicio que permite conocer el precio total ya cobrado, el costo total que implica poner término al contrato antes de la fecha de expiración, el valor total del servicio, la carga anual equivalente si corresponde y demás información relevante que determine el reglamento.[83] El consumidor afectado podrá solicitar la nulidad de las cláusulas que infrinjan el artículo 17° B. El juez podrá decretar la nulidad de las cláusulas si el contrato puede subsistir con el resto de las estipulaciones, o podrá ordenar la adecuación de las cláusulas, sin perjuicio de la indemnización a favor del consumidor. La nulidad solo podrá invocarse por el consumidor. Así el proveedor no puede invocar la nulidad para eximirse o retardar el cumplimiento de las obligaciones.[84] La ley prohíbe a los proveedores enviar productos o contratos representativos al domicilio o lugar de trabajo del consumidor que no hayan sido solicitados.[85] Asimismo, los proveedores deberán informar la carga anual equivalente en toda publicidad de operaciones de crédito en que se informe una cuota o tasa de interés de referencia y que se realice por cualquier medio masivo o individual. Las cotizaciones no podrán tener una vigencia menor a siete días hábiles a contar de su comunicación al público. Asimismo, deben informar en toda cotización de crédito todos los precios, tasas, cargos, comisiones, costos, tarifas, condiciones y vigencia de los productos ofrecidos conjuntamente. Si se contratan separadamente, deberán informar las comparaciones.[86] La ley prohíbe a los proveedores ofrecer o vender de manera atada. La ley considera atada la venta que impone o condiciona la contratación de tres productos adicionales, especiales o conexos, o cuando no lo tiene disponible para ser contratado en forma separada o cuando los tiene, pero las condiciones son arbitrariamente discriminatorias.[87] El consumidor que haya otorgado un mandato o cualquier acto jurídico para la autorización de pago automático, podrá dejarlo sin efecto sin más formalidades que las que cumplió para otorgar el acto jurídico. Si no se hace efectiva la revocación de mandato se dará lugar a la indemnización de perjuicios y hará presumir la infracción a este artículo.[88] La ley obliga a los proveedores a elaborar y disponer para cada persona natural que se obliga como avalista, fiador o codeudor solidario de un consumidor, un documento o ficha explicativa sobre su rol que deberá ser firmado por el avalista o codeudor. El folleto deberá explicar los deberes y responsabilidades en que esté incurriendo, los medios de cobranza que se utilizarán para requerimiento de pago, y los fundamentos y consecuencias de los mandatos que se designe a la entidad financiera.[89] El artículo 17° K, por último, establece las sanciones por incumplimiento a lo dispuesto en los artículos 17° B a 17° J y sus reglamentos, que afecten a uno o más consumidores, lo que será sancionado como una sola infracción con multa de hasta 1.500 UTM.[90] La ley también sanciona la entrega de información de manera que induzca a error al consumidor o mediante publicidad engañosa con las multas del artículo 24° de la ley, sin perjuicio de las indemnizaciones que determine el juez competente.[91]

La Ley 20.555 de 2011 introdujo un título V a la ley que se refiere al sello Sernac y el mecanismo de solución de controversias. El artículo 55 desarrolla extensamente el sello Sernac para los contratos de adhesión financieros que lo soliciten y demuestren cumplir con las siguientes condiciones:

i. Que el Sernac constate que los contratos de adhesión que ofrezcan se ajusten a la ley y a las disposiciones reglamentarias;
ii. Que cuenten con un servicio de atención al cliente que atienda las consultas y reclamos de los consumidores;
iii. Que permitan al consumidor recurrir a un mediador o a un árbitro financiero que resuelva las controversias, quejas o reclamaciones.

Los contratos de adhesión que deben ser sometidos a la revisión del Sernac son: tarjetas de crédito y débito, cuentas corrientes, cuentas vista y líneas de crédito, cuentas de ahorro, créditos hipotecarios, créditos de consumo, condiciones generales y particulares de los contratos de seguros y demás productos con características similares.[92]

La solicitud de sello se presenta al Sernac con los contratos correspondientes, que tendrá sesenta días para pronunciarse, renovables hasta por 180 días adicionales. Si el Sernac no se pronuncia dentro de plazo, contarán con el sello por el solo ministerio de la ley.[93] El proveedor con sello Sernac que ofrezca un nuevo contrato de adhesión deberá someterlo previamente al Sernac. De la misma forma, la modificación de un contrato de adhesión deberá someterse previamente a la aprobación del Sernac.[94] El sello Sernac podrá revocarse por infracción a las condiciones previstas en el título V de la ley en que se han dictado sentencias definitivas que declaren la nulidad de una o varias cláusulas, en la aplicación de multas por infracciones, en el número y naturaleza de reclamos de los consumidores, o por haber sido formalizado por un delito que afecte a un colectivo de consumidores.[95] Los proveedores que promocionen o distribuyan productos financieros sin sello Sernac, como si lo tuviera, serán sancionados con 2.250 UTM.[96]

La segunda condición para obtener el sello Sernac es el servicio de atención al cliente organizado por los proveedores con sello Sernac, en forma exclusiva o conjunta, el que debe ser gratuito para los consumidores. El servicio debe responder fundadamente los reclamos en diez días hábiles y de las respuestas se enviará copia al Sernac. El proveedor deberá dar cumplimiento a lo señalado en las respuestas dentro de cinco días hábiles. En caso de incumplimiento de las obligaciones de los proveedores, serán sancionados con una multa de 50 UTM, sin perjuicio del derecho del consumidor de denunciar el incumplimiento.[97] El consumidor que no hubiera aceptado la respuesta del servicio de atención al cliente, podrá solicitar la designación de un mediador o de un árbitro financiero ante el servicio, formulando la reclamación por escrito. El servicio se comunicará inmediatamente con el proveedor para que acuerde con el consumidor el mediador. Si no hay acuerdo, el consumidor podrá requerir directamente al Sernac para que proceda a su designación. La mediación deberá concluir en treinta días hábiles y cumplirse dentro de quince días. En caso de no haber acuerdo, el consumidor podrá ejercer las acciones que le confiere la ley o solicitar al Sernac la designación de un árbitro financiero. Si dentro del plazo el mediador no hubiera formulado una propuesta de acuerdo al consumidor, podrá requerir al Sernac que lo reemplace por otro mediador.[98]

El mediador y el árbitro financiero deberán estar inscritos en una nómina elaborada por el Sernac. Las inscripciones durarán cinco años y podrán renovarse. Los postulantes deben ser abogados, acreditar cinco años de experiencia profesional, no tener relaciones de dependencia o de asesoría con proveedores sello Sernac, y no haber sido condenados por delito que merezca pena aflictiva. Los recursos para el pago de los honorarios serán de cargo de los proveedores, quienes ingresarán semestralmente su cuota respectiva al Sernac. Los servicios serán gratuitos para el consumidor.[99] El mediador solo podrá realizar propuestas de acuerdo, si la cuantía no excede de 100 UF. El árbitro financiero solo podrá conocer una controversia si la cuantía excede de 100 UF. El mediador y el árbitro financiero no podrán intervenir en los siguientes asuntos: los que deban someterse exclusivamente a un tribunal en virtud de otra ley; los que han sido previamente sometidos al conocimiento de un juez competente por el consumidor o en una acción de interés colectivo o difuso, en la cual haya comparecido como parte el consumidor. Ambos deberán inhabilitarse si les afecta una causal de implicancia o recusación.[100]

El árbitro financiero será de derecho en el fallo y arbitrador en el procedimiento. En la audiencia que se celebrará con ambas partes el árbitro dará lectura a la reclamación, escuchará a las partes y recibirá los documentos que se acompañan, otorgando un plazo mínimo de tres días para que las partes hagan presente sus observaciones. El consumidor podrá comparecer personalmente, pero el árbitro podrá ordenar la intervención de un abogado. El árbitro dictará sentencia definitiva dentro de los noventa días hábiles siguientes a la aceptación del cargo. Transcurrido el plazo el Sernac deberá reemplazarlo. Toda sentencia que acoja la controversia deberá condenar al proveedor a pagar las costas del arbitraje. La ley solo contempla recurso de apelación en contra de la sentencia interlocutoria que ponga término al juicio o haga posible su continuación y sentencia definitiva. En el caso que el proveedor no cumpla con la sentencia, el Sernac deberá denunciarlo ante el juez competente para que lo sancione con una multa de hasta 50 UF y podrá retirarle el sello Sernac.[101]

19. Servicio Nacional del Consumidor

El Servicio Nacional del Consumidor, de acuerdo con la modificación del 2018, es un servicio público descentralizado, con personalidad jurídica y patrimonio propio, sujeto a la supervigilancia del presidente de la República a través del Ministerio de Economía, Fomento y Turismo. El Sernac será considerada una institución fiscalizadora, afecta al Sistema de Alta Dirección Pública y se someterá a la normativa de la ley sobre Administración Financiera del Estado. El Sernac se desconcentrará territorialmente a través de direcciones regionales.[102]

La modificación del 2018 reemplazó en forma significativa las funciones del Sernac. Así sus funciones son las siguientes:

i. Fiscalizar al cumplimiento de la presente ley y de toda normativa de protección de los derechos de los consumidores.
ii. Tramitar y resolver los procedimientos sancionatorios de la ley.
iii. Imponer las sanciones correspondientes por infracción a la normativa.
iv. Interponer administrativamente la normativa, las interpretaciones solo serán obligatorias para los funcionarios del Sernac.
v. Dictar normas e instrucciones de carácter general con la finalidad de lograr una adecuada protección de los derechos de los consumidores.

vi. Proponer fundamentalmente al presidente la dictación, modificación o derogación de preceptos legales o reglamentarios.
vii. Citar a declarar a los representantes legales, administradores, asesores y dependientes.
viii. Proporcionar información y absolver consultas del Ministerio de Economía, Tribunal de la Competencia, Fiscalía Nacional Económica y demás organismos relacionados con la protección de los derechos de los consumidores.
ix. Llevar a cabo el procedimiento voluntario para la protección del interés colectivo o difuso de los consumidores.
x. Velar por el cumplimiento de las disposiciones legales y reglamentarias relacionadas con la protección de los derechos de los consumidores y hacerse parte de aquellas causas que comprometen los intereses generales de los consumidores.
xi. Formular, realizar y fomentar programar de información y educación del consumidor.
xii. Realizar, a través de laboratorios o entidades especializadas, análisis selectivo de los productos en relación a su composición, contenido neto y otras características.
xiii. Reunir, elaborar, procesar, divulgar y publicar información para facilitar al consumidor un mejor conocimiento de la caracterización de los bienes.
xiv. Realizar y promover estudios en el área del consumo.
xv. Llevar el registro público de las sentencias de los jueces de letras y de policía local sobre las materias propias de la Ley de Protección al Consumidor.
xvi. Recibir denuncias de consumidores en el procedimiento de mediación.
xvii. Requerir de los organismos del Estado los antecedentes que estime necesarios para el cumplimiento de sus funciones.
xviii. Solicitar la entrega de cualquier documento o antecedente necesario para fines de fiscalización.
xix. Celebrar convenios con municipalidades para las audiencias de conciliación obligatorias.
xx. Las demás funciones y atribuciones que le asigne esta ley u otras.[103]

NOTAS

1) Ley de Protección del Consumidor, artículo 1°
2) Ley del Consumidor, artículo 28°
3) Ley del Consumidora, artículo 2° ter
4) Ley del Consumidor, artículo 2°
5) Ley del Consumidor, artículo 2° bis
6) Ley del Consumidor, artículo 3°
7) Ley del Consumidor, artículo 3° bis
8) Ley del Consumidor, artículo 3° ter
9) Ley del Consumidor, artículo 19°
10) Ley del Consumidor, artículo 20°
11) Ley del Consumidor, artículo 35°
12) Ley del Consumidor, artículo 4°
13) Ley del Consumidor, artículo 5°
14) Ley del Consumidor, artículo 6°
15) Ley del Consumidor, artículo 7°
16) Ley del Consumidor, artículo 8°
17) Ley del Consumidor, artículo 9°
18) Ley del Consumidor, artículo 10°
19) Ley del Consumidor, artículo 11°
20) Ley del Consumidor, artículo 11° bis
21) Ley del Consumidor, artículo 12°
22) Ley del Consumidor, artículo 12° A
23) Ley del Consumidor, artículo 12° B
24) Ley del Consumidor, artículo 12° C
25) Ley del Consumidor, artículo 12° D
26) Ley del Consumidor, artículo 13°
27) Ley del Consumidor, artículo 14°
28) Ley del Consumidor, artículo 15°

29) Ley del Consumidor artículo 15° A
30) Ley del Consumidor artículo 15° B
31) Ley del Consumidor, artículo 18°
32) Ley del Consumidor, artículo 19°
33) Ley del Consumidor, artículo 28°
34) Ley del Consumidor, artículo 35°
35) Ley del Consumidor, artículo 36°
36) Ley del Consumidor, artículo 37°
37) Ley del Consumidor, artículo 40°
38) Ley del Consumidor, artículo 45°
39) Ley del Consumidor, artículo 17°
40) Ley del Consumidor, artículo 16°
41) Ley del Consumidor, artículo 16° A y B
42) Ley del Consumidor, artículo 16° C
43) Ley del Consumidor, artículo 28°
44) Ley del Consumidor, artículo 28° A
45) Ley del Consumidor, artículo 28° B
46) Ley del Consumidor, artículo 29°
47) Ley del Consumidor, artículo 30°
48) Ley del Consumidor, artículo 31°
49) Ley del Consumidor, artículo 32°
50) Ley del Consumidor, artículo 33°
51) Ley del Consumidor, artículo 34°
52) Ley del Consumidor, artículo 35°
53) Ley del Consumidor, artículo 37°
54) Ley del Consumidor, artículo 38°
55) Ley del Consumidor, artículo 39°
56) Ley del Consumidor, artículo 37°
57) Ley del Consumidor, artículo 40°
58) Ley del Consumidor, artículo 41°
59) Ley del Consumidor, artículo 43°
60) Ley del Consumidor, artículo 45°

61) Ley del Consumidor, artículo 46°
62) Ley del Consumidor, artículo 47°
63) Ley del Consumidor, artículo 18°
64) Ley del Consumidor, artículo 23°
65) Ley del Consumidor, artículo 19°
66) Ley del Consumidor, artículo 20°
67) Ley del Consumidor, artículo 21°
68) Ley del Consumidor, artículo 23° y 24°
69) Ley del Consumidor, artículo 24°
70) Ley del Consumidor, artículo 25°
71) Ley del Consumidor, artículo 24°
72) Ley del Consumidor, artículo 26°
73) Ley del Consumidor, artículo 50°
74) Ley del Consumidor, artículos 50° a 54°
75) Ley del Consumidor, artículo 50° A
76) Ley del Consumidor, artículo 50° C
77) Ley del Consumidor, artículo 50° E
78) Ley del Consumidor, artículo 51°
79) Ley del Consumidor, artículo 3°
80) Ley del Consumidor, artículo 17° A
81) Ley del Consumidor, artículo 17° B
82) Ley del Consumidor, artículo 17° C
83) Ley del Consumidor, artículo 17° D
84) Ley del Consumidor, artículo 17° E
85) Ley del Consumidor, artículo 17° F
86) Ley del Consumidor, artículo 17° G
87) Ley del Consumidor, artículo 17° H
88) Ley del Consumidor, artículo 17° I
89) Ley del Consumidor, artículo 17° J
90) Ley del Consumidor, artículo 17° K
91) Ley del Consumidor, artículo 17° L
92) Ley del Consumidor, artículo 55°

93) Ley del Consumidor, artículo 55° A
94) Ley del Consumidor, artículo 55° B
95) Ley del Consumidor, artículo 55° C
96) Ley del Consumidor, artículo 55° D
97) Ley del Consumidor, artículo 56°
98) Ley del Consumidor, artículo 56° D
99) Ley del Consumidor, artículo 56° B
100) Ley del Consumidor, artículo 56° C
101) Ley del Consumidor, artículo 56° E
102) Ley del Consumidor, artículo 57°
103) Ley del Consumidor, artículo 58°

BIBLIOGRAFÍA

1. Aguirrezabal Grünstein, Maite: Defensa de los consumidores y acceso a la justicia (Santiago: Thomson Reuters, 2019).
2. Ahumada Durán, María Rebeca: Manual sobre protección al consumidor y el SERNAC financiero chileno (Santiago: Universidad Finis Terrae, 2019).
3. Aimone Gibson, Enrique: Protección de derechos del consumidor (Santiago: Thomson Reuters, 2013).
4. Alvear Tellez, Julio: Libertad económica, libre competencia y derecho del consumidor (Valencia: Tirant lo Blanch, 2017).
5. Baraona González, Jorge y Lagos Villarroel, Osvaldo (editor): La protección de los derechos de los consumidores en Chile (Santiago: Facultad de Derecho Universidad de los Andes, 2006).
6. Barrientos Camus, Francisca, de la Maza Gazmuri, Iñigo y Pizarro Wilson, Carlos: Consumidores (Santiago: Thomson Reuters, 2012).
7. Barrientos Camus, Francisca y del Villar Montt, Lucas (eds.): Interés general, las negociaciones extrajudiciales y juicios colectivos en el derecho del consumo. (Santiago: Thomson Reuters, 2021).
8. Cortés Matcovich, Gonzalo: El nuevo procedimiento regulado en la ley N° 19.496 sobre protección de los derechos de los consumidores (Santiago: LexisNexis, 2004).
9. Cuadernos de Análisis Jurídico: Temas de protección del consumidor (Santiago: Escuela de Derecho Universidad Diego Portales, 1997).
10. De la Maza Gazmuri, Iñigo y Pizarro Wilson, Carlos (eds.): La protección de los derechos de los consumidores (Santiago: Thomson Reuters, 2013).
11. Fernández Fredes, Francisco: Manual de derecho chileno de protección al consumidor (Santiago: LexisNexis, 2003).
12. Ferrante, Alfredo: Venta y protección del consumidor (Santiago: Thomson Reuters, 2019).
13. Ferrante, Alfredo: Ley sobre protección de los derechos de los consumidores (Valencia: Tirant lo Blanch, 2022).
14. Isler Soto, Erika: Derecho del consumo (Valencia: Tirant lo Blanch, 2019).
15. Isler Soto, Erika y Fernández Ortega, Felipe (eds.): GPS Consumo (Valencia: Tirant lo Blanch, 2023).

16. López Santa María, Jorge: Cláusulas contractuales abusivas y derecho del consumidor en instituciones modernas de Derecho Civil. Homenaje al profesor Fernando Fueyo Laneri (Santiago: ConoSur, 1996).
17. Mardones Osorio, Marcelo: Lecciones de Derecho Económico, vol. I (Valencia: Tirant lo Blanch, 2020).
18. Morales Godoy, Joaquín y Zavala Ortiz, José Luis: Derecho Económico (Santiago: Thomson Reuters, 2013).
19. Morales Ortíz, María Elisa (dir.): Derecho del consumo: Ley, doctrina y jurisprudencia (Santiago: DER Ediciones, 2019).
20. Pizarro Wilson, Carlos: La Protección de los consumidores en materia contractual (Santiago: ConoSur, 1998).
21. Pizarro Wilson, Carlos: Diez años de lucha contra las cláusulas abusivas. Balance y perspectiva, en Estudio de Derecho Privado. Homenaje al profesor Gonzalo Figueroa Yáñez, págs. 75-80 (Santiago: Editorial Jurídica de Chile, 2008).
22. Puntolex: Jurisprudencia derecho del consumidor (Santiago, 2008).
23. Quiroz Valenzuela, Hernán: Asociaciones de consumidores y litigación colectiva (Santiago: Thomson Reuters, 2022).
24. Rodríguez Grez, Pablo: Derecho del consumidor (Santiago: Thomson Reuters 2015).
25. Ruiz-Tagle Vial, Carlos: Curso de Derecho Económico (Santiago: Librotecnia, 2018).
26. Sandoval López, Ricardo: Derecho Comercial, Tomo V (Santiago: Editorial Jurídica de Chile, 2020).
27. Tapia Rodríguez, Mauricio: Protección de consumidores (Santiago: Rubicón, 2018).
28. Tapia Rodríguez, Mauricio y Valdivia Olivares, José Miguel: Contratos por adhesión, Ley 19.496 (Santiago: Editorial Jurídica de Chile, 2002).
29. Thomson Reuters: La protección de los derechos del consumidor (Santiago, 2013).
30. Universidad de los Andes, Facultad de Derecho: Derecho de consumo (Santiago: Thomson Reuters, 2014).
31. Veloso Valenzuela, Paulina: Cláusulas abusivas en Instituciones modernas de Derecho Civil, págs. 444-455 (Santiago: Conosur, 1996).

X. Mercado Bancario

1. Evolución de la legislación
2. Constitución de los bancos
3. Reglas generales aplicables a los bancos y su administración
4. Capital, reservas y dividendos de los bancos
5. Clasificación de gestión y solvencia
6. Encaje y reserva técnica de los bancos
7. Relación entre activos y patrimonio de los bancos
8. Operaciones de los bancos
9. Sociedades filiales en el país
10. Operaciones en el exterior
11. Limitaciones a los créditos
12. Medidas para la regularización temprana
13. Secreto bancario y otras normas
14. Sanciones penales

MERCADO BANCARIO

1. Evolución de la legislación

A mediados del siglo XIX aparecen las primeras manifestaciones de la legislación bancaria chilena. En 1856 y 1858 se crea por ley la Caja Nacional de Ahorros y la Caja de Crédito Hipotecario, consagrándose un primer sistema de ahorro y de operaciones hipotecarias. En 1860 se dicta una ley sobre bancos de emisión para los efectos que los bancos comerciales, que emitían su propio dinero, tuvieran como mínimo de respaldo una cierta proporción entre la emisión y las monedas de oro y plata que mantenían en caja.

A comienzos del siglo XX, en el año 1912, se creó la Inspección de Bancos. A pesar de ser antecesora de la Superintendencia de Bancos tuvo como misión la recopilación de datos en el mercado bancario más que la fiscalización bancaria. Entre 1917 y 1924 quebraron varios bancos, el más relevante de ellos el Banco Popular. Un hito fundamental en materia bancaria es la llegada al país de la misión norteamericana presidida por Edwin Kemmerer. Entre 1924 y 1925 la misión recomendó en materia bancaria la adopción de tres leyes fundamentales: la Ley Monetaria, la Ley del Banco Central y la Ley General de Bancos. La Ley Monetaria consignaba el sistema de patrón oro, el que no tuvo casi aplicación. La Ley del Banco Central. que creó un banco no comercial al que se le entrega el monopolio de la emisión del dinero. La Ley General de Bancos establece una sola ley para el sistema bancario comercial, con una superintendencia de bancos para su fiscalización y control. Esta última ley tuvo que adelantar su vigencia debido a que se necesitaba que la nueva superintendencia liquidara al Banco Español.

La Ley General de Bancos de 1925 siguió sin modificaciones sustanciales hasta 1960. En virtud de las facultades extraordinarias entregadas al Ejecutivo mediante la Ley 13.305 se revisó el texto de la ley, adaptándose a las nuevas necesidades y dándole una estructura más orgánica. Así, se promulgó el Decreto con Fuerza de Ley N° 252 de 1960 como la nueva Ley General de Bancos.

En 1975 se modifica la ley separando la Superintendencia de Bancos del resto de las normas de la ley. Se incorporaron a las normas de la ley las referentes a las sociedades financieras y bancos de fomento. Los bancos de fomento se habían creado en 1965 por recomendación del Banco Internacional de Reconstrucción y Fomento (Banco Mundial) para otorgar préstamos de largo plazo, obteniendo para su financiamiento préstamos internacionales en excelentes condiciones, especialmente en términos de tasas de interés "blandas". Dado que la ley de 1975 autorizó a todos los bancos a dar préstamos de largo plazo, los bancos de fomento desaparecieron al poco tiempo.

En 1986, después de la gran crisis bancaria chilena de 1981 a 1985, se introdujeron importantes modificaciones a la legislación bancaria. Muchas de las modificaciones fueron sugeridas por una comisión de alto nivel presidida por el jurista Carlos Urenda. En 1997 se autorizó al presidente de la República para fijar un texto refundido de la Ley General de Bancos, reincorporando a la ley la superintendencia, lo que se hizo mediante el Decreto con Fuerza de Ley N° 3 del Ministerio de Hacienda. Las últimas modificaciones a la ley han sido introducidas por la Ley 21.130 de 2019, que moderniza la legislación bancaria y la Ley 21.521, publicada en 2023, que promueve la competencia e inclusión financiera a través de la innovación y tecnología en la prestación de servicios financieros (también conocida como Ley Fintec).

2. Constitución de los bancos

El título II de la ley trata entre los artículos 27° y 39° la constitución de las empresas bancarias. El título I de la ley se refiere a las funciones y atribuciones especiales de la Comisión para el Mercado Financiero en el ámbito bancario, después de la modificación de la ley General de Bancos.

El título comienza por establecer que los bancos deben establecerse como sociedades anónimas en conformidad a la Ley General de Bancos.[1] La única modalidad societaria que un banco puede adoptar en Chile es la de sociedad anónima. Es una elección del legislador bastante razonable, dado el mecanismo de toma de decisiones por mayoría en la sociedad anónima, la facilidad de aumentar de capital —indispensable en los bancos— y la libre transferibilidad de las acciones.

El primer paso en la constitución de un banco es el prospecto que se presenta a la comisión. Los accionistas fundadores deben presentar, junto con el prospecto, una garantía ascendente a un 10% del capital del banco proyectado.[2] La ley se modificó en el año 2007, en lo referente al análisis, por parte de la anterior superintendencia, de la solvencia e integridad de los accionistas fundadores.[3] El objetivo de la modificación era eliminar la discrecionalidad de la superintendencia en esta materia. La ley emplea cuatro criterios copulativos que deberán cumplir los accionistas fundadores y para cualquiera que desee tener más del 10% de la propiedad del banco, aunque no sea fundador: (i) contar individualmente o en conjunto con un patrimonio neto consolidado equivalente a la inversión proyectada; (ii) no haber incurrido en conductas graves o reiteradas que puedan poner en riesgo la estabilidad del banco y la seguridad de sus depositantes; (iii) no haber tomado parte en actos de cualquier clase, contrarios a las leyes, normas o sanas prácticas financieras o mercantiles que imperan en Chile o en el extranjero, y (iv) no encontrarse en seis situaciones descritas en la ley.[4] De las cuatro causales anteriores, la segunda y tercera son bastante discrecionales. La ley agrega que dentro del plazo de 180 días la comisión podrá rechazar el prospecto por resolución fundada. En caso de no dictarse la resolución denegatoria dentro del plazo, se podrá requerir la aplicación del silencio administrativo. La comisión podrá suspender por una sola vez su pronunciamiento por otros 180 días en casos excepcionales y graves, omitiendo en todo o parte su fundamentación.[5] Aceptado un prospecto, se entrega un certificado provisional que habilita para realizar los trámites para obtener la autorización de existencia. El efecto jurídico más importante del certificado provisional es que le entrega al banco en formación la personalidad jurídica que lo habilita para realizar los trámites para obtener la autorización de existencia. Los fondos recibidos en pago de la suscripción de acciones del banco en formación deberán depositarse en otro banco y podrán girarse una vez autorizado el banco y habiendo entrado en funciones su directorio. Existe por parte de los accionistas fundadores responsabilidad personal y solidaria de la devolución de los fondos. Los accionistas fundadores no podrán recibir, directa ni indirectamente, remuneración alguna por su trabajo en su carácter de fundadores.[6]

El segundo paso en la constitución del banco es la obtención de la autorización de existencia. Para hacer esta solicitud, que en todo caso no puede ser hecha después de diez meses del certificado provisional, deben haberse redactado, aprobado y firmado la escritura pública que contiene los estatutos del banco donde se insertará el certificado provisorio. La comisión deberá comprobar la efectividad del capital del banco y después dictará la resolución de autorización de existencia y aprobación de los estatutos. La comisión expedirá un certificado que acredita la existencia y un extracto de los estatutos. El certificado se inscribe en el Registro de Comercio del domicilio del banco y se publica en el Diario Oficial.[7]

El tercer paso es el análisis que hace la comisión para comprobar si el banco está preparado para iniciar actividades y especialmente si cuenta con los recursos profesionales, tecnológicos y con los procedimientos y controles para emprender adecuadamente sus funciones. La comisión debe también analizar el plan de desarrollo de negocios para los primeros tres años del banco, presentado junto con el prospecto. Cumplidos los requisitos, la comisión dentro de treinta días concederá la autorización de funcionamiento y dará un plazo no superior a un año para que el banco inicie efectivamente sus actividades.[8]

Los bancos constituidos en el extranjero, para los efectos de establecer una agencia en Chile —o sucursal, como la llama la ley—, deben obtener un certificado provisional de la misma forma que un banco constituido como sociedad anónima en Chile. Para obtener la autorización definitiva, los bancos extranjeros deberán acompañar todos los documentos que se requieren para establecer una agencia de sociedad anónima extranjera. La comisión examinará que los estatutos no contengan nada que sea contrario a la legislación chilena e investigará además que el banco ofrezca suficiente garantía para que se le pueda otorgar sin riesgo la autorización. Dictada la resolución que aprueba el establecimiento de la agencia se inscribirá y publicará en la misma forma que un banco formado como sociedad anónima. Verificada la radicación del capital en el país y comprobado que se encuentra preparada para iniciar sus actividades, la comisión otorgará a la agencia la autorización para funcionar.[9]

La ley establece una serie de requisitos para que una institución financiera constituida en el extranjero participe en forma significativa en la creación o adquisición de acciones de un banco en Chile, o establezca una agencia o sucursal. Los requisitos son los siguientes: (i) que en el país en que funciona la casa matriz exista una supervisión que permita vigilar adecuadamente el riesgo de sus operaciones; (ii) que cuente con la autorización previa del organismo fiscalizador en que esté constituida su casa matriz; y (iii) que sea posible el intercambio recíproco de información relevante entre los organismos de supervisión de ambos países. Las sociedades que estén constituidas en países que apliquen las normas del Comité de Basilea, solo tendrán que entregar la información financiera de los organismos de fiscalización. Si no están sujetos a supervisión o no están obligados a entregar información, esta deberáser suscrita por auditores externos de reconocido prestigio internacional.[10]

En lo que se refiere a las oficinas de representación, la comisión podrá autorizarlas para que actúen como agentes de sus casas matrices. La ley no permite que estas oficinas realicen actos propios del giro bancario. A partir del 2010, se permite a las oficinas publicitar en el país los productos o servicios de crédito de sus casas matrices que determine la comisión, ajustándose a las normas generales que esta dicte. La comisión tiene facultades de inspección y podrá revocarlas en cualquier momento por incumplimiento de su función, si incumpliera de forma grave y reiterada otras normas, s las instrucciones de la comisión, o si detectara un riesgo grave para la fe pública o la estabilidad del mercado financiero.[11]

El título II de la ley contiene además varias otras materias que no corresponden a la constitución de los bancos sino a materias muy diversas.[12]

En cuanto a los bancos extranjeros que operen en Chile, la ley establece que gozarán de los mismos derechos que los bancos nacionales de igual categoría y estarán sujetos a las mismas leyes y reglamentos, salvo disposición legal en contrario. Como consecuencia de lo anterior, ningún banco extranjero podrá invocar derechos derivados de su nacionalidad respecto de las operaciones que efectúe su agencia en Chile. Toda contienda que se suscite en relación con las operaciones de la agencia en Chile, cualquiera fuere su naturaleza, será resuelta por los tribunales chilenos y de acuerdo con la ley chilena. Asimismo, los acreedores de las obligaciones contraídas en Chile por el banco extranjero gozarán de preferencia sobre el activo que el banco tuviera en el país. En cuanto a la agencia, la ley establece que para los efectos de operaciones entre la agencia y su casa matriz en el exterior, ambas se considerarán como entidades independientes. Lo anterior es sin perjuicio de la responsabilidad del banco extranjero, de acuerdo con las reglas generales, por las obligaciones que contraiga la agencia. El capital y reservas que asignen a la agencia en el país deberán ser efectivamente internadas y convertidas a moneda nacional, de acuerdo con los sistemas cambiarios autorizados por ley o por el Banco Central. Los aumentos de capital o reservas que no provengan de capitalización de otras reservas tendrán el mismo tratamiento del capital y reservas iniciales.[13]

El Banco Central podrá informar, a solicitud de la superintendencia, de los efectos que nuevos bancos puedan producir para la estabilidad del sistema financiero y el adecuado cumplimiento de las obligaciones contenidas en la ley orgánica del banco.[14]

En el año 2000, se agregó una disposición sobre las fusiones y adquisiciones de bancos. La aplicación de la norma se extiende a la fusión de bancos, a la adquisición de la totalidad del activo y pasivo de un banco por otro o de una parte sustancial de ellos, a la toma de control de dos o más bancos por una misma persona o grupo controlador, o bien al aumento sustancial en el control ya existente, en términos que el banco adquirente, o el grupo de bancos resultante, alcancen una participación significativa en el mercado. La comisión deberá pronunciarse en un plazo máximo de sesenta días sobre la solicitud. La comisión podrá denegar la autorización mediante resolución fundada, previo informe en el mismo sentido del Consejo del Banco Central, aprobado por la mayoría de sus miembros en ejercicio. Las resoluciones denegatorias podrán reclamarse ante los tribunales correspondientes.[15]

La ley contiene una limitación de acceso a la propiedad por exigirlo el interés nacional, como lo establece el artículo 19° N° 23 inciso 2° de la Constitución. La norma afecta a toda persona que adquiera más del 10% de las acciones de un banco o que, teniendo ya acciones del banco, con la nueva adquisición complete más del 10%. La disposición restrictiva también afecta a una sociedad que sea dueña de las acciones y cambie sus socios o accionistas. Las razones para denegar la adquisición de acciones son las mismas que existen para denegar la constitución de un banco en términos de falta de solvencia e integridad y que se trate de un banco o sociedad cuyo país no cumple con las condiciones exigidas por la Ley de Bancos. El banco está encargado de velar por que se pida la autorización cuando procede y no puede inscribir las acciones en el Registro de Accionistas del banco mientras no se cumpla la formalidad habilitante. La infracción a estas normas se castiga con la privación del derecho a voto de las acciones adquiridas sin autorización, declarado por la comisión.[16]

Los bancos son instituciones de funcionamiento obligatorio con sujeción al horario vigente. Ningún banco podrá iniciar, suspender o poner término a sus operaciones sin previa autorización del superintendente. Los bancos antes de abrir cualquier oficina dentro del país deberán informarlo a la comisión. Los bancos clasificados en las dos últimas categorías en materia de gestión y solvencia deben obtener autorización previa de la comisión para la apertura de oficinas.[17] En cuanto al horario de atención, es fijado por la comisión, el que puede autorizar que los bancos presten determinados servicios fuera de los días y horas de atención obligatoria al público. Otros canales de atención al público deberán cumplir con los requisitos que para su funcionamiento establezca la comisión.[18]

El título II termina con la importante norma de protección del giro bancario. Ninguna persona que no hubiere sido autorizada para ello por otra ley podrá dedicarse al giro que, en conformidad a la Ley de Bancos, corresponde a los bancos, y en especial a captar o recibir en forma habitual dinero del público. Ninguna persona que no hubiere sido autorizada por ley podrá dedicarse por cuenta propia o ajena a la correduría de dinero o de créditos representados por valores mobiliarios o efectos de comercio o cualquier otro título de crédito. Se establece una presunción de que se ejerce ilegalmente el giro bancario cuando en un local se invita al público a llevar dinero a cualquier título. La comisión debe denunciar las infracciones al Ministerio Público, estando facultada para pesquisar a los presuntos infractores y para tomar declaración jurada. Las infracciones serán castigadas con presidio menor en sus grados medio a máximo. Si el público recibiera pérdida de cualquier naturaleza, los responsables serán castigados como autores del delito de estafa.[19]

3. Reglas generales aplicables a los bancos y a su administración

La ley define al banco como una sociedad anónima especial que, autorizada en la forma prescrita por la ley y con sujeción a la misma, se dedica a captar o recibir en forma habitual dinero o fondos del público con el objeto de darlos en préstamo y, en general, realizar todas las operaciones que la ley le permita.[20]

Los bancos se rigen por la Ley General de Bancos y en subsidio por las normas aplicables a las sociedades anónimas abiertas, en cuanto puedan conciliarse o no se opongan a sus preceptos. No se aplicarán a los bancos las normas de la Ley de Sociedades Anónimas en tres materias: (i) exigencia de acuerdo de la junta de accionistas para prestar avales o fianzas simples y solidarias; (ii) derecho de retiro anticipado de los accionistas; y (iii) consolidación de balances.[21]

Los estatutos de un banco deberán contener algunas disposiciones especiales, además de las exigidas por la Ley de Sociedades Anónimas: (i) nombre del banco en el que podrá omitirse la indicación de que se trata de una sociedad anónima; (ii) ciudad donde se instalará la casa matriz constituyendo su domicilio social y donde se celebrarán las sesiones ordinarias de directorio y funcionará la gerencia general; (iii) número de directores y nombre de los integrantes del directorio provisional; y (iv) nombre y domicilio del gerente y subgerente que lo reemplazará en caso de ausencia o incapacidad.[22]

La dirección y administración de un banco se ejercerá de acuerdo con las disposiciones legales, los estatutos de cada banco y con sujeción a las normas impartidas por la comisión.[23] Toda elección de directores será publicada en un periódico del domicilio del banco y deberá ser puesta en conocimiento de la comisión, a la cual se enviará copia autorizada de la escritura pública de la junta o directorio. Lo mismo debe hacerse con los nombramientos del gerente y subgerente general.[24] El directorio tendrá al menos una sesión ordinaria al mes y los acuerdos que adopte se consignarán en el acta respectiva. El directorio deberá adoptar las medidas para mantenerse cabal y oportunamente informado del manejo, conducción y situación del banco. La comisión podrá dictar normas al respecto.[25]

Los bancos extranjeros que operen con agencias no están obligados a tener directorio para sus actividades en Chile, pero deberán tener un agente ampliamente facultado para representar a la agencia con todas las facultades legales. Las responsabilidades y sanciones del directorio se pueden hacer efectivas en el agente. Los bancos extranjeros pueden efectuar sus operaciones en conformidad con sus prácticas habituales, siempre que no sean contrarias a las disposiciones que rigen la materia y no afecten a la seguridad de los negocios. Las remesas de utilidades de los bancos extranjeros se harán previa autorización de la comisión y de acuerdo con las disposiciones legales vigentes y con las normas que imparta el Banco Central.[26]

En las juntas de accionistas de los bancos, el superintentente o el delegado podrán resolver administrativamente cualquier cuestión que se suscite, sin perjuicio del derecho de los interesados de ejercer las acciones ante la justicia ordinaria. Cualquiera sea la resolución de la justicia, ella no podrá afectar la validez de los acuerdos del directorio ni de los actos celebrados en virtud de tales acuerdos.[27]

El capítulo termina con una norma que establece que los bancos estarán sujetos a una serie de disposiciones. El N° 1 establece que los aportes a los bancos solo podrán hacerse en dinero efectivo, salvo por cierto los casos de fusión y de adquisición del activo y pasivo de un banco por otro. También se permite la capitalización de créditos de dinero adeudados por el banco con la autorización de la comisión. El N° 2 prohíbe las acciones de industria, las acciones para remunerar servicios y las acciones bancarias con privilegio o preferencia. Sí se permite distintas series de acciones. El N° 3 preceptúa que no se establecerá límite alguno en el número de acciones por las que cada accionista podrá votar en las juntas, salvo las que impongan o autoricen las leyes. El N° 4 prohíbe ser accionista de un banco al Fisco, todos los servicios públicos y empresas con participación mayoritaria o en igual proporción del Estado. El N° 5 permite a un banco adquirir acciones de otro banco con el único objeto de efectuar una fusión, siempre que se cumpla con siete requisitos: (i) que se obtenga autorización previa de la comisión, la que solo podrá otorgarse si se demuestra que la empresa adquirente tiene asegurado el control de 2/3 de las acciones del banco adquirido; (ii) que el directorio del banco adquirido haya adoptado acuerdo favorable sobre la operación; (iii) el banco absorbente debe proponer una oferta pública a firme de adquisición de todas las acciones del banco absorbido a un precio no inferior al que se ofreció comprar los 2/3 o más; (iv) el capital básico y el patrimonio efectivo del banco fusionado no podrá ser inferior al que corresponda para ser calificado en el nivel A de solvencia; (v) la fusión deberá quedar acordada en un plazo máximo de 180 días desde la fecha de autorización de la comisión; (vi) si la fusión fracasare las acciones adquiridas deberán ser enajenadas a lo más en noventa días; y (vii) perfeccionada la fusión caducarán de pleno derecho las acciones que deberían entregarse al banco absorbente. El N° 6 establece que los bancos no estarán obligados a efectuar nuevamente la publicación de sus balances y estados de pérdidas y ganancias si lo hubieran hecho con anterioridad.[28]

El nuevo artículo 49 bis, agregado en 2019, agrupa disposiciones sobre los directores del banco que estaban dispersas en la ley y agrega otros conceptos relativos a las directoras. Los directorios de bancos estarán compuestos por un mínimo de cinco directores titulares y un máximo de once, siempre con un número impar. Pueden tener hasta dos directores suplentes. Duran tres años en sus funciones y pueden ser reelegidos. El banco, para disminuir el número de directores, deberá obtener previamente autorización de la comisión, la que considerará la composición accionaria del banco y los derechos de los accionistas minoritarios. El cargo de director de banco es incompatible con el de ser director o empleado de otro banco, con los cargos de designación del presidente de la República y de empleados de servicios públicos, y en empresas con participación mayoritaria o en igual proporción al Estado. El cargo también es incompatible para ser director y empleado del mismo banco. En materia de inhabilidades para ser director de banco, se agregan a las contempladas en los artículos 35 y

36 de la ley de sociedades anónimas, las siguientes inhabilidades: (i) haber sido condenado por delito que merezca pena aflictiva o inhabilitación perpetua para cargos públicos por delitos económicos enumerados en la ley; (ii) haber sido sancionado durante los últimos cinco años por infracciones que a su vez sean tipificadas como delitos de las normas que regulan los mercados fiscalizados por la comisión; (iii) haber incurrido en conductas graves que pongan en riesgo la estabilidad del banco o la seguridad de los depositantes; (iv) haber sido declarado insolvente y no se encontrara rehabilitado. El director de un banco que sin permiso de esté no concurre a sesiones durante tres meses, cesará en su cargo. No podrán establecerse requisitos especiales para ser director, derivados de la nacionalidad o profesión.[29]

4. Capital, reservas y dividendos de los bancos

La Ley de Bancos establece que el monto del capital pagado y reservas no podrá ser inferior al equivalente de 800.000 UF. Si se redujera a una cantidad inferior, el banco deberá completarlo dentro de un año. La comisión podrá ampliar por motivos calificados por otro año y, si no lo completara, se le revocará la autorización para funcionar.[30]

En la constitución de un banco se exige que, al otorgarse la escritura social, el capital mínimo deberá estar pagado en un 50%. De igual forma, al autorizarse el funcionamiento de una agencia de banco extranjero, deberá estar ingresado y pagado el 50%. La ley no señala plazo para enterar y pagar la diferencia, pero sí obliga a mantener un patrimonio capital básico adicional del 2% de sus activos ponderados por riesgo, cargo que se reducirá al 1% cuando tenga un capital pagado y reservas de 600.000 UF.[31]

Los acuerdos sobre aumento de capital deberán ser aprobados o rechazados por la comisión en el plazo de treinta días, que se puede prorrogar por una sola vez hasta por treinta días.[32] La reducción de capital también debe realizarse con autorización previa de la comisión, pero en ningún caso puede quedar reducido a una cantidad inferior al mínimo legal.[33]

En cuanto a la publicidad, respecto del capital, la Ley de Bancos prohíbe anunciar en forma alguna el capital autorizado o suscrito sin indicar al mismo tiempo el capital pagado. En el caso de las agencias se prohíbe anunciar el capital y reserva de la casa matriz sin indicar al mismo tiempo el capital y reservas asignadas a la agencia que funciona en Chile.[34]

La Ley de Bancos permite que las juntas de accionistas del banco acuerden al término de cada ejercicio el reparto de un dividendo, siempre que no se haya perdido una parte del capital.[35] Los bancos, a diferencia de las sociedades anónimas, no podrán repartir dividendos provisorios.[36] Los directores o gerentes que propongan el pago de dividendos en contravención a las normas de este título serán solidariamente responsables de la devolución del dividendo.[37]

Los bancos podrán emitir bonos subordinados por plazo promedio no inferior a cinco años, que no admitirán prepago. Los bonos subordinados no podrán ser adquiridos por otros bancos ni por sociedades filiales o coligadas de los bancos. Los bonos subordinados, en el caso de concurso de acreedores, se pagarán después de los créditos valistas.[38]

5. Clasificación de gestión y solvencia

La Ley de Bancos desarrolla en su título V, a partir de 1997, el delicado tema de la clasificación de gestión y solvencia de los bancos. La ley encarga a la superintendencia mantener permanentemente la clasificación de gestión y solvencia, la que deberá efectuarse periódicamente y a lo menos una vez al año por resolución fundada. Lo anterior es sin perjuicio de las actualizaciones que haga la comisión cuando se acrediten cambios en las situaciones que motivaron las calificaciones.[39]

Los bancos se clasificarán en cinco categorías. La categoría I son los bancos clasificados en nivel A, tanto en solvencia como en gestión. La categoría II son los bancos que están en el nivel B en gestión o solvencia o B tanto en solvencia como en gestión. La categoría III incluye los bancos en nivel B de solvencia y por dos o más veces consecutivas en nivel B de gestión y en nivel A o B de solvencia y C de gestión. La categoría IV incluye bancos en nivel A o B de solvencia y, por dos o más veces consecutivas, C de gestión. La categoría V son los bancos en nivel C de solvencia cualquiera sea su nivel de gestión.[40]

La clasificación de solvencia se hace en tres niveles: A, B y C. El nivel A incluye los bancos que cumplen con las exigencias de capital básico y patrimonio efectivo del artículo 66 y que además satisfacen los requerimientos del capital adicional de los artículos 66 bis o 66 ter. El nivel B son bancos que cumplen con las exigencias del capital básico, pero no con el capital adicional. El nivel C son bancos que no cumplen con las exigencias del capital básico con el patrimonio efectivo del artículo 66.[41]

La clasificación de gestión tiene también los tres niveles: A, B y C. El nivel A son los bancos no clasificados en B o C. El nivel B son los bancos que reflejan ciertas debilidades en los controles internos, sistemas de información para la toma de decisiones, seguimiento oportuno de riesgos, clasificación privada de riesgo y capacidad para enfrentar escenarios de contingencia, los que serán corregidos por las propias instituciones durante el periodo que precede al de la próxima calificación, para evitar un deterioro paulatino en la solidez del banco. También se considerarán para la calificación en el nivel B las sanciones aplicadas a la empresa, salvo las que se encuentren con reclamación pendiente. En el nivel C se incluye a los bancos que presenten deficiencias significativas en alguno de los factores del nivel B, cuya corrección debe ser efectuada con la mayor prontitud para evitar un menoscabo relevante en su estabilidad. La comisión, por normas de general aplicación, establecerá las modalidades y condiciones de la calificación, debiendo tratar en igual forma a los bancos de características y naturaleza equivalentes.[42]

6. Encaje y reserva técnica de los bancos

El título VI tiene una mención sobre el encaje bancario y su sanción por incumplimiento. Los bancos deberán mantener los encajes que determine el Banco Central para sus depósitos a la vista y a plazo sus obligaciones.[43] La sanción por incumplimiento es una multa administrativa aplicada por la comisión igual al doble del interés corriente para operaciones reajustables en moneda nacional de menos de noventa días o para operaciones en moneda extranjera. La multa se calculará sobre el término medio del déficit durante el período en que este se produzca.[44]

La reserva técnica recae sobre los depósitos en cuenta corriente y los demás depósitos y captaciones a la vista que un banco reciba, como asimismo las sumas que debe destinar a pagar obligaciones a la vista que contraiga dentro de su giro financiero. En la medida que excedan de dos veces y medio su patrimonio efectivo, deberá mantenerse en caja o en reserva técnica. La reserva puede constituirse en depósitos en el Banco Central, en documentos emitidos por el Banco Central o por la Tesorería. La obligación de la reserva técnica debe cumplirse día a día. El déficit debe avisarse a la comisión el día hábil siguiente de producido, ocasiona una multa y si persiste por más de quince días, genera la obligación del directorio de proponer convenio a los acreedores.[45]

7. Relación entre activos y patrimonio de los bancos

Siguiendo los criterios del Comité de Basilea, la ley dispone desde 1997 que el patrimonio efectivo de un banco no podrá ser inferior al 8% de sus activos ponderados por riesgo, neto de provisiones exigidas. El capital básico no podrá ser inferior al 4,5% de sus activos ponderados por riesgo, ni al 3% de los activos totales, ambos netos de provisiones exigidos.[46] La ley entiende por patrimonio efectivo de un banco la suma de los siguientes factores: (i) capital pagado y reservas del banco o capital básico; (ii) bonos subordinados y acciones preferentes hasta en un 50% del capital básico, valorados al precio de colocación; (iii) bienes subordinados que el banco haya colocado, a precios de colocación; y (iv) provisiones voluntarias que excedan las legales o por norma de la superintendencia hasta 1.25% de los activos ponderados por riesgo. En caso de que un banco haga aportes a sociedades filiales o de apoyo al giro o asigne capital a una sucursal en el extranjero, el patrimonio efectivo se calculará de acuerdo con las normas de consolidación general de la comisión.

La modificación de la Ley del 2019 agrega los artículos 66 bis, 66 ter, 66 quáter y 66 quinquies. El artículo 66 bis requiere de los bancos mantener un capital básico adicional del 2,5% de los activos ponderados por riesgo por sobre el patrimonio efectivo mínimo. El artículo 66 ter corresponde al aumento de capital anticíclico que puede ir entre 0% y el 2,5% de los activos ponderados por riesgo. Esta decisión le corresponde al Consejo del Banco Central con citación al ministro de Hacienda de acuerdo al artículo 19 de la ley orgánica del Banco y con informe favorable previo de la Comisión para el Mercado Financiero. El consejo del Banco Central desactivará la exigencia adicional anticíclica. En el artículo 66 quáter, se contempla el riesgo sistémico de un banco, el que se determinará previo acuerdo favorable del Consejo del Banco Central. La comisión determinará mediante norma de carácter general los factores que pueden ser considerados. La decisión de la comisión deberá ser fundada cuando determine que un banco en particular tiene riesgo sistémico. En virtud de esta declaración, al banco se le puede imponer una o más de las siguientes exigencias: (i) adición entre 1 y 3.5 puntos porcentuales al capital básico sobre activos ponderados de riesgo por sobre el requerimiento mínimo general del 8%; (ii) adición de hasta 2 puntos porcentuales al capital básico sobre activos totales por sobre el mínimo general de 3,6%; (iii) aplicación de la reserva técnica desde que depósitos y otras sumas excedan de una vez y nada del patrimonio efectivo; (iv) que el margen de préstamos interbancarios se rebaje el 2% del patrimonio efectivo. El artículo 66 quinquies cierra esta importante nueva norma de la ley, autorizando a la comisión imponer requerimientos potenciales adicionales, mediante resolución fundada y con el voto favorable de cuatro comisionados.[47]

La ponderación por riesgo de los activos se determinará por la comisión, que establecerá metodologías estandarizadas para cubrir los riesgos relevantes del banco, a través de normas de carácter general y previo acuerdo favorable del Banco Central.[48]

El banco que no se ajuste a las proporciones, deberá encuadrarse dentro de sesenta días desde que se produzca la infracción y podrá ser sancionado de acuerdo con el Título III de la Ley de la Comisión para el Mercado Financiero.[49]

8. Operaciones de los bancos

La ley enumera taxativamente las operaciones bancarias:

1. Recibir depósitos y celebrar contratos de cuenta corriente bancaria.
2. Emitir bonos o debentures sin garantía especial.
3. Hacer préstamos con o sin garantía.
4. Descontar letras de cambio, pagarés y otros documentos que representen obligación de pago.
5. Emitir letras de créditos para las operaciones hipotecarias.
6. Adquirir, ceder y transferir efectos de comercio y realizar operaciones con productos derivados.
7. Otorgar créditos hipotecarios.
8. Efectuar cobranzas, pagos y transferencias de fondos.
9. Efectuar operaciones de cambios internacionales.
10. Emitir cartas de crédito.
11. Avalar letras de cambio o pagarés y otorgar fianzas.
12. Emitir letras, órdenes de pago y giros contra sus propias oficinas.
13. Emitir boletas o depósitos de garantía.
14. Recibir valores y efectos en custodia.
15. Constituir en el país sociedades filiales.
16. Aceptar y ejecutar comisiones de confianza.
17. Servir de agentes financieros y prestar servicios financieros.
18. Adquirir, conservar y enajenar bienes de la deuda interna y oro amonedado o en pastas.
19. Adquirir, conservar y enajenar bienes u obligaciones de renta de instituciones internacionales.
20. Adquirir, conservar y enajenar valores mobiliarios de renta fija.
21. Adquirir acciones o tomar participación en bancos o sociedades en el extranjero.
22. Adquirir, conservar, edificar y enajenar bienes raíces necesarios para su funcionamiento o el de sus servicios anexos.

23. Adquirir, conservar y enajenar bienes muebles necesarios para su servicio, para la mantención de sus inversiones.
24. Emitir y operar tarjetas de crédito.
25. Actuar como agentes colocadores de acciones de primera emisión de sociedades anónimas abiertas, pudiendo garantizar su colocación.
26. Otorgar a sus clientes servicios financieros.
27. Prestar servicio de transporte de valores.

El conjunto de inversiones en filiales, en acciones en el extranjero, bienes raíces y bienes muebles no podrá exceder del capital pagado y reservas. Si adquiere bienes en exceso incurrirá en una multa del 10% sobre el exceso de inversión realizada por cada mes que lo matenga.[50]

9. Sociedades filiales en el país

Según el título IX, los bancos pueden formar sociedades filiales del giro y sociedades de apoyo al giro. Con la modificación de la ley en el año 2019, todas las sociedades se encuentran fiscalizadas por la Comisión para el Mercado Financiero. Antes había algunas que estaban fiscalizadas por la Superintendencia de Bancos y otras por la de Valores.

Los bancos pueden constituir sociedades fiscalizadas por la Comisión de para el Mercado Financiero con los siguientes objetivos: (i) intermediarios de valores, ya sea como agentes de valores y corredores de bolsa; (ii) administradores de fondos mutuos, de fondos de inversión o de fondos de capital extranjero; (iii) securitización de títulos; y (iv) corredores de seguros, salvo la correduría de seguros previsionales. Las sociedades que realicen las operaciones mencionadas serán regidas por las leyes aplicables a tales materias, serán fiscalizadas por la comisión y deberán sujetarse a las condiciones que la comisión establezca para el desarrollo de dichas actividades mediante normas de carácter general.[51]

Los bancos también pueden constituir sociedades para operaciones de: (i) *leasing* financiero; (ii) facturaje o *factoring*; (iii) asesoría financiera, que también puede prestarse directamente por los bancos; (iv) custodia; (v) transporte de valores; (vi) cobranza de créditos que los bancos también pueden prestar directamente; (vii) la prestación de servicios financieros que la comisión, mediante resolución general, haya estimado que complementan el giro bancario. La comisión está autorizada para regular mediante resolución general las condiciones del ejercicio de los giros contemplados en la ley o que ella haya autorizado.[52]

En el año 2008 se permitió a los bancos constituir en el país sociedades filiales de asesoría previsional, las que además de la Comisión para el Mercado Financiero serán supervisadas por la Superintendencia de Pensiones. Asimismo, la Comisión para el Mercado Financiero y de Pensiones emitirán normas de carácter general conjunto para garantizar la independencia de actuación, estándoles especialmente vedados a los bancos condicionar el otorgamiento de créditos a la contratación de asesorías de servicio previsional relacionados con el banco.[53]

La Ley de Bancos prohíbe a las sociedades filiales adquirir acciones o tomar participación en otras sociedades, salvo que la comisión estime que la inversión sea imprescindible para el desarrollo de su giro y siempre que no exceda el 5% del capital pagado de la sociedad en que se efectúe dicha inversión. La comisión, también por normas generales, podrá autorizar a los bancos a realizar directamente las actividades de *leasing* financiero, *factoring*, asesoría financiera, custodia, transporte, cobranza y la prestación de servicios financieros.[54]

Para constituir filiales o realizar directamente las actividades, el banco debe reunir tres requisitos: (i) cumplir con los requerimientos de capital del artículo 66 de la ley: (ii) que el banco no esté calificado en las dos últimas categorías en materia de gestión y solvencia; y (iii) que se acompañe un estudio de factibilidad. El banco podrá participar en forma minoritaria en una sociedad a menos que la superintendencia deniegue la autorización por resolución fundada.[55] La comisión tendrá un plazo de noventa días para pronunciarse acerca de la constitución de las sociedades. Para rechazar la solicitud, la comisión deberá dictar una resolución fundada.[56]

En cuanto a sociedades de apoyo al giro, los bancos pueden —previa autorización de la comisión— prestar servicios destinados a facilitar el cumplimiento de los fines de los bancos o que por su intermedio las instituciones financieras puedan efectuar determinadas operaciones de giro bancario con el público, excepto las de captar dinero. Una vez otorgada a un banco la autorización para constituir una sociedad con un objeto determinado, no podrá denegarse a otros bancos.[57]

10. Operaciones en el exterior

Los bancos podrán abrir sucursales, oficinas de representación, comprar acciones de bancos establecidos en el extranjero o acciones de sociedades filiales de los bancos en el extranjero. Las aperturas de sucursales y de oficinas de representación requieren de autorización de la comisión; las compras de acciones de bancos o de filiales de los bancos extranjeros requieren además autorización del Banco Central.[58]

La Ley de Bancos establece un procedimiento ordinario para obtener las autorizaciones de la comisión: (i) cumplir con los requisitos de capital de los artículos 66, 66 bis y 66 ter; (ii) que no se encuentre calificado en las dos últimas categorías de gestión y solvencia y si está en la III Categoría se le puede rechazar por deficiencias en su gestión, que no lo habilitan para acceder a la nueva actividad; (iii) acompañar a lo menos un estudio de factibilidad; (iv) que el país en que se efectuará la inversión ofrezca condiciones de fiscalización que permitan apreciar el riesgo de sus operaciones; y (v) que los socios o accionistas con un 10% o más pasen el examen de solvencia e integridad.[59] La comisión, mediante norma general, determinará los antecedentes que deberán presentarse para acreditar el cumplimiento de los requisitos. Cualquier complementación deberá solicitarse en 45 días y el pronunciamiento definitivo deberá darse en el plazo de 90 días. La comisión deberá comunicar reservadamente la causal de pronunciamiento cuando esta sea negativa.[60] La ley contempla un procedimiento más expedito en el caso de que además de los requisitos normales, reúna en forma copulativa los siguientes requisitos: (i) que el banco exceda en un punto porcentual el patrimonio efectivo; (ii) que el banco se encuentre calificado en primera o segunda categoría; (iii) que la inversión sea la apertura de una sucursal o la adquisición de acciones mayoritarias del capital; y (iv) que el país donde se efectuará la inversión donde se abra la oficina tenga condiciones de riesgo calificados en primera categoría o que exista un convenio con el organismo de supervisión del respectivo país. En este caso los plazos se reducen a la mitad y la resolución que deniegue la autorización debe ser fundada y reclamable.[61]

El banco y las empresas en que esta participe en el extranjero se sujetarán a las siguientes normas:

1. El banco constituido en Chile solo podrá invertir hasta un 40% de su patrimonio efectivo en bancos o empresas establecidas en un mismo país.
2. Si se trata de un banco en el extranjero la suma de depósitos, préstamos y otras acreencias que se tengan directa o indirectamente no puede exceder del 25% del patrimonio efectivo del banco extranjero.
3. Será obligación del banco proporcionar a la comisión información sobre el banco o empresa extranjera en que participe.
4. El banco tendrá la obligación de obtener los resguardos necesarios para que los créditos o garantías se sujeten a los límites establecidos en la Ley General de Bancos.

El incumplimiento de las normas que ponga en riesgo la estabilidad de la casa matriz, facultará al superintendente para obligar a enajenar las acciones o clausurar o enajenar la sucursal u oficina.[62]

Las sucursales en el exterior quedarán sometidas a las siguientes disposiciones:

1. Para los efectos de los márgenes que la ley chilena o la del país en que funcione la sucursal establezcan, deberá asignarse a cada sucursal un capital que será deducido del capital básico de su casa matriz en Chile.
2. Serán aplicables a la sucursal los artículos 66°, 66° bis, 66° ter, 69° N° 11, 80° N° 4, 84° N° 5 y 6 y 155°.
3. Podrán otorgar créditos a personas con domicilio o residencia en Chile siempre que se sujeten a los límites del artículo 84° N°s 1, 2 y 4 y a las normas del artículo 85°. Sin embargo, estas disposiciones no regirán para los créditos a su casa matriz.
4. Para los efectos de las operaciones entre una sucursal y su casa matriz, ambas serán consideradas como entidades independientes.[63]

En el caso de los bancos filiales, la comisión ejercerá su fiscalización. Esta fiscalización se ejercerá de acuerdo con los convenios que se hayan suscrito con el organismo de supervisión del país en que se instalen. Estos convenios podrán autorizar el intercambio de información reservada, excluyendo la información sujeta a secreto.[64]

La superintendencia podrá dictar normas de carácter general fijando requerimientos patrimoniales y provisiones. Para adoptar o modificar las normas se requiere de informe favorable del Banco Central. Asimismo, la superintendencia podrá fiscalizar las operaciones, con el fin de preservar la solvencia y estabilidad.[65]

11. Limitaciones a los créditos

Una primera limitación de crédito se refiere a los créditos a una misma persona. La ley establece una limitación a los créditos que se conceden directa o indirectamente a una misma persona. Por indirectos se entienden los créditos concedidos a las personas que además del deudor directo quedan obligadas al pago de una deuda a favor del banco. La superintendencia estableció que la persona que solo es deudor indirecto sin revestir además el carácter de directo, no debe considerarse para efectos de margen. La norma general es que ninguna persona puede obtener crédito por una suma superior al 10% del patrimonio efectivo del banco y, si constituye garantía, no más del 30%. En general, las únicas garantías que permiten alcanzar el margen superior son las constituidas por bienes corporales muebles o inmuebles de un valor igual o superior al exceso sobre el límite sin garantía. Excepcionalmente se consideran también garantías: (i) documentos emitidos por el Banco Central, por el Estado o por sus organismos; (ii) instrumentos financieros de oferta pública en cualquiera de las dos categorías de más bajo riesgo por las clasificadoras; (iii) conocimientos de embarque, siempre que el banco esté autorizado para disponer libremente de la mercadería que se importa; (iv) cartas de crédito emitidas por bancos en el exterior clasificados en la más alta categoría por una empresa calificadora internacional; (v) prenda de letras de cambio, pagarés u otros documentos; (vi) créditos que financien obras públicas fiscales donde el margen sin garantía sube al 15%; (vii) préstamos entre bancos que pueden alcanzar hasta el 30% sin garantía. La sanción por el exceso de crédito sobre el límite es de 10% de multa sobre el exceso.[66]

Una segunda limitación se refiere a créditos a personas relacionadas a la propiedad o administración del banco, ya sea directa o indirectamente. La norma general es que cualquier crédito a personas vinculadas al banco no puede concederse en términos más favorables en cuanto a plazos, tasas de interés o garantías que las concedidas a terceros en operaciones similares. Los márgenes en los créditos relacionados son de 5% del patrimonio efectivo y del 25% si el exceso corresponde a créditos caucionados. El margen global es el patrimonio efectivo del banco. La comisión determinará mediante normas generales las personas que deben considerarse vinculadas a la propiedad o gestión del banco. Para los efectos de establecer si determinadas personas conforman un mismo grupo de personas vinculadas, la superintendencia debe considerar las siguientes circunstancias: (i) relaciones de negocios, de capitales o de administración que permitan a una o más de ellas ejercer una influencia significativa y permanente en las decisiones de las demás; (ii) presunciones fundadas de que los créditos otorgados a una serán usados en beneficio de otra; y (iii) presunciones fundadas de que diversas personas mantienen relaciones de tal naturaleza que conforman de hecho una unidad de intereses económicos. No se considerará vinculada una persona por el solo hecho de ser dueña hasta un 1% de las acciones, como tampoco si solo adeuda una suma no superior a 3.000 Unidades de Fomento. Toda infracción a los créditos relacionados será sancionada con una multa del 20% del crédito concedido.[67]

La ley también prohíbe que el banco conceda, directa o indirectamente, crédito alguno con el objeto de habilitar a una persona para que pague al banco acciones de su propia emisión. Si contraviniese la prohibición, pagará una multa igual al valor del crédito.[68]

La Ley General de Bancos también prohíbe los créditos a los directores. En ningún caso un banco podrá conceder, directa o indirectamente, créditos a un director o un apoderado general del banco. Tampoco podrá conceder créditos al cónyuge ni a los hijos menores bajo patria potestad, ni a las sociedades en que cualquiera de ellos fuere parte o tenga participación. La contravención de esta prohibición está sancionada con una multa igual al valor del crédito.[69]

La ley establece que los bancos no pueden adquirir sino los bienes que expresamente autoriza la ley. La limitación no se aplica cuando el banco recibe bienes en pago de deudas vencidas y siempre que el valor de estos bienes no supere el 20% de su patrimonio efectivo. Asimismo, la limitación tampoco se aplica cuando el banco los adquiere en remate judicial en pago de deudas vencidas previamente contraídas a su favor. En los dos casos el banco deberá enajenar los bienes dentro del plazo de 1 año, contado desde la fecha de adquisición. Tratándose de acciones deberán venderse en seis meses, en el mercado secundario formal o en licitación pública con autorización de la comisión. Mediante normas generales la comisión puede autorizar un plazo de hasta 18 meses, siempre que se castigue contablemente el bien. La infracción a la prohibición está sancionada con multa igual al valor de los bienes y el atraso en venderlas con multa igual al 10% por cada mes calendario que lo mantenga.[70]

A los bancos les está prohibido comprometer su responsabilidad por obligaciones de terceros, salvo en los casos expresamente establecidos en la ley o en las normas sobre intermediación de documentos. Los bancos tampoco podrán hipotecar o dar en prenda sus bienes físicos salvo los que adquieran pagaderos a plazo o solo para garantizar el pago del saldo insoluto de precio. La infracción a esta prohibición producirá además de las sanciones pecuniarias generales, la nulidad absoluta del acto.[71]

12. Medidas para la regularización temprana

La modificación de la ley en el año 2019 cambió las medidas para regularizar la situación de los bancos por las medidas para la regularización temprana, dejando la liquidación forzosa para el título siguiente.

La ley establece la obligación de los bancos de informar a la comisión en forma inmediata catorce situaciones distintas, terminando con una genérica cuando se haya detectado cualquier otro hecho indiciario de inestabilidad financiera o administración deficiente. Las otras causales son las siguientes:

i. incumplimiento de los requerimientos patrimoniales;
ii. pérdidas durante dos o más meses seguidos que de seguir la tendencia afectará los requerimientos patrimoniales;
iii. el banco haya incurrido en incumplimiento reiterado de disposiciones legales, de la normativa de la comisión y de las instituciones de la comisión;
iv. se haya incumplido reiteradamente normas de liquidez establecidas por el Banco Central en virtud del artículo 35 de la ley orgánica;
v. el banco haya recurrido a préstamos de urgencia del Banco Central en tres o más meses en un año calendario o se renovó el préstamo dentro de un año;
vi. sí por disminución en sus flujos, de mantenerse la tendencia dentro de treinta días siguientes, el banco no podrá pagar sus obligaciones;
vii. dentro de doce meses se observan pérdidas que superan el 10% del capital pagado y reservas;
viii. dentro de los últimos doce meses se haya pagado en tres o más meses tasas de interés superiores en 20% a los promedios de las instituciones fiscalizadas;
ix. créditos a personas relacionadas en términos más favorables que los créditos concedidos a terceros en operaciones similares;
x. se hayan celebrado con personas relacionadas contratos de prestación de servicios a enajenación de activos objetados por la comisión antes o después de su celebración;
xi. los auditores externos del banco señalan reservas de la administración o estabilidad como ingreso en marcha;
xii. se haya incumplido gravemente el plan de desarrollo del artículo 31;
xiii. si alguno de los déficits del artículo 65 se mantuviese por más de quince días;
xiv. se haya incumplido la exigencia patrimonial del artículo 78.

Por último, existe la causal general de haberse detectado cualquier otro hecho indiciario de inestabilidad financiera o administración deficiente.[72]

El banco debe comunicar a la comisión, dentro de cinco días corridos que puedan ser prorrogados hasta diez días corridos, un plan de regularización aprobado por su directorio o el que haga sus veces, el que deberá contener medidas concretas para remediar la situación. Si la comisión se entera que el banco ha incurrido en alguna de las causales podrá requerir el plan, sin perjuicio de las responsabilidades y sanciones que correspondan. La propuesta del banco deberá prever un plazo para el cumplimiento del plan el que no podrá exceder de seis meses. La comisión deberá pronunciarse sobre la suficiencia del plan y podrá formularle observaciones o requerir que se complete con medidas adicionales. El rechazo del plan por parte de la comisión deberá ser fundado. Durante la implementación del plan el banco debe entregar informes periódicos. La comisión deberá comunicar al Consejo de Estabilidad Financiera en forma reservada e inmediata del requerimiento, representación y contenido del plan. Si la comisión no aprueba el plan, si este no fuera presentado dentro del plazo o si el banco no cumple, la comisión podrá designar inspector delegado al banco.[73] En el caso que se necesitara de un aumento de capital, la junta de accionistas deberá celebrarse dentro de los quince días siguientes. Si la junta rechaza el aumento del capital, la comisión podrá aplicarle las prohibiciones del artículo 116. Si el aumento de capital no se entera o si la comisión rechaza por segunda vez las condiciones de convocatoria del directorio, la comisión podrá proceder con las prohibiciones, con el inspector delegado o con las sanciones.[74] En general, si para adoptar las medidas se requiere la junta de accionistas, esta se deberá celebrar dentro de quince días. Si la junta rechaza la propuesta o si aprobada no se ejecutara dentro del plazo, la comisión puede aplicar las prohibiciones.[75]

Si un banco se encuentra en alguno de los casos del artículo 112, podrá convenir como parte de la regularización, un préstamo por un máximo de tres años con uno o más bancos. Las condiciones de los préstamos deberán ser acordadas por los directorios de los bancos involucrados y contar con la aprobación de la comisión. Ningún banco podrá conceder este tipo de préstamos por más del 25% del patrimonio efectivo. Se excluyen de estos préstamos el Banco del Estado, bancos sometidos a administración provisional o regularización, y los bancos que tengan accionistas comunes que controlen la mayoría de las acciones.[76]

Al encontrarse un banco en alguna de las situaciones del artículo 112, la comisión puede por resolución fundada imponer total o parcialmente y por seis meses, una o más de las siguientes publicaciones:

i. otorgar nuevos créditos a personas vinculadas a la propiedad y gestión del banco;
ii. renovar cualquier crédito por más de 180 días;
iii. alzar o limitar las garantías de los créditos vigentes;
iv. adquirir o enajenar bienes del activo fijo o de sus inversiones financieras;
v. enajenar documentos cartera de colocaciones;

vi. otorgar créditos sin garantía
vii. celebrar actos, contratos o convenciones o renovarlos con personas vinculadas;
viii. otorgar nuevos préstamos o adquirir inversiones financieras siempre que la suma de colocaciones e inversiones financieras supere la UF para el periodo;
ix. otorgar nuevos poderes para los actos de esta norma;
x. efectuar inversiones salvo un instrumento del Banco Central y de la Tesorería General de la República;
xi. anticipar vencimiento de cualquier obligación o reestructurar pasivos sin autorización de la comisión.

La comisión puede anticipar término de las prohibiciones. La revocación o renuncia de directores o término de contrato de los gerentes, administrativos o apoderados, no tienen efecto si no cuentan con la autorización de la comisión.[77]

El nuevo artículo 117 de la ley contempla las sanciones que la comisión puede aplicar, tanto de inspector delegado y administrador previsional. Las causales para hacerlo son las siguientes:

i. no presentación plan de regularización, rechazo por la comisión o incumplir alguna de las medidas;
ii. infracciones o multas reiteradas;
iii. rebeldía de cumplir órdenes legalmente impartidas;
iv. ocurrencia de cualquier hecho grave que haga temer por su estabilidad financiera;

La designación de inspector delegado la hace la comisión por resolución fundada y tendrá las atribuciones de su competencia y la de suspender cualquier acuerdo del directorio o acto de los apoderados del banco. La comisión podrá, háyase designado inspector delegado o no, nombrar un administrador provisional, que tendrá las facultades del giro ordinario que la ley y los estatutos señalan al directorio o quien haga sus voces y el gerente general. El administrador provisional tendrá los deberes y estará sujeto a las responsabilidades de los directores de sociedades anónimas. Las personas designadas por la comisión podrán ser o no funcionarios de la comisión, salvo el fiscal. Producida la designación, todos los contratos celebrados y demás obligaciones contraídas mantendrán vigencia. El inspector delegado durará un año con renovación por otro año. El administrador dura 1 año, pero puede renovarse por la comisión cuantas veces se estime necesario. Las resoluciones para las renovaciones serán fundadas y deberá contar con el acuerdo previo favorable del Consejo del Banco Central. Las designaciones tanto del inspector como del administrador son reclamables.[78]

El título XV de la ley se refiere a las medidas para regularizar la situación de los bancos y su liquidación forzosa. El párrafo I trata de la liquidación de los bancos, el 2° los delitos considerados bancarios y el tercero la garantía del Estado al sistema bancario.

En materia de liquidación los bancos solo podrán ser sometidos a la Ley de Reorganización y Liquidación de Empresas y Personas cuando se encuentran en liquidación voluntaria. En los demás casos de liquidación pasa a ser forzosa y se rige por la Ley de Bancos.[79] Si la comisión establece que un banco no tiene la solvencia necesaria para continuar operando o que la seguridad de sus depositantes y otros acreedores exija su liquidación, procederá a revocar la autorización de existencia y la declarará en liquidación forzosa. La decisión de la comisión deberá contar con el acuerdo previo favorable del Consejo del Banco Central, el que deberá pronunciarse en un plazo máximo de cinco días hábiles. La ley establece cinco presunciones de falta de solvencia o de seguridad:

i. capital básico menos las pérdidas acumuladas sea inferior al 3% de los activos ponderados o 2% de los activos totales;
ii. patrimonio efectivo menor a las pérdidas acumuladas sea inferior al 5% de los activos netos;
iii. por efecto de pérdidas acumuladas se prevé que de mantenerse durante próximos seis meses el banco caerá en la 1ª o 2ª presunción;
iv. banco mantenga préstamos de urgencia y al solicitar la renovación sea denegado con informe de la comisión;
v. banco haya suspendido pago de obligaciones, incluyendo a cualquier cámara de compensación.

La resolución de liquidación del banco debe ser fundada. La falta de solvencia o se seguridad deberá fundarse en antecedentes que disponga la comisión. Los liquidadores pueden ser funcionarios de la comisión, salvo el fiscal, o profesionales externos.[80] El liquidador tendrá un plazo de tres años con las facultades, deberes y responsabilidades de los liquidadores de sociedades anónimas. El plazo de la liquidación podrá renovarse por períodos de un año por resolución fundada de la comisión.[81] Declarada la liquidación se pagarán preferentemente los depósitos en cuenta corriente, los a vista y las obligaciones a la cuenta corriente en su giro financiero. El pago se hará con los fondos en la caja, los depositados en el Banco Central o invertidos en documentos representativos de la reserva técnica.[82] El liquidador deberá confeccionar una nómina detallada de todos los acreedores no incluidos en la reserva técnica y, además, debe informar anualmente de su administración a los accionistas y acreedores.[83]

Un párrafo 2° trata de los delitos concursales bancarios. Los directores, gerentes u otras personas que hayan participado a cualquier título en la dirección o administración de un banco serán castigados con presidio menor en sus grados medio a máximo, cuando hubieran ejecutado o autorizado, a nombre del banco, alguno de los actos u omisiones siguientes:

i. reconocido deudas inexistentes.
ii. simulado enajenaciones, con perjuicio de los acreedores.
iii. comprometidos en sus negocios los bienes recibidos en depósito de custodia o comisiones de confianza.
iv. realizado algún acto de administración o disposición en perjuicio de los acreedores.
v. pagado dentro de los quince días anteriores a la liquidación a un acreedor en perjuicio de los demás, anticipando el nombramiento de su obligación.
vi. ocultado, alterado, falsificado o inutilizado los libros o documentos del banco.
vii. pagado dentro de los sesenta días anteriores a la liquidación, intereses notoriamente superiores al promedio vigente en plazo, vendido bienes a precios notoriamente inferiores o empleado otros arbitrios ruinosos para proveerse de fondos.
viii. infringiendo en forma reiterada los márgenes de crédito o ejecutando cualquier otro acto con el objeto de desviar o eludir la fiscalización dentro del año anterior a la liquidación.
ix. celebrando contratos o convenios en perjuicio de su patrimonio con personas relacionadas.
x. incurrido en déficit de las obligaciones del artículo 65 durante noventa días anteriores a la liquidación.
xi. ejecutado dolosamente cualquier operación que disminuya un activo o aumente su pasivo.

Este delito es la acción pública.[84] Lo anterior es sin perjuicio de la responsabilidad civil.[85] La comisión deberá poner en conocimiento del Ministerio Público la declaración de liquidación con todos los antecedentes para que inicie la investigación que corresponde.[86]

El tercer párrafo del título XV de la ley se refiere a la garantía del Estado que se otorga a las obligaciones provenientes de depósitos y captaciones a plazo, mediante cuentas de ahorro o documentos nominativos o a la orden de propia emisión de los bancos. La garantía favorece solamente a las personas naturales. El conjunto de depósitos y captaciones que un acreedor tenga en su banco se considerará como una sola obligación.[87] La ley establece un límite de 200 UF por año en un mismo banco y 400 UF por año por beneficiario.[88]

13. Secreto bancario y otras normas

El penúltimo título de la ley trata el muy importante tema del secreto bancario y contiene también otras normas aplicables a los bancos. De acuerdo con la modificación del año 2019, las operaciones de depósitos y captaciones de cualquier naturaleza que reciban los bancos en virtud de la presente ley, estarán sujetos a secreto bancario y no podrán proporcionarse antecedentes relativos a dicha operación sino a su titular o a quien lo represente. Las demás operaciones quedarán sujetas a reserva y los bancos podrán darlos a conocer a quien demuestre interés legítimo y siempre que no sea previsible que al conocimiento de los antecedentes pueda ocasionar un daño patrimonial. La ley contempla varias excepciones: (i) cuando la Comisión para el Mercado Financiero debe enviarle información reservada a la Unidad de Análisis Financiero; (ii) cuando las firmas especializadas aprobadas por la comisión e inscritas en un registro público, requieran de operaciones reservadas con el objeto de evaluar la situación de un banco; (iii) cuando los fiscales del Ministerio Público, previa autorización del juez de garantía podrán examinar o pedir que se les remita las operaciones reservadas. En el caso de la Unidad de Análisis Financiero, se podrán requerir todos los documentos incluso los sujetos a secreto. En todo caso, los bancos podrán dar a conocer las operaciones en términos globales, no personalizados ni parcializados, solo para fines estadísticos o de información cuando exista un interés público. Los antecedentes deberán ser entregados dentro de diez días hábiles, prorrogables por la comisión por otros diez días.[89]

14. Sanciones penales

La ley de bancos termina con un título XVII sobre las sanciones penales, conteniendo cinco tipos penales. El primero se aplica a los directores y gerentes de banco que, a sabiendas, hubiesen hecho una declaración falsa sobre la propiedad y conformación del capital, aprobando o presentando un balance adulterado o falso, o disimulando una situación. En este caso la sanción es la reclusión de 541 días a 5 años y multa de 1.000 a 10.000 UTM.[90] El segundo tipo aplica a los accionistas fundadores, directores, gerentes, funcionarios, empleados o auditores externos que alteren o desfiguren datos o antecedentes en los balances, libros, estados, cuenta, correspondencia u otro documento cualquiera o que oculten o destruyan estos elementos, con el fin de dificultar, desviar o aludir la fiscalización de la comisión. La sanción es de presidio entre 541 días a 5 años. La misma pena se aplica si, con el mismo fin, proporcionen, suscriban o presenten esos elementos de juicio alterados o desfigurados.[91] El tercer tipo se aplica al gerente general en el caso de que el banco omitiera contabilizar cualquiera clase de operación que afecte el patrimonio o la responsabilidad del banco. La sanción es de reclusión entre 541 días a 5 años.[92] El cuarto tipo penal se aplica al que obtuviese créditos de un banco suministrando o proporcionando datos falsos o maliciosamente incompletos acerca de la identidad, actividades o estados de situación o patrimonio, ocasionando perjuicios al banco. Este sufrirá la sanción de presidio de 541 días a 5 años.[93] El quinto tipo, agregado el 2019, afecta a los directores, gerentes, administradores o apoderados que, sin autorización de la comisión, ejecuten a hagan ejecutar cualquiera de los actos prohibidos en el artículo 116. Serán sancionados con presidio menor en sus grados medio a máximo.[94] Termina la ley de bancos señalando que los delitos tipificados en la ley podrán además ser sancionados por la Comisión para el Mercado Financiero en virtud del título III de su ley.[95]

NOTAS

1) Ley General de Bancos, artículo 27°
2) Ley de Bancos, artículo 27°
3) Ley de Bancos, artículo 28°
4) Ley de Bancos, artículo 28°
5) Ley de Bancos, artículo 30°
6) Ley de Bancos, artículo 27°
7) Ley de Bancos, artículo 31°
8) Ley de Bancos, artículo 31°
9) Ley de Bancos, artículo 32°
10) Ley de Bancos, artículo 29°
11) Ley de Bancos, artículo 33°
12) Ley de Bancos, artículo 34°
13) Ley de Bancos, artículo 34°
14) Ley de Bancos, artículo 35°
15) Ley de Bancos, artículo 35° bis
16) Ley de Bancos, artículo 36°
17) Ley de Bancos, artículo 37°
18) Ley de Bancos, artículo 38°
19) Ley de Bancos, artículo 39°
20) Ley de Bancos, artículo 40°
21) Ley de Bancos, artículo 41°
22) Ley de Bancos, artículo 42°
23) Ley de Bancos, artículo 43°
24) Ley de Bancos, artículo 44°
25) Ley de Bancos, artículo 45° y 46°
26) Ley de Bancos, artículo 47°
27) Ley de Bancos, artículo 48°
28) Ley de Bancos, artículo 49°

29) Ley de Bancos, artículo 49° bis
30) Ley de Bancos, artículo 50°
31) Ley de Bancos, artículo 51°
32) Ley de Bancos, artículo 52°
33) Ley de Bancos, artículo 53°
34) Ley de Bancos, artículo 54°
35) Ley de Bancos, artículo 56°
36) Ley de Bancos, artículo 57°
37) Ley de Bancos, artículo 58°
38) Ley de Bancos, artículo 55°
39) Ley de Bancos, artículo 59°
40) Ley de Bancos, artículo 60°
41) Ley de Bancos, artículo 61°
42) Ley de Bancos, artículo 62°
43) Ley de Bancos, artículo 63°
44) Ley de Bancos, artículo 64°
45) Ley de Bancos, artículo 65°
46) Ley de Bancos, artículo 66°
47) Ley de Bancos, artículo 66° bis, ter, quáter y quinquies
48) Ley de Bancos, artículo 67°
49) Ley de Bancos, artículo 68°
50) Ley de Bancos, artículo 69°
51) Ley de Bancos, artículo 70°
52) Ley de Bancos, artículo 70°
53) Ley de Bancos, artículo 70° bis
54) Ley de Bancos, artículo 71°
55) Ley de Bancos, artículo 72°
56) Ley de Bancos, artículo 73°
57) Ley de Bancos, artículo 74°
58) Ley de Bancos, artículo 76°
59) Ley de Bancos, artículo 77°
60) Ley de Bancos, artículo 78°

61) Ley de Bancos, artículo 78°
62) Ley de Bancos, artículo 80°
63) Ley de Bancos, artículo 81°
64) Ley de Bancos, artículo 82°
65) Ley de Bancos, artículo 83°
66) Ley de Bancos, artículo 84° N° 1
67) Ley de Bancos, artículo 84° N° 2
68) Ley de Bancos, artículo 84° N° 3
69) Ley de Bancos, artículo 84° N° 4
70) Ley de Bancos, artículo 84° N° 5
71) Ley de Bancos, artículo 84° N° 6
72) Ley de Bancos, artículo 112°
73) Ley de Bancos, artículo 113°
74) Ley de Bancos, artículo 113° bis
75) Ley de Bancos, artículo 114°
76) Ley de Bancos, artículo 115°
77) Ley de Bancos, artículo 116°
78) Ley de Bancos, artículo 117°
79) Ley de Bancos, artículo 120°
80) Ley de Bancos, artículo 130°
81) Ley de Bancos, artículo 131°
82) Ley de Bancos, artículo 132°
83) Ley de Bancos, artículo 133°
84) Ley de Bancos, artículo 141°
85) Ley de Bancos, artículo 142°
86) Ley de Bancos, artículo 143°
87) Ley de Bancos, artículo 144°
88) Ley de Bancos, artículo 145°
89) Ley de Bancos, artículo 154°
90) Ley de Bancos, artículo 157°
91) Ley de Bancos, artículo 158°
92) Ley de Bancos, artículo 159°

93) Ley de Bancos, artículo 160°

94) Ley de Bancos, artículo 161°

95) Ley de Bancos, artículo 162°

BIBLIOGRAFÍA

1. Aimone Gibson, Enrique: Actividades económicas reguladas (Santiago: Thomson Reuters, 2014).
2. Bustos Díaz, Andrés y Azofeifa Castro, Fernando: Contratos y procedimientos bancarios (Valencia: Tirant lo Blanch, 2022).
3. Carrasco Vásquez, Jorge y Moraga Neira, René: Ley General de Bancos, 2 Tomos (Santiago: Ediar-ConoSur, 1987).
4. Gallegos Zúñiga, Jaime: Derecho bancario y financiero de Chile (Valencia: Tirant lo Blanch, 2022).
5. Kemmerer, Edwin: Legislación bancaria y monetaria (Santiago: Universidad Católica de Chile, 2011).
6. Mardones Osorio, Marcelo: Lecciones de Derecho Económico, Volumen II (Valencia: Tirant lo Blanch, 2022).
7. Mella Cáceres, Rodrigo y Larraín Fierro, Alvaro: Derecho bancario (Santiago: Thomson Reuters, 2018)
8. Morales Godoy, Joaquín y Zavala Ortiz, José Luis: Derecho Económico (Santiago: Thomson Reuters, 2013).
9. Morand Valdivieso, Luis: Legislación bancaria (Santiago: Editorial Jurídica de Chile, 2008).
10. Novoa Galán, Raúl y Novoa Muñoz, Gabriela: Derecho del mercado de capitales (Santiago: Editorial Jurídica de Chile, 1997).
11. Pfeffer Urquiaga, Emilio; Pfeffer Urquiaga, Francisco y Pfeffer Urquiaga, Pedro: Ley General de Bancos (Santiago: ConoSur, 1998).
12. Pfeffer Urquiaga, Francisco y Pfeffer Urquiaga, Germán: Reforma a la legislación de mercado de capitales, Tomo I (Santiago: LexisNexis, 2002).
13. Plott Wernekinck, Gustavo: Manual de operaciones y servicios bancarios (Santiago: Editorial Jurídica de Chile, 2005).
14. Puelma Accorsi, Álvaro: Estudio jurídico sobre operaciones bancarias (Santiago: Editorial Jurídica de Chile, 1971).
15. Ruiz-Tagle Vial, Carlos: Curso de Derecho Económico (Santiago: Librotecnia, 2018).
16. Sandoval López, Ricardo: Derecho Comercial, Tomo XIII (Santiago, Editorial Jurídica de Chile, 2021).
17. Urenda Zegers, Carlos: La empresa y el derecho (Santiago: Editorial Jurídica, 2005).

XI. Mercado de Valores

1. Evolución de la legislación
2. Normativa aplicable
3. Conceptos de la ley de valores
4. El Registro de Valores y la información
5. De la información continua y reservada
6. De las transacciones de valores de oferta pública
7. Información privilegiada
8. Actividades prohibidas
9. Responsabilidad
10. Sanciones
11. Disposiciones generales
12. Normas de orden público

MERCADO DE VALORES

1. Evolución de la legislación

El DFL 251 de 1931 sobre compañías de seguros, sociedades anónimas y bolsas de comercio regulaba los valores en su título IV denominado de las operaciones bursátiles. Dichas operaciones caían dentro del ámbito de la competencia de la superintendencia.

Cincuenta años después se aprueba la Ley 18.045 de 1981, que contiene lo que se ha denominado Ley de Valores, vigente hasta el día de hoy con sus numerosas modificaciones. Originalmente la Ley de Valores constaba de setenta artículos que trataban de las siguientes materias: objetivos de la ley; registro de valores; información continua y reservada; la emisión de títulos de deuda a largo plazo; mercado secundario; corredores de bolsa y agentes de valores; las actividades prohibidas; información de la obtención de control; la responsabilidad; las sanciones; recurso de ilegalidad y disposiciones generales.

En 1987 la Ley 18.660 agrega a la Ley de Valores la clasificación de riesgo y los grupos empresariales, controladores y personas relacionadas. En 1989 se cambian los recursos de ilegalidad que podían interponerse ante la Corte de Apelaciones de Santiago cuando se estimaba que una instrucción o resolución de la superintendencia era ilegal y con ello se causaba perjuicio, por los recursos de reclamación contenidos en la ley orgánica de la SVS tanto el de reposición en sede administrativa como el de ilegalidad en sede jurisdiccional.

En 1994 la Ley 18.301 introduce modificaciones sustanciales en el mercado de valores en siete aspectos: (i) fortalecimiento de la clasificación de riesgo; (ii) fortalecimiento de los resguardos para la emisión de títulos de deuda a más 1 año; (iii) conflictos de interés; (iv) emisión de títulos de deuda de sociedades securitizadoras; (v) efectos de comercio y cámaras de compensación; (vi) información privilegiada y garantías. La ley modificatoria agrega ocho títulos a la ley sobre los siguientes temas: (a) emisión de títulos de deuda de largo plazo; (b) emisión de títulos de deuda de corto plazo; (c) sociedades securitizadoras; (d) cámaras de compensación; (e) responsabilidad de las sociedades administradoras de fondos fiscalizadas por la superintendencia; (f) de las garantías, y (vii) disposiciones varias. Con esta reforma la Ley de Valores que en 1981 tenía 70 artículos pasó a tener 182 artículos.

En 1999 la Ley 19.601 modificó la legislación, agregando nuevos títulos sobre la oferta pública de valores extranjeros en el país. En el año 2000 la Ley 19.705 agrega la oferta pública de adquisición de acciones (también denominadas OPAS), la oferta pública de valores convertibles en el extranjero y los temas de control de las empresas. Además, crea la categoría de ejecutivo principal e incorpora nuevas figuras penales para ilícitos en materia de valores.

2. Normativa aplicable

La normativa fundamental del Mercado de Valores está contenida en la Ley 18.045 de 1981 con sus numerosas modificaciones. Adicionalmente están las leyes de la administración de fondos mutuos, los fondos de inversión de capital extranjero, los fondos de inversión y la ley de depósito y custodia de valores.

La Ley de Mercado de Valores (en adelante también Ley de Valores) tiene en la actualidad 249 artículos en sus 28 títulos. El título I trata en cuatro artículos los objetivos de la ley, fiscalización y definiciones. El registro de valores y de información sobre los valores es abordado en el título II entre los artículos 5° y 9°. El título III analiza entre los artículos 10° y 15° la información continua y reservada. Estos tres primeros títulos vienen de la ley original de 1981. El título IV se refiere a las transacciones sobre valores de oferta pública entre los artículos 16° y 22° y fue incorporado por la Ley 20.382 en el año 2009. El título V trata el mercado secundario en el artículo 23°; el VI, de los corredores de bolsa y de los agentes de valores en los artículos 24° a 37°; el VII, de las bolsas de valores en los artículos 38° a 51°; el VIII, trata las actividades prohibidas en los artículos 52° a 53°; el IX, la información en la obtención de control en el artículo 54°; el X, de la responsabilidad en los artículos 55° a 57°; el XI, de las sanciones entre los artículos 58° a 63°, preceptos que sufrieron una gran modificación con la entrada en vigencia de la Ley 21.595, que incorporó a nuestro ordenamiento un conjunto de los denominados "delitos económicos"; el XII, derogado, referido al recurso de ilegalidad; y el XIII, que contiene las disposiciones generales en los artículos 65° a 70°. Entre los títulos V al XIII, la normativa corresponde a ley original de 1981. El título XIV, artículos 71° a 95°, desarrolla la clasificación de riesgo y fue incorporado en 1987 por la Ley 18.660. Lo mismo ocurrió con el título XV de los grupos empresariales, de los controladores y de las personas relacionadas en los artículos 96° a 102°. Los títulos XVI y XVIII se refieren a la emisión de títulos de largo plazo en los artículos 103° a 130° y de títulos de corto plazo en el artículo 131° ambos agregados por la Ley 19.301 de 1994. El título XVIII trata las sociedades securitizadoras y de la emisión de títulos de deuda de securitización en los artículos 132° a 153°, y fue incorporado por la Ley 19.301 de 1994. Los títulos XIX y XX, referidos a la cámara de compensación y a la responsabilidad de las sociedades administradoras de fondos fiscalizados por la superintendencia, fueron derogados por las Leyes 20.345 de 2009 y 20.712 de 2014, respectivamente. El título XXI trata sobre la información privilegiada en los artículos 164° a 172° y se incorporó por la Ley 19.301 de 1994. La misma ley agregó el título XXII de las garantías en los artículos 173° a 178° y el título XXIII de disposiciones varias en los artículos 179° a 182°. El título XXIV trata la oferta pública de valores extranjeros en el país en los artículos 183° a 197°, la que fuera incorporada por la Ley 19.601 de 1999. La oferta pública de adquisición de acciones y la oferta pública de acciones o valores convertibles en el extranjero fueron agregadas con títulos XXVI y XXVII por la Ley 19.705 de 2000 en los artículos 198° a 216° las primeras y 217° a 219° las segundas. El título XXVIII sobre las empresas de auditoría externa fue agregado en los artículos 239° a 249° por la Ley 20.382 de 2009.

3. Conceptos de la ley de valores

El título I de la ley, al establecer los objetivos de esta, indica que abarca la oferta pública de valores y sus respectivos mercados e intermediarios. Esto incluye las bolsas de valores, los corredores de bolsa, los agentes de valores, las sociedades anónimas abiertas, los emisores e instrumentos de oferta pública, los mercados secundarios de los valores de oferta pública dentro y fuera de las bolsas. Así se aplica la ley a todas las transacciones de valores que tengan su origen en ofertas públicas o que se efectúen con intermediación de los corredores o agentes de valores. A *contrario sensu*, la ley no se aplica a las transacciones de valores que no sean ofertas públicas, las que tendrán el carácter de privadas.[1]

La ley entiende por valores cualquier título transferible, incluyendo acciones, opciones a la compra y venta de acciones, bienes, debentures, cuotas de fondos mutuos, planes de ahorro, efectos de comercio y, en general, todo título de crédito o inversión. Se excluyen de la aplicación de la ley los valores emitidos o garantizados del Estado, de las instituciones públicas centralizadas o descentralizadas y del Banco Central de Chile.[2] Asimismo, la ley entiende por oferta pública de valores, la dirigida al público en general o a ciertos grupos específicos del público. La Comisión para el Mercado Financiero, mediante norma de carácter general, podrá establecer que ciertos tipos de valores no constituyen ofertas públicas, en consideración al número y tipo de inversionistas a los cuales se dirigen, los medios a través de los cuales se comunican o materializan, y el monto de los valores ofrecidos. La comisión podrá eximir ciertas ofertas públicas de valores del cumplimiento de alguno de los requisitos, nuevamente mediante normas de carácter general.[3]

En el año 1987 se incorporaron a la ley nuevas definiciones. Se definió el mercado secundario formal como aquel en que los compradores y vendedores están simultáneamente y públicamente participando en la determinación de los precios de los títulos, cumpliendo las condiciones de transparencia de las transacciones que establezca la comisión mediante norma de carácter general. Se diferencia el instrumento único emitido individualmente y que no conforma una serie, de los seriados que corresponden a una misma emisión y que tienen idénticas características. El inversionista institucional queda definido como los bancos, compañías de seguros y reaseguros y administradores de fondos. La comisión podrá dar el carácter de inversionista institucional, a través de una norma de carácter general, a empresas que copulativamente tengan como giro principal la realización de inversiones financieras o en activos financieros con fondos de terceros y que posean una participación relevante en el mercado. Los inversionistas calificados incluyen a los inversionistas institucionales y a todos los que la comisión califique como tales mediante una norma de carácter general. Valores de presencia bursátil son los que cumplen con los requisitos de la comisión en términos de liquidez de los valores o de la profundidad de los mercados.[4]

4. El Registro de Valores y la información

La Comisión para el Mercado Financiero lleva un registro de valores donde deberán inscribirse las acciones de oferta pública, los valores, las acciones de sociedades anónimas abiertas y las acciones de sociedades anónimas que voluntariamente soliciten la inscripción o que por obligación legal deban registrarlas.[5] La ley establece que solo podrá hacerse oferta pública de valores cuando los valores y su emisor hayan sido inscritos en el Registro de Valores.[6] Las personas que por disposición legal deban quedar sometidas a la fiscalización, al control o a la vigilancia de la Comisión para el Mercado Financiero y que no están enumeradas en el inciso 1° del artículo 1° de la ley, no estarán obligadas a inscribirse en el Registro de Valores. La comisión establecerá por norma de carácter general la información que estas entidades deberán proporcionar a la comisión y al público en general.[7] Para los efectos de realizar la inscripción, el interesado deberá proporcionar la información que requiera la comisión mediante normas de carácter general. La comisión tendrá un plazo de treinta días para realizar la inscripción.[8]

La ley indica que la inscripción obliga al emisor a divulgar en forma veraz, suficiente y oportuna, toda la información esencial respecto de sí mismo, de los valores ofrecidos y de la oferta. Se entiende por información esencial aquella que un hombre juicioso consideraría importante para sus decisiones sobre inversión.[9]

5. De la información continua y reservada

Las entidades inscritas en el Registro de Valores quedarán sujetas a la Ley de Valores y a sus normas complementarias. Deberán proporcionar la información que establece la ley a la Comisión para el Mercado Financiero y público en general, con la periodicidad, publicidad y en la forma que la comisión determine por norma de carácter general. Las entidades deben, además, divulgar en forma veraz, suficiente y oportuna todo hecho o información esencial respecto de ellas mismas y de sus negocios al momento que él ocurra o llegue a su conocimiento. Con la aprobación de tres cuartos de los directores en ejercicio, podrá darse el carácter de reservado a ciertos hechos o antecedentes que se refieran a negociaciones aún pendientes, si su divulgación pudiera perjudicar el interés social. En el caso de emisores no administrados por un directorio, la decisión debe ser tomada por todos los administradores. Las decisiones y acuerdos de reserva deberán ser comunicados a la superintendencia el día siguiente de su adopción por los medios tecnológicos que habilite la comisión. Los que dolosa o culpablemente califiquen o concurran a declarar como reservado un hecho o antecedente, responderán en la forma general establecida en la ley.[10]

La información respecto de la compra o venta de acciones de sociedades anónimas abiertas es amplísima en la ley. Incluye a los directores, liquidadores, ejecutivos principales, administradores y gerentes, cualquiera sea el número de acciones que posean directamente o a través de otras personas naturales o jurídicas. También incluye a todas las personas que directamente o a través de otras personas posean el 10% o más del capital suscrito de una sociedad anónima abierta. La información debe enviarse a la comisión y a todas las bolsas de valores del país en que la sociedad tenga valores registrados para su cotización. Igual obligación rige con respecto de contratos o valores cuyo precio o resultado dependa o esté condicionado, en todo o parte significativa, a la variación del precio de dichas acciones. La comunicación deberá enviarse a más tardar al día siguiente de aquel en que se ha materializado la operación.[11]

La comisión podrá suspender, por resolución fundada, hasta por treinta días la oferta, las cotizaciones o las transacciones de cualquier valor de oferta pública, si a su juicio así lo requiere el interés público o la protección de los inversionistas. El plazo puede ser prorrogado y, si vencida la prórroga se mantienen las circunstancias, la comisión cancelará la inscripción.[12]

La cancelación de la inscripción de un valor en el registro procede en cinco casos:

i. Cuando el emisor no reunió los requisitos de una sociedad anónima abierta durante seis meses.
ii. En el caso de inscripción voluntaria, si se solicita por el emisor.
iii. Cuando la comisión ha suspendido y vencidas las prórrogas se mantienen las circunstancias de la suspensión. Esta resolución es reclamable ante la Corte de Apelaciones de acuerdo con la ley de la comisión.
iv. Cuando la comisión, en caso grave y por resolución fundada lo determine en cuatro situaciones:
    a) Si la inscripción se hubiere obtenido por medio de informaciones o antecedentes falsos;
    b) Durante la vigencia el emisor entregue al Registro de Valores, a las bolsas o a los corredores o agentes de valores, informaciones o antecedentes falsos;
    c) Con ocasión de su oferta en el mercado, el emisor difundiera noticias o propaganda falsa;
    d) El valor no cumple con los requisitos que hicieron necesaria su inscripción.
v. Los derechos conferidos por el valor inscrito se hayan extinguido totalmente.[13]

6. De las transacciones de valores de oferta pública

En el año 2009 se agregó un nuevo título IV a la ley que trata de esta materia. Las normas sobre transacciones se aplican a los directores, gerentes, administradores y ejecutivos principales, así como a las entidades controladas por ellos o a través de terceros. Los emisores de valores de oferta pública deberán adoptar una política de adquisición o enajenación de valores de la sociedad, o valores cuyo precio o resultado dependa o esté condicionado, en todo o en parte significativa, a la variación o evolución del precio de dichos valores. La política de la sociedad puede imponer una prohibición total y permanente de efectuar las operaciones, una prohibición transitoria, o una prohibición permanente de adquirir y enajenar, o de enajenar y posteriormente adquirir los valores. Las normas podrán contener sanciones internas y deben ser puestas en conocimiento del público.[14] Las personas obligadas a informar deberán hacerlo a cada una de las bolsas de valores en que el emisor esté registrado, de la posición en valores de esta y de las entidades del grupo empresarial de que forme parte. Esta información deberá proporcionarse dentro del tercer día hábil cuando las personas asuman el cargo o sean incorporadas al registro público de directores, cuando abandonen el cargo o sean retiradas de dicho registro, así como cada vez que dicha posición se modifique en forma significativa.[15] Las personas deben además informar mensualmente y en forma reservada al directorio o administrador del emisor su posición en valores de los proveedores, clientes y competidores más relevantes.[16] La comisión, mediante norma de carácter general, definirá casos de excepción y los criterios mínimos y excepciones en la preparación y presentación de la información.[17]

7. Información privilegiada

En 1994 se incorporó a la Ley de Valores el título XXI sobre información privilegiada. La ley entiende por información privilegiada cualquier información referida a uno o varios emisores de valores, a sus negocios, o a uno o varios valores por ellos emitidos, que no haya sido divulgada al mercado y cuyo conocimiento, por su naturaleza, sea capaz de influir en la cotización de los valores emitidos o la reserva por negociaciones pendientes que puedan perjudicar el interés social. También es privilegiada la información que se posee sobre decisiones de adquisición, enajenación y aceptación o rechazo de efectos específicos de un inversionista institucional en el mercado de valores.[18]

Cualquier persona que en razón de su cargo, posición, actividad o relación con el emisor o con las personas a quienes se presume poseen información privilegiada, deberá guardar reserva y no podrá utilizarla en beneficio propio o ajeno, ni adquirir o enajenar para sí o para terceros, directamente o a través de otras personas, valores sobre los cuales posea información privilegiada. La norma prohíbe valerse de la información privilegiada para obtener beneficios o evitar pérdidas, mediante cualquier tipo de operación con los valores o con instrumentos, cuya rentabilidad esté determinada por esos valores. Deberán abstenerse de comunicar dicha información a terceros o de recomendar la adquisición o enajenación de los valores, velando para que esto tampoco ocurra a través de subordinados o terceros de su confianza.[19]

La ley establece una serie de presunciones de poseer información privilegiada:

i. Directores, gerentes, administradores, ejecutivos principales y liquidadores del emisor o del inversionista institucional;
ii. Directores, gerentes, administradores, ejecutivos principales y liquidadores que se desempeñen como controladores del emisor o del inversionista institucional;
iii. Personas controladoras o sus representantes que realicen operaciones o negociaciones tendientes a la enajenación del control;
iv. Directores, gerentes, administradores, apoderados, ejecutivos principales, asesores financieros u operadores de intermediarios de valores respecto de las decisiones de adquisición, enajenación y aceptación o rechazo de ofertas específicas de un inversionista institucional en el mercado de valores y de la relativa a la colocación de valores que les hubiere sido encomendada.

También se presume que poseen información privilegiada, en la medida que tuvieren acceso directo al hecho objeto de la información:

i. Ejecutivos principales y dependientes de la empresa de auditoría externa del emisor o del inversionista institucional en su caso;
ii. Los socios, gerentes, administradores y ejecutivos principales y miembros de los consejos de clasificación de las sociedades clasificadoras de riesgo, que clasifiquen valores del emisor o del inversionista institucional;
iii. Los dependientes que trabajen bajo la dirección o supervisión directa de los directores, gerentes, administradores, ejecutivos principales o liquidadores del emisor o del inversionista institucional;

iv. Las personas que prestan servicios de asesorías, permanentes o temporales, al emisor o inversionista institucional, en la medida que la naturaleza de sus servicios pueda permitir acceso a dicha información;
v. Los funcionarios públicos dependientes de las instituciones que fiscalicen a emisores de valores de oferta pública o fondos autorizados por ley;
vi. Los cónyuges, convivientes civiles o convivientes de los directores, gerentes, administradores, ejecutivos principales y liquidadores, así como cualquier persona que habite en su mismo domicilio.[20]

La ley establece que toda persona perjudicada por actuaciones que impliquen infracción a las normas sobre información privilegiada tendrá derecho a demandar indemnización en contra de las personas infractoras. La acción para demandar perjuicios prescribirá en cuatro años contados a partir de la fecha en que la información privilegiada haya sido divulgada al mercado y al público inversionista. Las personas que hayan actuado en contravención a las normas sobre información privilegiada, deberán entregar a beneficio fiscal, cuando no hubiere otro perjudicado, toda utilidad o beneficio pecuniario que hubieren obtenido a través de transacciones de valores del emisor.[21]

8. Actividades prohibidas

La ley prohíbe efectuar transacciones en valores con el objeto de estabilizar, fijar o hacer variar artificialmente los precios. La única excepción es la estabilización de precios únicamente para llevar adelante una oferta pública de valores nuevos o de valores anteriormente emitidos que no hubieren sido objeto de oferta pública. El caso de excepción se regirá por las normas de carácter general que imparta la comisión.[22] La ley también prohíbe efectuar cotizaciones o transacciones ficticias de cualquier valor, ya sea que las transacciones se lleven a cabo en el mercado de valores o a través de negociaciones privadas. Ninguna persona podrá efectuar transacciones o inducir o intentar inducir a la compra o venta de valores, regidos o no por la Ley de Valores, por medio de cualquier acto, práctica, mecanismo o artificio engañoso o fraudulento.[23]

9. Responsabilidad

La regla general en materia de responsabilidad es que toda persona que infrinja las disposiciones de la ley, sus normas complementarias o las normas que imparta la comisión, ocasionando daños a otra, está obligada a la indemnización de perjuicios. Lo anterior no obsta a las sanciones administrativas o penales que asimismo pudiere corresponderle. En el caso de las personas jurídicas, los administradores o representantes legales serán responsables civil, administrativa y penalmente, salvo que constare su falta de participación o su oposición al hecho constitutivo de la infracción. En el caso de los emisores de valores de oferta pública serán los directores, liquidadores, administradores, gerentes y auditores que infrinjan las disposiciones legales, reglamentarias y estatutarias, quienes responderán solidariamente de los perjuicios que causaren.[24] La ley también establece responsabilidades específicas para los directores, liquidadores o al gerente de una bolsa de valores.[25] En el caso de la cancelación de la inscripción en el Registro de Valores, los tenedores de valores tendrán derecho al cobro en contra del emisor de los perjuicios que la cancelación hubiere ocasionado. Asimismo, tendrán derecho de indemnización en contra de los gerentes, administradores o intermediarios, salvo que constare que los administradores o gerentes se opusieron o demostraron su diligencia en evitar que los hechos ocurrieren y en el caso de los intermediarios, el desconocimiento de los hechos que motivaron la cancelación.[26]

10. Sanciones

La comisión aplicará a los infractores de esta ley, de sus normas complementarias, de los estatutos y reglamentos internos que las rijan y de las resoluciones que dicte conforme a sus facultades, las sanciones y apremios establecidos en su ley orgánica y las sanciones administrativas de la Ley de Valores. Con el fin de obtener los antecedentes e informaciones necesarias para el cumplimiento de sus deberes de fiscalización y para clausurar las oficinas de los infractores en los casos que sea necesario, la comisión podrá solicitar directamente el auxilio de la fuerza pública con facultades de allanamiento y descerrajamiento.[27]

La Ley de Valores establece una larga lista de delitos de valores, los que fueron reformados el año 2023 con la entrada en vigencia de la Ley 21.595 de 2023, que vino en establecer los denominados "delitos económicos". Los siete primeros delitos, que se encuentran contemplados en el artículo 59, tienen como sanción las penas de presidio menor en su grado máximo a presidio mayor en su grado mínimo (3 años y 1 día a 10 años) y los siguientes varían según la hipótesis legal en la que se encuentren.[28] Los delitos de valores contemplados en la ley son los siguientes:

i. el que actuando por cuenta de un emisor de valores de oferta pública proporcionare información falsa al mercado sobre la situación financiera, jurídica, patrimonial o de negocios del respectivo emisor;

ii. el que a sabiendas otorgare una clasificación de riesgo que no corresponda al riesgo de los valores que clasifique;

iii. el que, siendo socio de una empresa de auditoría externa, dictaminare falsamente o entregare antecedentes falsos sobre la situación financiera o patrimonial u otras materias sobre las cuales hubieren manifestado su opinión, certificación, dictamen o informe de una entidad sujeta a la fiscalización de la Comisión para el Mercado Financiero;

iv. el director, gerente o apoderado de una bolsa de valores que diere certificación falsa sobre las operaciones que se realicen en ella y el corredor de bolsa o agente de valores que diere certificación falsa sobre las operaciones en que haya intervenido;

v. el que efectuare transacciones en valores con el objeto de mantener o alterar artificialmente en el mercado el precio de uno o varios valores;

vi. el que efectuare cotizaciones o transacciones ficticias, divulgare información falsa o se valiere de cualquier otra conducta engañosa semejante de un modo apto para transmitir señales falsas al mercado en cuanto a la oferta, la demanda o el precio de uno o varios valores, o que de otro modo sean idóneas para incidir en las decisiones del público inversor;

vii. el que, fuera de los casos previstos en los números anteriores, proporcionare información falsa al mercado por cuenta de una persona sujeta a la fiscalización de la Comisión para el Mercado Financiero, en registros, prospectos, declaraciones o informes exigidos por ley o por la referida autoridad con carácter general, de un modo apto para incidir en las decisiones del público inversor u ocultar aspectos relevantes para conocer el patrimonio o la situación financiera o jurídica de la persona;

viii. el que realizare una operación usando información privilegiada, ya sea adquiriendo o cediendo, por cuenta propia o de otro, directa o indirectamente, los valores a los que esa información se refiere, o bien cancelando o modificando una orden relativa a esos valores. En tal caso, será sancionado: (i) con pena de presidio menor en su grado máximo a presidio mayor en su grado mínimo, en caso de poseer la información privilegiada en alguna de las circunstancias que se señalan en el artículo 166 de la ley; (ii) con pena de presidio menor en sus grados medio a máximo en los demás casos. Con las mismas penas será sancionado, respectivamente, el que revelare indebidamente información privilegiada.

ix. el que poseyendo información privilegiada en alguna de las circunstancias señaladas en el artículo 166 de la ley, recomendare a otro la realización de las operaciones a que se refiere el inciso primero, será sancionado con pena de presidio menor en sus grados medio a máximo;

x. el que defraudare a otro adquiriendo acciones de una sociedad anónima abierta, sin efectuar una oferta pública de adquisición de acciones en los casos que ordena la ley;

xi. el que indebidamente utilizare en beneficio propio o de otros valores entregados en custodia o su producto;

xii. el que, conociendo o debiendo conocer el estado de insolvencia en que se encuentra un emisor de valores, acordare, decidiere o permitiere que éste haga oferta pública de valores, efectuare una oferta pública sobre esos valores o continuare intermediándolos, habiendo sido suspendida su transacción por la Comisión para el Mercado Financiero;

xiii. el que, fuera del caso previsto en el número (ix), revelare indebidamente a otro la información de un emisor que hubiere conocido en razón de su cargo o posición en una sociedad clasificadora o una empresa de auditoría externa;

xiv. el que sin la correspondiente autorización o registro realizare oferta pública de valores o actuare como corredor de bolsa, agente de valores, empresa de auditoría externa o clasificadora de riesgos;

xv. el que sin la correspondiente autorización o registro usare las denominaciones de corredor de bolsa, agentes de valores o clasificadora de riesgos, o el que de cualquier otro modo se atribuya la calidad de aquellas entidades ;

xvi. el que eliminare, alterare, modificare, ocultare o destruyere registros, documentos, soportes tecnológicos o antecedentes de cualquier naturaleza, impidiendo o dificultando con ello las posibilidades de fiscalización de la Comisión para el Mercado Financiero;

xvii. el director, administrador, gerente o ejecutivo principal de un emisor de valores de oferta pública, de una bolsa de valores o de un intermediario de valores, que entregare antecedentes falsos o efectuare declaraciones falsas al directorio o a los órganos de la administración de la entidad a la que pertenece, o a quienes realicen la auditoría externa o clasificación de riesgo de esa entidad.

11. Disposiciones generales

La ley contempla una disposición general respecto de la publicidad, propaganda y difusión que por cualquier medio hagan emisores, intermediarios de valores, bolsas, corporaciones de agentes de valores y cualesquiera otras personas o entidades que participen en una emisión o colocación de valores. La información no podrá contener declaraciones, alusiones o representaciones que puedan inducir a error, equívocos o confusión al público sobre la naturaleza, precios, rentabilidad, rescates, liquidez, garantías o cualquieras otras características de los valores de oferta pública o de sus emisores. Los prospectos y folletos informativos que se utilicen para la difusión y propaganda de una emisión de valores, deberán contener la totalidad de la información que la comisión determine y no podrán difundirse si no hubieren sido previamente remitidos al registro de valores. La comisión estará facultada para dictar las normas de carácter general y podrá ordenar al infractor o al director responsable del medio que modifique o suspenda la publicidad, sin perjuicio de las demás sanciones.[29]

Asimismo, las disposiciones generales establecen un registro público de presidentes, directores, gerentes, ejecutivos principales, administradores y liquidadores de las entidades sujetas a su vigilancia. Será responsabilidad del directorio entregar a la comisión el listado de personas y dar aviso de cualquier modificación que le afecte dentro del plazo del tercer día hábil de ocurrido el hecho. La ley entiende por ejecutivo principal a cualquier persona natural que tenga la capacidad de determinar los objetivos, planificar, dirigir o controlar la conducción superior de los negocios o la política estratégica de la empresa, ya sea por sí solo o junto con otros.[30]

12. Normas de orden público

La Ley de Valores establece que sus preceptos primarán sobre cualquier norma contractual o estatutaria que le fuere contraria. Asimismo, señala que sus preceptos regularán supletoriamente las materias de que traten las demás leyes del mercado de valores en lo que no sean contrarias a las disposiciones de esas leyes.[31]

NOTAS

1) Ley de Valores, artículo 1°
2) Ley de Valores, artículo 3°
3) Ley de Valores, artículo 4°
4) Ley de Valores, artículo 4° bis
5) Ley de Valores, artículo 5°
6) Ley de Valores, artículo 6°
7) Ley de Valores, artículo 7°
8) Ley de Valores, artículo 8°
9) Ley de Valores, artículo 9°
10) Ley de Valores, artículo 10°
11) Ley de Valores, artículo 12°
12) Ley de Valores, artículo 14°
13) Ley de Valores, artículo 15°
14) Ley de Valores, artículo 16°
15) Ley de Valores, artículo 17°
16) Ley de Valores, artículo 18°
17) Ley de Valores, artículo 19°
18) Ley de Valores, artículo 164°
19) Ley de Valores, artículo 165°
20) Ley de Valores, artículo 166°
21) Ley de Valores, artículo 172°
22) Ley de Valores, artículo 52°
23) Ley de Valores, artículo 53°
24) Ley de Valores, artículo 55°
25) Ley de Valores, artículo 56°
26) Ley de Valores, artículo 57°
27) Ley de Valores, artículo 58°
28) Ley de Valores, artículo 59° a 62°

29) Ley de Valores, artículo 65°

30) Ley de Valores, artículo 68°

31) Ley de Valores, artículo 69°

BIBLIOGRAFÍA

1. Aimone Gibson, Enrique: Actividades económicas reguladas (Santiago: Thomson Reuters, 2013).
2. Mardones Osorio, Marcelo: Lecciones de Derecho Económico, Volumen II (Valencia: Tirant lo Blanche, 2022).
3. Mattar Oyarzún, Pablo: Mercado de Valores (Santiago: Editorial Jurídica de Chile, 1999).
4. Morales, Godoy, Joaquín y Zavala Ortíz, José Luis: Derecho Económico (Santiago: Thomson Reuters, 2013).
5. Novoa Galán, Raúl y Novoa Muñoz, Gabriela: Derecho del mercado de capitales (Santiago: Editorial Jurídica de Chile, 1997).
6. Ortega Aichele, Adolfo: Mercado de Valores (Santiago: La Ley, 1997).
7. Pfeffer Urquiaga, Francisco y Pfeffer Urquiaga, Germán: Reforma a la legislación de mercado de capitales, 2 Tomos (Santiago: LexisNexis, 2002).
8. Ruiz-Tagle Vial, Carlos: Curso de Derecho Económico (Santiago: Librotecnia, 2018).

XII. Regulación Financiera

1. Evolución de la legislación
2. Comisión para el Mercado Financiero: Objeto y funciones
3. Comisión: Atribuciones
4. Organización de la comisión
5. Apremios y sanciones de la comisión
6. Procedimiento sancionatorio
7. Recursos
8. Comité de Autorregulación Financiera
9. Disposiciones transitorias

REGULACIÓN FINANCIERA

1. Evolución de la legislación

Producto de las recomendaciones de la misión Kemmerer, las sociedades anónimas y bolsas de comercio estuvieron vigiladas desde 1925. El control estuvo a cargo de la Inspección General de Sociedades Anónimas y Operaciones Bursátiles. En 1931, el DFL 251 fusionó la inspección con la Superintendencia de Seguros, Sociedades Anónimas y Bolsas de Comercio. La sucesora de esta superintendencia es la de Valores y Seguros, creada casi cincuenta años después, por el DL 3.580 de 1980. La ley 21.000 de 2017 crea la Comisión para el Mercado Financiero en reemplazo de la Superintendencia de Valores y Seguros. La comisión empezó a operar el 15 de enero de 2018 y hoy en día está en plena vigencia.

En el caso bancario, la Superintendencia de Bancos y de Instituciones Financieras también fue producto de las sugerencias de la Misión Kemmerer y ha tenido plena vigencia desde 1925 en adelante. El DFL 252 de 1960 fue su mayor modificación. La ley 21.130 de 2019, que modifica la legislación bancaria, hace desaparecer la superintendencia asumiendo todas sus funciones la Comisión para Mercado Financiero. En las disposiciones transitorias de la Ley 21.130 se contempla la transición, dejando la superintendencia de operar a mediados del 2019.

2. Comisión para el Mercado Financiero: Objeto y funciones

La Ley 21.000 crea la Comisión para el Mercado Financiero como: (i) servicio público descentralizado; (ii) de carácter técnico; (iii) con personalidad jurídica y patrimonio propio; (iv) que se relaciona con el presidente de la República a través del Ministerio de Hacienda; (v) se regirá por la Ley 21.000 y demás normativa que se dicte al efecto; (vi) con domicilio en Santiago sin perjuicio de establecer oficinas regionales.[1] Se omite de la naturaleza jurídica de la comisión cualquiera referencia a la autonomía. Se agrega el carácter de técnico.

El objeto de la comisión es el de velar por el correcto funcionamiento, desarrollo y estabilidad del mercado financiero, facilitando la participación de los agentes de mercado y promoviendo el cuidado de la fe pública. Para ello deberá mantener una visión general y sistemática del mercado, considerando los intereses de los inversionistas, depositantes y asegurados, así como el resguardo del interés público. Asimismo, le corresponderá velar por que las personas o entidades fiscalizadas cumplan con las leyes, reglamentos, estatutos y otras disposiciones que las rijan.[2]

La comisión y su personal se rigen por la Ley 21.100 y supletoriamente por las normas de la Ley de Bases Generales de la Administración Pública, la Ley de Bases de los Procedimientos Administrativos y la ley sobre Probidad en la Función Pública y Prevención de los Conflictos de Intereses, en todo lo no regulado por la presente ley.[3] Hizo bien el legislador en establecer la supletoriedad, pues de lo contrario se producen serios problemas jurídicos, especialmente en el procedimiento sancionatorio.

A la comisión le corresponde la fiscalización de:

a) las personas que emitan o intermedien valores de oferta pública;
b) las bolsas de productos, las bolsas de valores mobiliarios y las operaciones bursátiles;
c) las asociaciones de agentes de valores y las operaciones sobre valores que estos realicen;
d) los fondos mutuos que la ley somete a su fiscalización y las sociedades que los administran;
e) las sociedades anónimas y en comandita por acciones que la ley somete a su vigilancia;
f) las empresas dedicadas al comercio de asegurar y reasegurar, cualquiera sea su naturaleza y los negocios de estas, así como las personas que intermedien seguros;
g) el Comité de Autorregulación Financiera de la ley;
h) las empresas bancarias, así como las empresas dedicadas a la emisión y operación de crédito y cualquier sistema similar siempre que importen que el emisor u operador contraiga habitualmente obligaciones de dinero con el público o grupos específicos;

i) cooperativas de ahorro y crédito sujetos a su fiscalización;
j) cualquier otra entidad o persona natural o jurídica que esta ley u otras leyes le encomiendan.

No quedan sujetas a la fiscalización de la comisión las administradoras de fondos de pensiones y otras entidades que la ley exceptúe expresamente. Cuando las instituciones excluidas realicen actividades que produzcan o puedan producir efectos sobre las materias que son de la competencia de la comisión, deberán adoptarse, a iniciativa de la comisión o de los correspondientes organismos fiscalizadores, los mecanismos necesarios para observar el principio de coordinación que rige a los organismos de la administración del Estado.[4]

A contar del año 2004 existe una norma que obliga a la superintendencia a colaborar con el Servicio de Impuestos Internos en su rol fiscalizador del cumplimiento de la normativa tributaria. Así, la comisión debe poner en conocimiento del Servicio de Impuestos Internos cualquier reorganización de activos de las empresas sujetas a fiscalización. En las actas de directorio de las empresas fiscalizadas, debe dejarse constancia de la reorganización de activos o si la empresa ha sido objeto de fiscalización por parte del Servicio de Impuestos Internos. Por último, en las notas de los estados financieros de las empresas fiscalizadas, se dejará constancia detallada de las controversias de índole tributaria que pudieran afectar razonable y materialmente algunos de los rubros informados.[5]

3. Comisión: Atribuciones

La ley de la comisión contempla un listado de treinta y seis atribuciones generales, las que deberán ser ejercidas de acuerdo con las reglas y el quórum de aprobación que determine la ley.[6]

i. Dictar las normas para la aplicación y cumplimiento de las leyes y reglamentos y, en general, dictar cualquier otra normativa que de conformidad a la ley le corresponde para la regulación del mercado financiero. De igual forma, corresponderá a la comisión interpretar administrativamente las leyes, reglamentos y demás normas que rigen a las personas, entidades o actividades fiscalizadas y podrá fijar normas, impartir instrucciones y dictar órdenes para su aplicación y cumplimiento. Estas potestades normativas de la comisión no podrán extenderse a las facultades normativas e interpretativas que le corresponden al Banco Central. Si en el ejercicio de estas facultades se originaran contiendas de competencia con otras autoridades administrativas, ellas serán resueltas por la Corte Suprema, sin forma de juicio y debiendo fallar dentro de diez días;

ii. absolver las consultas y peticiones, e investigar las denuncias o reclamos formulados por accionistas, inversionistas, asegurados, depositantes u otros legítimos interesados, en materias de su competencia, determinando los requisitos o condiciones previas que deben cumplir para conocer de ellas;

iii. evacuar los informes que requieran los fiscales del Ministerio Público que estén dirigiendo investigaciones criminales, siempre que correspondan a materias de su competencia y se refieran a información que esté disponible en sus archivos;

iv. examinar sin restricción alguna todas las operaciones, bienes, libros, cuentas, archivos y documentos de las personas, entidades o actividades fiscalizadas o de sus matrices, filiales o coligadas. También podrá requerir de ellas o de sus administradores, asesores o personal, los antecedentes y explicaciones que juzgue necesarios para su información. Podrá pedir la ejecución y presentación de balances y estados financieros, en las fechas que estime convenientes, para comprobar la exactitud e inversión de los capitales y fondos. Igualmente, podrá solicitar la entrega de cualquier documento, libro o antecedente que sea necesario para fines de fiscalización, sin alterar el normal desenvolvimiento de las actividades del afectado. Salvo las excepciones autorizadas por la comisión, todos los libros, archivos y documentos deberán estar permanentemente disponibles para su examen en la sede principal de sus negocios. En el año 2014, se agregó la facultad de requerir antecedentes a las personas o entidades que conformen un mismo grupo empresarial. La información y antecedentes del grupo empresarial quedarán sujetos al régimen de reserva de la ley;

v. autorizar al fiscal de la comisión para que, en el marco de investigaciones o procedimientos sancionatorios, requiera información relativa a operaciones bancarias sometidas a secreto o reserva de los bancos. El fiscal debe ser autorizado con el voto a lo menos de tres comisionados y mediante resolución fundada. La información debe resultar indispensable para verificar la realización de conductas que sean infracciones de las normas de la comisión y que, a su vez, se encuentran tipificados como delitos. El ejercicio de esta atribución debe ser solicitada por el fiscal y autorizada previamente por un ministro de la Corte de Apelaciones de Santiago. Asimismo, la comisión podrá autorizar al fiscal para dar complimiento a requerimientos de entidades extranjeras cuando exista un convenio internacional de intercambio;

vi. fijar las normas para la confección y presentación de las memorias, balances, estados de situación y determinar los principios conforme a los cuales deberán llevar su contabilidad. En ausencia de un principio contable nacional, la entidad fiscalizadora deberá consultar previamente a la comisión. Para estos efectos podrá impartir instrucciones y adoptar las medidas tendientes a corregir las deficiencias y, en general, las que estimare necesarias en resguardo de los accionistas, inversionistas y asegurados, así como del interés público. Podrá ordenar que se rectifique o corrija el valor en que se encuentran asentadas determinadas partidas de la contabilidad, cuando establezca que dicho valor no ha sido registrado de acuerdo con normas dictadas por la comisión con normas y principios contables de general aceptación. Cuando establezca que el valor de las partidas no corresponde a la realidad, podrá ordenar la reversión de los estados financieros hasta por los últimos cuatro años en la forma que ella determine;

vii. inspeccionar, por medio de sus empleados o de empresas de auditoría externa, a las personas o entidades fiscalizadas;

viii. requerir a las personas o entidades fiscalizadas que, por las vías que la comisión señale, proporcionen al público información veraz suficiente y oportuna sobre su situación jurídica, económica y financiera. La comisión podrá efectuar directamente las publicaciones que fueren necesarias;

ix. citar a declarar a los socios, directores, administradores, representantes, empleados y personas que a cualquier título presten o hayan prestado servicios para las personas o entidades fiscalizadas y a toda otra persona que hubiere celebrado actos y convenciones de cualquier naturaleza. En el año 2007 se agrega que podrán ser citadas a declarar personas que, sin ser fiscalizadas o relacionadas con ellas, ejecuten actos o convenciones cuyo objeto sean instrumentos o valores emitidos por personas o entidades fiscalizadas. No estarán obligadas a declarar las personas del artículo 361 del Código de Procedimiento Civil, quienes deberán declarar por escrito;

x. dictar normas que aseguren la fidelidad de las actas, libros y documentos que la comisión determine, y requerir que con ellos se deje testimonio o se inserten sus comunicaciones en su caso;

xi. ordenar la designación de empresas de auditoría externa;

xii. vigilar las actuaciones de las empresas de auditoría externa designadas por las personas o entidades sometidas a su fiscalización, impartirles normas respecto del contenido de sus opiniones, certificaciones, informes o dictámenes y de su trabajo de auditoría; y requerirles cualquier información o antecedente relacionado con el cumplimiento de sus funciones;

xiii. designar empresas de auditoría externa en las entidades o personas fiscalizadas, para que realicen las tareas que específicamente les encomiende, con las facultades que estime necesarias;

xiv. designar a una entidad clasificadora de riesgo para que efectúe una clasificación de riesgo respecto de una entidad fiscalizada o de los valores emitidos por un emisor de valores de oferta pública;

xv. llevar los registros públicos de profesionales o de información que las leyes le encomienden;

xvi. requerir de los organismos técnicos del Estado los informes que estime necesarios y contratar los servicios de peritos o técnicos, los que serán de cargo de las personas o entidades fiscalizadas;

xvii. disponer que los documentos que mantenga en sus registros se archiven en medios distintos del papel, mediante sistemas tecnológicos que aseguren la fidelidad del original;

xviii. establecer la forma, plazos y procedimientos para permitir que las instituciones fiscalizadas presenten la información a través de medios magnéticos o de soporte informático;

xix. cobrar y percibir los derechos por registros, aprobaciones y certificaciones que establece la ley;

xx. estimar el monto de los beneficios generados por los infractores del Título XXI de la Ley de Valores, considerando el precio de mercado promedio ponderado del valor de oferta pública, en los sesenta días anteriores al de la fecha de las transacciones hechas con información privilegiada;

xxi. presentar a la justicia civil informes escritos de hechos que hubiere constatado, los que se apreciarán de acuerdo con las reglas de la sana crítica;

xxii. proporcionar asistencia técnica y colaborar en la investigación de infracciones que sean de competencia de la comisión;

xxiii. suscribir convenios o memorandos de entendimiento con agencias nacionales, internacionales o extranjeras;

xxiv. proponer al presidente de la República, a través del Ministerio de Hacienda, las normas legales y reglamentarias necesarias para asegurar el adecuado funcionamiento del mercado financiero y el cumplimiento por parte de las personas o entidades fiscalizadas de la normativa que las rige;

xxv. relacionarse con los organismos públicos y demás órganos del Estado, como también con entidades supervisoras, reguladoras, autorreguladoras o participantes del mercado financiero nacionales, extranjeros o internacionales;

xxvi. en el año 2007 se agregó la atribución de instruir, por resolución fundada, a los intermediarios de valores, a las administradoras de fondos fiscalizadas, a las compañías de seguros del segundo grupo y a las sociedades securitizadoras, que se abstengan de realizar transacciones por un plazo de tres meses, renovable por igual período, cuando la situación financiera de ellas o de sus personas relacionadas ponga en riesgo los respectivos fondos administrados, patrimonios separados o compromisos con inversionistas o asegurados;

xxvii. autorizar al fiscal para solicitar a Carabineros o la Policía de Investigaciones, bajo la dirección de un funcionario de la comisión, para que proceda a ejecutar alguna de las siguientes medidas:

a) ingresar a recintos policiales y si fuera necesario allanar y descerrajar con el auxilio de la fuerza pública;
b) registrar e incautar toda clase de objetos y documentos;
c) Interceptar toda clase de comunicaciones;
d) requerir a empresas de comunicaciones, copias y registros de comunicaciones transmitidas o recibidas;
e) ordenar a otros organismos públicos la entrega de antecedentes, incluso los sujetos a secreto o reserva.

Las denominadas "medidas intrusivas" deberán ser autorizadas por al menos tres comisionados y mediante resolución fundada. Además, se deberá contar con la autorización previa de un ministro de la Corte de Apelaciones de Santiago;

xxviii. llevar el registro público donde consten las actividades laborales, comerciales y de prestación de servicios de los excomisionados y funcionarios afectos al deber de información, así como las sanciones impuestas;

xxix. resolver los procedimientos sancionatorios que se originen como consecuencia de la formulación de cargos, aplicando las sanciones que correspondan según el caso;

xxx. adoptar las medidas preventivas o correctivas que disponga la ley y que resulten necesarias para el cumplimiento de sus fines;

xxxi. solicitar información a otros organismos públicos. Si dicha información es secreta o reservada deberá mantener dicho carácter, sin perjuicio de su traspaso;

xxxii. formular las denuncias que correspondieren al Ministerio Público, por los hechos de que tomara conocimiento, en el ejercicio de sus atribuciones y que puedan revestir caracteres de delito;

xxxiii. designar a un inspector delegado, administrador provisional o a un liquidador, de acuerdo con los títulos XIV y XV de la Ley General de Bancos;

xxxiv. proporcionar información sobre las entidades fiscalizadas al Ministerio de Hacienda, el Banco Central y el Consejo de Estabilidad Financiera. La comisión podrá dar a conocer, en el caso del secreto, información mediante la armonización de los datos personales;

xxxv. evaluar la efectividad de los controles que los bancos implantan con el fin de evitar la utilización del sistema financiero para la comisión de los delitos de las leyes 18.314 y 19.913, especialmente referente al lavado de dinero. Si la comisión advierte situaciones que podrían ser indiciaria de estas conductas, deberá informar a la Unidad de Análisis Financiero;

xxxvi. ejercer las demás facultades que otras leyes expresamente le confieran.

4. Organización de la comisión

La dirección de la comisión estará a cargo del consejo de la comisión, al cual le corresponderá ejercer las atribuciones y cumplir las funciones que esta y otras leyes le encomienden. En caso de ejercerse acciones judiciales por actos formales, acciones u omisiones producidos en el ejercicio del cargo en contra del personal de la comisión, se les deberá proporcionar defensa, incluso después de haber cesado en el cargo. La defensa no se extiende a las acciones u omisiones que configuren una causal de cesación en el cargo.[7]

El consejo estará integrado por cinco comisionados. El presidente de la comisión deberá ser un profesional o académico de reconocido prestigio en materias relacionadas con el sistema financiero y será designado por el presidente de la República. Los otros comisionados deberán reunir las mismas características del presidente, pero su designación por el presidente de la República debe ser ratificada por 4/7 de los senadores en ejercicio. El presidente durará el período presidencial y los otros cuatro miembros durarán seis años, pudiendo ser reelegidos solo por un nuevo período consecutivo. Estos comisionados se renovarán por pares cada tres años. El consejo elegirá de entre sus miembros a un vicepresidente para subrogar al presidente. La función de comisionado no será delegable.[8]

El desempeño de las labores de comisionado exigirá dedicación exclusiva. El cargo es incompatible con todo cargo o servicio que se preste en el sector público y privado. Sin embargo, los comisionados podrán desempeñar cargos docentes hasta por un máximo de doce horas semanales y en corporaciones o fundaciones, siempre que no perciba remuneración y su desempeño no sea incompatible con sus funciones.[9] Asimismo, será incompatible con cualquier cargo público como diputado, senador, ministro del Tribunal Constitucional, ministro de la Corte Suprema, consejero del Banco Central, Fiscal Nacional del Ministerio Público, Contralor y los cargos de alto mando en las Fuerzas Armadas y de Orden y Seguridad Pública. Lo mismo ocurre con el cargo de ministro de Estado, intendente y gobernador; alcalde y concejal; secretario y relator del Tribunal Constitucional; fiscal del Ministerio Público; miembro del Tribunal Calificador de Elecciones y su secretario-relator; miembro de los tribunales electorales, sus suplentes y sus secretarios-relatores; miembro de los demás tribunales creados por ley; funcionario de la Administración del Estado y miembros de los órganos de dirección de los partidos políticos, candidatos a cargo de elección popular y dirigentes de asociaciones gremiales o sindicales. También es incompatible con el cargo de director, administrador, gerente, trabajador dependiente o asesor, consejero, mandatario, ejecutivo principal o miembro de algún comité de alguna entidad sujeta a la fiscalización de la comisión. Si una vez designado el comisionado incurre en alguna incompatibilidad o inhabilidad, debe informarlo de inmediato al consejo y cesar en el cargo.[10]

La ley contempla tres casos de prohibición para ser designado comisionado: (i) la persona condenada por delito que merezca pena aflictiva o inhabilitación perpetua para desempeñar cargos y oficios públicos por delitos cometidos en ejercicio de la función pública, delitos tributarios, delitos de la ley de valores, delitos contra la fe pública y cualquier delito de las leyes sujetas a fiscalización de la comisión; (ii) la persona que tuviere dependencia de sustancias o drogas estupefacientes o sicotrópicos cuya venta no se encuentra autorizada por ley, salvo que justifique su consumo por un tratamiento médico; (iii) la persona objeto de procedimiento sancionatorio o sancionado en los últimos cinco años por infracción a las normas que regulan los mercados sujetos a la fiscalización de la comisión y que a su vez se encuentren tipificados como delitos.[11]

Serán causales de cesación en el cargo: (i) expiración del plazo por el cual fue nombrado; (ii) renuncia aceptada por el presidente de la República; (iii) incapacidad física o síquica para el desempeño del cargo; (iv) sobreviniencia de alguna causal de inhabilidad o incompatibilidad de la ley. Si un comisionado es acusado de alguno de los delitos del artículo 11 N° 1, quedará suspendido de su cargo hasta que concluya el proceso por sentencia firme; (v) incumplimiento grave de sus funciones. Serán incumplimientos graves la inasistencia injustificada a dos sesiones consecutivas o a tres sesiones durante un trimestre calendario, el incumplimiento de la obligación de reserva del N° 5 del artículo 5° y el inciso primero del artículo 28, el incumplimiento de las obligaciones de presentación de declaraciones del artículo 13, el incumplimiento del deber de abstención del artículo 16 y cualquier falta al principio de probidad administrativa. La ley también considera grave el incumplimiento a la dedicación exclusiva y el incumplimiento del deber de informar al consejo sobre causales sobrevinientes de inhabilidad o incompatibilidad. El presidente de la comisión por sí o a requerimiento de dos comisionados podrá acusar los incumplimientos graves a la Corte Suprema, la que resolverá en pleno y en única instancia sobre la concurrencia de la causal. La Corte dará traslado por seis días hábiles al acusado para que conteste la acusación, podrá dictar medidas para mejor resolver y podrá abrir un término probatorio que no excederá de siete días. La acusación debe ser fundada y tendrá preferencia para su vista y fallo.[12]

El consejo solo podrá sesionar con la asistencia de a lo menos tres de sus miembros y los acuerdos se adoptarán por mayoría absoluta de los comisionados presentes, salvo que la ley exija una mayoría diferente. El presidente de la comisión o su subrogante tendrá voto dirimente en caso de empate. El consejo deberá celebrar sesiones ordinarias a lo menos dos veces por semana y extraordinarias cuando las cite el presidente por sí o a requerimiento escrito de los comisionados. Los comisionados podrán participar de las sesiones por cualquier medio tecnológico. De los acuerdos que adopte el consejo deberá dejarse constancia en el acta de la sesión respectiva.[13]

Los comisionados deberán abstenerse de participar cuando se tratan materias o se resuelven asuntos en que puedan tener interés, debiendo informar al consejo del conflicto de interés que les afecta. Se entiende que tiene interés cuando: (i) las decisiones se refieren a los casos del artículo 44 de la Ley de Sociedades Anónimas; (ii) la decisión que adopte pudiese afectar sus intereses en los términos del artículo 7° de la Ley sobre Probidad en la Función Pública y Prevención de los Conflictos de Intereses y el artículo 12 de la Ley sobre Bases de los Procedimientos Administrativos; (iii) las decisiones recaigan sobre sociedades o entidades en las que se hubiera desempeñado en los últimos doce meses como director, administrador, gerente, trabajador dependiente o asesor, consejero o mandatario, ejecutivo principal o miembro de algún comité; (iv) se haya pronunciado o emitido opiniones, por cualquier medio, sobre un procedimiento sancionatorio en curso y cuya resolución se encontrare pendiente.[14]

La remuneración del presidente de la comisión corresponderá a la suma mensual de $2.318.561, quien tendrá la calidad de Jefe de Servicio. Los restantes comisionados tendrán derecho a una remuneración mensual de $1.174.173 del grado 2° con las mismas bonificaciones y asignaciones.[15]

Al consejo le corresponden las siguientes funciones:

i. ejercer las atribuciones y funciones de la comisión;
ii. establecer políticas de planificación, organización, dirección, coordinación y control del funcionamiento de la comisión. Como atribución, establecer políticas de adquisición, enajenación y administración de inmuebles que requieran la aprobación del ministro de Hacienda;
iii. dictar normas de carácter general, circulares, oficios circulares y otras resoluciones. La normativa deberá contener los fundamentos que hagan necesaria su dictación, incluyendo la definición adecuada del problema que se pretende abordar, la justificación de la intervención regulatoria, la evaluación del impacto de dicha regulación, en los casos que corresponda o sea posible.. Dicha normativa deberá ser objeto de una consulta pública, a través de la página web de la comisión. Se podrá excluir de los trámites, por resolución fundada de la comisión, cuando por la urgencia requiera de aplicación inmediata o cuando se estime que los trámites resultan impracticables, innecesarios o contrarios al interés público;
iv. resolver los procedimientos sancionatorios, aplicando las sanciones que correspondan;
v. autorizar las medidas de los N^{ros}. 5 y 27 del artículo 5° de la ley;
vi. dictar y modificar la normativa interna de funcionamiento de la comisión;
vii. formular al presidente de la República, a través del Ministerio de Hacienda, las propuestas de reforma a normas legales y reglamentarias.
viii. resolver acerca de la suscripción de convenios o memorandos de entendimiento del N° 23 del artículo 5°;
ix. formular al Ministerio Público las denuncias por los hechos de que tomare conocimiento en el ejercicio de sus atribuciones;
x. designar un inspector delegado, administrador provisional o liquidador de acuerdo con la Ley General de Bancos;
xi. elaborar, dentro del primer cuatrimestre, una cuenta pública anual con la que se detalle el trabajo de la comisión en el año anterior;
xii. suspender provisionalmente, en casos graves y urgentes debidamente calificados, total o parcialmente, por resolución fundada, las actividades de una persona o entidad fiscalizada o la cotización o la transacción de uno o más valores;
xiii. dictar las resoluciones de autorizaciones de existencia, funcionamiento y fusiones o reorganizaciones;
xiv. las demás funciones y atribuciones que esta u otras leyes le encomienden.[16]

Las funciones del presidente de la comisión están enumeradas en la ley y son las normales para un presidente de órgano colegiado económico. Llama la atención la facultad del presidente de suspender provisoriamente, en casos graves y urgentes y mediante resolución fundada, las actividades de una persona o entidad fiscalizada o la cotización o la transacción de uno o más valores y adoptar en general cualquier medida preventiva o correctiva que disponga la ley, en los casos que no se cumpla con las normas necesarias para el adecuado desarrollo de tales actividades o cuando así lo requiere el interés público o la protección de los inversionistas. El presidente debe informar al consejo dentro de las 48 horas de adoptada la medida y en la cual se deberá pronunciar sobre la conveniencia de mantener o dejar sin efecto la medida.[17]

La ley crea una unidad de investigación responsable de la instrucción del procedimiento sancionatorio, el que estará a cargo de un fiscal que será designado mediante el proceso de selección de altos directivos públicos. El fiscal estará sujeto a las mismas inhabilidades e incompatibilidades de los comisionados y durará seis años en el cargo, pudiendo renovarse por un período consecutivo. Tendrá grado 2° de la planta de directivos de la Comisión para el Mercado Financiero.[18]

El personal de la comisión es desarrollado con cuidado por la ley.[19] Lo mismo ocurre con el cobro de derechos, donde se establecen ocho situaciones diferentes con derechos en unidades de fomento.[20]

5. Apremios y sanciones de la comisión

El título III de la ley contiene el régimen de apremios y sanciones de la comisión, en términos bastante similares a los contenidos en la anterior ley orgánica de la superintendencia. Los apremios se realizan a través de la justicia ordinaria en los casos que se obstaculizare o impidiere el pleno ejercicio de las funciones otorgadas a la comisión o al fiscal. Lo mismo puede ocurrir con las personas que habiendo sido citadas bajo apercibimiento no concurran a declarar sin causa justificada. La nueva ley agrega que las personas que presten declaraciones falsas ante la comisión o ante el fiscal sufrirán pena de presidio menor en sus grados mínimo a medio y multa de 6 a 10 UTM.[21]

La ley distingue entre las sociedades anónimas sujetas a la fiscalización de la superintendencia y las personas o entidades que no son sociedades anónimas, pero que están sujetas a la fiscalización de la comisión. En ambos casos se sancionan las infracciones a las leyes, reglamentos, estatutos y demás normas que las rijan o en incumplimiento de las instrucciones y órdenes que les imparte la comisión. La primera sanción, idéntica para ambos casos, es la censura. La segunda sanción es la multa a beneficio fiscal hasta por un monto global de 15.000 UF. En caso de haber sido sancionado anteriormente por infracciones de la misma naturaleza, la multa puede llegar a 75.000 UF. La multa puede aplicarse alternativamente por su monto, por el 30% del valor de la omisión, registro contable u operación irregular o hasta el doble de los beneficios obtenidos producto de la omisión, registro contable u operación irregular. La tercera sanción es la revocación de autorización de existencia cuando proceda. Tratándose de personas naturales o autorizadas por la comisión para ejercer determinadas funciones o atribuciones, la comisión podrá suspender de su cargo hasta por un año o revocar la autorización o nombramiento por causa grave. La comisión podrá aplicar como sanción accesoria la de inhabilidad temporal hasta por cinco años para el ejercicio del cargo de director o ejecutivo principal a los que hubieren incurrido en las conductas de los artículos 59 a 61 de la Ley de Valores y los artículos 41 y 49 de la Ley de Seguros. Las sanciones podrán ser aplicadas a la sociedad, empresa, entidad, personas jurídicas o naturales, administradores o representantes, según lo determine la comisión.[22] Para la determinación del rango y del monto de las multas, el consejo deberá considerar las siguientes circunstancias: (i) la gravedad de la conducta; (ii) el beneficio económico obtenido con motivo de la infracción, si lo hubiere; (iii) el daño o riesgo causado al correcto funcionamiento del mercado financiero, a la fe pública y a los intereses de los perjudicados con la infracción; (iv) la participación de los infractores en la misma; (v) el haber sido sancionado previamente por infracciones a las normas sometidas a su fiscalización; (vi) la capacidad económica del infractor; (vii) las sanciones aplicadas con anterioridad por la comisión en las mismas circunstancias y (viii) la colaboración que este haya prestado a la comisión antes o durante la investigación que determinó la sanción.[23]

6. Procedimiento sancionatorio

Una de las mayores innovaciones de la nueva ley es la incorporación de este título completo referido al procedimiento sancionatorio, materia prácticamente inexistente en la Ley de la Superintendencia de Valores y Seguros. El nuevo título tiene a su vez el párrafo 1° dedicado a las normas comunes en este procedimiento; el párrafo 2°, destinado al procedimiento general y las actuaciones previas e inicio del procedimiento; el párrafo 3°, referente al procedimiento simplificado; el párrafo 4°, sobre delación compensada denominado de la colaboración del presunto infractor, y el párrafo 5°, para las disposiciones generales.

En las normas comunes a todo procedimiento, se establece que el procedimiento sancionatorio admite la participación de interesados, con las facultades para aducir alegaciones y aportar documentos u otros elementos de juicio durante toda la tramitación. La ley establece que el procedimiento debe desarrollarse con sencillez y eficacia, siendo solo exigibles las formalidades tendientes a dejar constancia indubitada de lo actuado y evitar perjuicios a los interesados. El vicio de procedimiento afectará la validez de los actos administrativos cuando recaiga en algún requisito esencial del acto y sea de tal cantidad que genere perjuicios a los interesados.[24] El procedimiento sancionatorio tendrá una duración máxima de nueve meses, contados desde la formulación de cargos hasta la resolución final del consejo.[25] Los interesados que se hubieren apersonado en el procedimiento sancionatorio estarán obligados a guardar reserva respecto de la información a la que accedan durante su tramitación y no podrán divulgarla a terceros. La obligación de reserva se mantiene aún finalizado el correspondiente proceso respecto de la información que no adquiera el carácter de pública. La infracción a la reserva será sancionada con reclusión menor en sus grados mínimo a medio y multa de 6 a 10 UTM.[26] Las personas objeto de cargos que no comparecieren serán declaradas en rebeldía.[27]

En cuanto al procedimiento general, si el fiscal constatara alguna posible infracción, procederá a formular cargos. Por el contrario, si el fiscal decide no formular cargos, remitirá el informe al consejo, el que podrá aceptarlo, solicitar la ampliación del informe o la presentación de antecedentes adicionales que justifiquen la decisión del fiscal.[28] El oficio que formule cargos, deberá ser fundado con descripción de los hechos en los que se fundamentan y cómo estos constan en la investigación, la indicación de por qué se consideran contrarios a las normas, especificando las normas que se estimen infringidas, la persona presuntamente responsable y la participación que se le imputa.[29] El oficio de cargos será notificado a la persona presuntamente responsable y a los interesados apersonados para que formulen alegaciones y aporten los documentos.[30] En los descargos deberán señalarse todas las circunstancias o antecedentes de hecho o de derecho que eximen o atenúan la presunta responsabilidad, así como los que nieguen la efectiva concurrencia de los hechos o que demuestren que no constituyen infracción.[31] Transcurrido el plazo para la formulación de descargos, el fiscal ordenará la apertura de un término probatorio para que se haga valer cualquier medio de prueba admisible que diga relación con hechos relevantes para la decisión del procedimiento. La duración del probatorio no podrá ser inferior a diez ni exceder de treinta días, con la posibilidad de una prórroga.[32] Una vez vencido el término probatorio, el fiscal podrá decretar las obligaciones que estime estrictamente necesarias para la resolución del asunto. Realizados todos los actos de instrucción, vencido el término probatorio o llevadas a cabo las diligencias, el fiscal remitirá al consejo el expediente, informando el estado de este y su opinión fundada acerca de la infracción en virtud de lo acreditado en el procedimiento sancionatorio respecto de cada persona.[33] El consejo pondrá término al procedimiento sancionatorio mediante resolución fundada dentro de 65 días desde la recepción del informe del fiscal, término dentro del cual deberá proponer una audiencia para que la persona objeto de los cargos y los interesados formulen alegaciones. La comisión podrá disponer de diligencias o medidas para mejor resolver que estime necesarias. La resolución del consejo deberá contener el análisis de todas las defensas, alegaciones y pruebas hechas valer en el procedimiento sancionatorio, determinar en conformidad a ellas si ha existido infracción a la normativa de la misma, indicando su participación en los hechos y la sanción de que se hace merecedora, si correspondiera.[34]

El procedimiento simplificado está regulado en el párrafo 3° del título IV de la ley. Se aplica cuando los hechos presuntamente infraccionales fueran de menor entidad, según una norma de carácter general del consejo.[35] El procedimiento se iniciará por requerimiento del fiscal al supuesto infractor para que admita la responsabilidad en los hechos, señalando en él la sanción que solicitará al consejo en el evento que lo hiciere. En caso de que admitiera responsabilidad, el consejo procederá a la dictación de la resolución final. Si no admitiera responsabilidad, se continuará con el procedimiento.[36] El procedimiento simplificado se regirá por las siguientes normas especiales: (i) emitido el oficio de cargos se dará traslado a la persona objeto mediante notificación de acuerdo con el artículo 64; (ii) el plazo para la formalización de los cargos no puede ser inferior a tres ni mayor a seis días; (iii) el probatorio será entre cinco y diez días, con prórroga por una vez. En lo demás se aplicará el procedimiento general, en lo que no sea contrario a su naturaleza sumaria.[37] Si durante el procedimiento se recabaran antecedentes que permitieran hacer una calificación distinta de la naturaleza o gravedad de la infracción, el fiscal podrá decretar la sustitución del procedimiento con acuerdo del consejo. Habiéndose reconocido responsabilidad ningún antecedente podrá ser invocado ni incorporado como medio de prueba al procedimiento general.[38]

El párrafo 4° del título IV de la ley trata la delación compensada bajo la denominación de la colaboración del presunto infractor. El que incurra en una conducta sancionable por la comisión podrá acceder a una reducción de hasta el 80% de la sanción pecuniaria, cuando se autodenuncia. Cuando existen dos o más posibles responsables, el primero en autodenunciarse podrá acceder a una reducción del 100% de la sanción pecuniaria y los restantes solo podrán acceder a una reducción de hasta el 30%, siempre que aporten antecedentes sustanciales y adicionales a los ya presentados por el primer denunciante. Al primer autodenunciante, se le aplicará una pena inferior en uno o dos grados si se refiere a conductas tipificadas como delitos. Se le reconocerá una exención de responsabilidad penal si se trata de los delitos del artículo 59 letra e, solo en lo referente a las prohibiciones de los artículos 52 y 53; 60 en relación con las letras e, g y h del artículo 164, siempre que no se trate de los sujetos del inciso 2°, todos de la Ley de Valores. Para acceder a los beneficios se deben cumplir los siguientes requisitos: (i) proporcionar antecedentes precisos, veraces y comprobables que representen una contribución efectiva a la constitución de elementos de prueba suficientes para fundar el oficio de cargos; (ii) abstenerse de divulgar la solicitud del beneficio hasta que se haya emitido la resolución sancionatoria u ordenado archivar los antecedentes del caso; (iii) haber puesto fin a su participación en la conducta antes de presentar su solicitud; (iv) no haber sido el organizador o líder de la conducta ilícita, ni haber coaccionado a los demás a participar en ella; (v) no haber sido sancionado previamente por infracciones a las leyes y normativa cuya fiscalización corresponde a la comisión, con algunas de las sanciones de multas y de revocación de existencia. Asimismo, la persona que accede a alguno de los beneficios relacionados con delitos deberá contribuir efectivamente con el Ministerio Público, aportando a la investigación y prestar declaración en calidad de testigo. Los beneficios de la delación compensada no obstarán a la persecución de las responsabilidades civiles que tuvieren lugar. La acción de indemnización de perjuicios podrá ser interpuesta ante el tribunal civil competente, se tramitará con procedimiento sumario y el tribunal apreciará la prueba de acuerdo con las reglas de la sana crítica.[39]

El párrafo 5° proporciona disposiciones generales sobre el procedimiento sancionatorio. En cuanto a las multas aplicadas por el consejo, estas deberán ser pagadas en la tesorería comunal del domicilio del infractor, dentro de diez días desde que la resolución se encuentre firme.[40] De toda multa aplicada a una sociedad o a sus directores o liquidadores responderán solidariamente los directores o liquidadores que concurrieron con su voto favorable a los acuerdos que motivan la sanción.[41] El consejo no podrá sancionar a un infractor luego de cuatro años desde la fecha en que hubiere terminado constar el hecho constitutivo de una infracción o de ocurrir la omisión sancionada. La acción de cobro de una multa prescribe en el plazo de dos años.[42]

El título termina con ciertas normas generales de bastante relevancia. Los términos de días se entenderán días hábiles, a menos que se exprese lo contrario. Las notificaciones se practicarán mediante carta certificada, de modo personal, en los oficios de la comisión o por correo electrónico.[43] El artículo 65 establece una norma fundamental del orden público económico, el cual establece que las disposiciones de la presente ley primarán sobre las establecidas en los estatutos de las personas o entidades sujetas a la fiscalización de la comisión.[44] Asimismo, la ley establece que los montos de las multas establecidas en esta ley que sean superiores, prevalecerán a las contempladas en otros cuerpos legales para la sanción de los mismos hechos infraccionales.[45] Por último, la ley dispone que la comisión será considerada para todos los efectos de sucesora y continuadora legal de la Superintendencia de Valores y Seguros y del servicio denominado Superintendencia de Seguros, Sociedades Anónimas y Bolsas de Comercio, y que todas las referencias a la superintendencia y superintendente se entenderán hechas a la Comisión para el Mercado Financiero, el consejo y a su presidente, según corresponda.[46]

7. Recursos

En la ley original de la Superintendencia de Valores y Seguros de 1980 no se contemplaban recursos en contra de los actos administrativos que realice la superintendencia o sus omisiones no se ajusten a la ley, reglamentos o normas que le compete aplicar. En el año 1989 se agrega el recurso de reclamación, el que permite impugnar dichos actos y omisiones. La nueva ley de la comisión establece que las personas o entidades que estimen que los actos administrativos que emita la comisión no se ajustan a la ley, reglamentos o normas que le compete aplicar, podrán impugnarlos mediante los recursos del título V de la ley, sin perjuicio de los que sean procedentes de conformidad a las normas generales.[47]

La ley permite recurrir de reposición contra los actos administrativos y sanciones del consejo, del presidente de la comisión o del fiscal, según corresponda. La petición se formulará por escrito y contendrá en forma precisa los hechos y el derecho en que se fundamenta. El plazo para su interposición será de cinco días hábiles y la autoridad correspondiente dispondrá de quince días hábiles para resolver, transcurridos los cuales sin que se hubiere pronunciado se entenderá que rechaza el recurso. La interposición de este recurso suspenderá el plazo para reclamar de ilegalidad.[48]

El recurso de ilegalidad procede cuando las personas estiman que una norma de carácter general, instrucción, comunicación, resolución o cualquier otro acto administrativo emanado del consejo, del presidente de la comisión o del fiscal, distinto a los sancionatorios, es ilegal y les causa perjuicio y, por lo tanto, podrán presentar reclamo de ilegalidad ante la corte de Apelaciones de Santiago. Procederá el mismo reclamo de ilegalidad para la impugnación de medidas correctivas o preventivas en el ejercicio de la facultad otorgada a la comisión por el N° 30 del artículo 5° de la ley. Interpuesto el reclamo, la corte deberá pronunciarse previamente sobre su admisibilidad, para lo cual el reclamante señalará en su escrito, con precisión, el acto reclamado, la disposición que supone infringida, la forma en que se ha producido la infracción y las razones por las cuales esta lo perjudica. El reclamo de ilegalidad deberá interponerse dentro del plazo de diez días hábiles. Si la Corte de Apelaciones declarare admisible el reclamo, dará traslado de este por seis días hábiles. Evacuado el traslado o acusada la rebeldía, la corte dictará sentencia en el término de quince días. La sentencia que rechaza el reclamo será susceptible de apelación ante la Corte Suprema dentro del plazo de diez días y la apelación gozará de preferencia para su vista y fallo. La sola interposición del reclamo de ilegalidad no suspenderá los efectos del acto impugnado.[49]

Las sanciones del consejo pueden ser reclamadas de ilegalidad ante la Corte de Apelaciones de Santiago dentro de diez días hábiles contados desde la notificación de la resolución que impuso la sanción. La Corte deberá pronunciarse previamente sobre su admisibilidad. El reclamante deberá: (i) señalar con precisión en su escrito el acto reclamado; (ii) la disposición que se supone infringida; (iii) las razones por las que no se ajusta a la ley, los reglamentos o demás disposiciones que le sean aplicables; y (iv) las razones por las cuales la sanción lo perjudica. Si la Corte lo declara admisible, dará traslado por seis días. Evacuado el traslado o vencido el plazo para formular observaciones, la Corte ordenará traer los autos en relación. La Corte podrá, si lo estima pertinente, abrir un término probatorio que no podrá exceder de siete días. La sentencia que rechace de ilegalidad, será susceptible de apelación ante la Corte Suprema.[50]

8. Comité de Autorregulación Financiera

La ley crea en su título VI un Comité de Autorregulación Financiera cuyo objeto exclusivo será dictar normas que permitan implementar buenas prácticas en materia de gobierno corporativo, ética empresarial, transparencia y competencia leal entre los distintos actores del mercado. Además de dictar normas, el Comité podrá establecer y acreditar el cumplimiento de los estándares de idoneidad técnica y ética de los participantes del mercado de valores, resolver las diferencias o reclamos que se presenten entre sus miembros, o entre estos y sus clientes cuando así lo solicitaren, y promover la protección de los inversionistas. Podrán participar como miembros del Comité de Autorregulación los intermediarios de valores de oferta pública, las bolsas de valores, las bolsas de productos, los administradores generales de fondos y las administradoras de carteras individuales fiscalizadas por la comisión.[51]

La administración del comité será ejercida por un directorio compuesto por cinco directores independientes. No se consideran independientes aquellos que tengan vínculo, interés o dependencia económica, profesional, crediticia o comercial de carácter relevante (cuando represente el 10% o más de sus ingresos anuales) con algunas de las sociedades integrantes de la entidad de autorregulación o del grupo empresarial del que ella forma parte, su controlador o los ejecutivos principales de cualquiera de ellos, o haya tenido tal calidad durante el año inmediatamente anterior a la designación. Tampoco se considera independiente aquel que mantiene una relación de parentesco hasta el segundo grado de consanguinidad o afinidad con alguna de las personas antes mencionadas. La designación de los directores será hecha por un subcomité de designación compuesto por ocho miembros. El subcomité estará integrado por dos representantes de cada uno de los intermediarios de valores, de las bolsas de valores y productos, de los administradores generales de fondos y de los administradores de carteras individuales.[52]

El Comité deberá dictar un reglamento interno en el que se fijarán las normas relativas a su organización, estructura y funcionamiento, así como los procedimientos de regulación y supervisión. En general, las normas que permiten garantizar una gestión eficiente.[53] La comisión podrá fiscalizar en cualquier momento el cumplimiento de lo establecido en el reglamento interno.[54]

9. Disposiciones transitorias

La ley entrará en vigencia dieciocho meses después de su publicación o cuando entre en funcionamiento la comisión si esto ocurriese con anterioridad, lo que ocurrió el 15 de enero de 2018.[55] El presidente de la República deberá designar al presidente de la comisión y a los demás comisionados por lo menos dos meses antes de la fecha de inicio de las funciones de la comisión.[56] Dos de los comisionados durarán tres años en su cargo y los otros dos por seis años.[57]

NOTAS

1) Ley Comisión Mercado Financiero, artículo 1°
2) Ley Comisión Mercado Financiero, artículo 1°
3) Ley Comisión Mercado Financiero, artículo 2°
4) Ley Comisión Mercado Financiero, artículo 3°
5) Ley Comisión Mercado Financiero, artículo 4°
6) Ley Comisión Mercado Financiero, artículo 5°
7) Ley Comisión Mercado Financiero, artículo 8°
8) Ley Comisión Mercado Financiero, artículo 9°
9) Ley Comisión Mercado Financiero, artículo 10°
10) Ley Comisión Mercado Financiero, artículo 12°
11) Ley Comisión Mercado Financiero, artículo 11°
12) Ley Comisión Mercado Financiero, artículo 14°
13) Ley Comisión Mercado Financiero, artículo 15°
14) Ley Comisión Mercado Financiero, artículo 16°
15) Ley Comisión Mercado Financiero, artículo 17°
16) Ley Comisión Mercado Financiero, artículo 20°
17) Ley Comisión Mercado Financiero, artículo 21°
18) Ley Comisión Mercado Financiero, artículo 22°
19) Ley Comisión Mercado Financiero, artículos 26°-32°
20) Ley Comisión Mercado Financiero, artículos 33°-34°
21) Ley Comisión Mercado Financiero, artículo 35°
22) Ley Comisión Mercado Financiero, artículo 36° y 37°
23) Ley Mercado Financiero, artículo 38°
24) Ley Mercado Financiero, artículo 40°
25) Ley Mercado Financiero, artículo 41°
26) Ley Mercado Financiero, artículo 42°
27) Ley Mercado Financiero, artículo 43°
28) Ley Mercado Financiero, artículo 45°

29) Ley Mercado Financiero, artículo 46°
30) Ley Mercado Financiero, artículo 47°
31) Ley Mercado Financiero, artículo 48°
32) Ley Mercado Financiero, artículo 49°
33) Ley Mercado Financiero, artículo 51°
34) Ley Mercado Financiero, artículo 52°
35) Ley Mercado Financiero, artículo 54°
36) Ley Mercado Financiero, artículo 55°
37) Ley Mercado Financiero, artículo 56°
38) Ley Mercado Financiero, artículo 57°
39) Ley Mercado Financiero, artículo 58°
40) Ley Mercado Financiero, artículo 59°
41) Ley Mercado Financiero, artículo 60°
42) Ley Mercado Financiero, artículo 61°
43) Ley Mercado Financiero, artículo 64°
44) Ley Mercado Financiero, artículo 65°
45) Ley Mercado Financiero, artículo 66°
46) Ley Mercado Financiero, artículo 67°
47) Ley Mercado Financiero, artículo 68°
48) Ley Mercado Financiero, artículo 69°
49) Ley Mercado Financiero, artículo 70°
50) Ley Mercado Financiero, artículo 71°
51) Ley Mercado Financiero, artículo 72°
52) Ley Mercado Financiero, artículo 73°
53) Ley Mercado Financiero, artículo 74°
54) Ley Mercado Financiero, artículo 76°
55) Ley Mercado Financiero, artículo 1° transitorio
56) Ley Mercado Financiero, artículo 4° transitorio
57) Ley Mercado Financiero, artículo 6° transitorio

BIBLIOGRAFÍA

1. Gallegos Zúñiga, Jaime Derecho bancario y financiero de Chile (Valencia: Tirant lo Blanch, 2022).
2. Henríquez Herrera, Ian (cord.): Estudios de regulación empresarial (Santiago: Thomson Reuters, 2014).
3. Marmolejo González, Críspulo: Agencia reguladoras (Santiago: Thomson Reuters, 2019).
4. Mella Cáceres, Rodrigo y Larraín Fierro, Alvaro: Derecho bancario (Santiago: Thomson Reuters, 2018).
5. Morales Godoy, Joaquín (dir.): Código de Comercio: Doctrina y jurisprudencia, 3 Tomos (Santiago: Thomson Reuters, 2010).
6. Ríos Ossa, Roberto (ed.): La Comisión para el Mercado Financiero (Santiago, Ediciones UC 2020).
7. Ruiz-Tagle Vial, Carlos: Curso de derecho económico (Santiago: Librotecnia, 2018).
8. Superintendencia de Valores y Seguros: Legislación de seguros 2014 (Santiago, s/f.).
9. Superintendencia de Valores y Seguros: Legislación de valores 2013 (Santiago, s/f.).

XIII. Mercado Cambiario

1. Evolución de la legislación
2. Operaciones de cambios internacionales
3. Mercado cambiario formal
4. Limitaciones cambiarias
5. Tipo de cambio
6. Capítulo XIV del Compendio de Cambios Internacionales
7. Sanciones cambiarias

MERCADO CAMBIARIO

1. Evolución de la legislación

Los primeros controles cambiarios se remontan a la Ley 4.973 de 1931, la cual, por exigirlo el interés nacional, establece el control sobre las operaciones de cambios internacionales. La ley crea la Comisión de Control de Operaciones de Cambio, compuesta por tres miembros designados por el presidente de la República. Esta primera ley considera como operación de cambio internacional toda clase de operaciones con moneda extranjera y toda clase de documentos en moneda extranjera o en moneda nacional si fuesen pagaderos o debieran cumplirse en el exterior. La comisión tenía amplias facultades para restringir y rechazar las compras y ventas de toda clase de monedas extranjeras o de oro amonedado o en barras. La comisión podrá, además, fiscalizar las exportaciones y autorizar o no aquellas en que no se den seguridades a la satisfacción de la comisión de que el valor líquido ha sido remesado a Chile. La Ley 5.107 de 1932 amplió la comisión a siete miembros, todos ellos designados por el presidente de la República, y cambia su denominación a Comisión de Cambios Internacionales. Clarifica la definición de operación de cambios internacionales incluyendo la compra o venta de toda clase de monedas extranjeras y los documentos de cualquier naturaleza que importen traslado de fondos de Chile al exterior o desde el exterior a Chile. La ley autorizó a la comisión para delegar sus atribuciones en subcomisiones de nueve miembros y en comisiones locales a lo largo de todo el país. En 1932 la ley autorizaba al Banco Central a fijar diariamente el tipo de cambio.

En 1950 la Ley 1.839 establece que las operaciones de cambios internacionales serán autorizadas y controladas por el Consejo Nacional de Comercio

Exterior, compuesto por nueve miembros, con la posibilidad de tener comisiones locales a lo largo de todo el país. La fijación de tipos de cambios solo podía ser acordada por decreto supremo, con la firma del presidente de la República, del ministro de Economía y Comercio y con informes favorables del Consejo Nacional de Comercio Exterior y del Banco Central. Las operaciones de cambios internacionales solo podrán efectuarse con el Banco Central y con autorización expresa del Consejo Nacional con los bancos comerciales y por otras personas o entidades expresamente autorizadas. En 1956 la Ley 12.084 volvió a crear una Comisión de Cambios Internacionales, ahora con cinco miembros, cuatro de designación del presidente de la República y uno del Banco Central.

En 1960 el DFL 250 establece que las facultades que la Constitución y las leyes otorgan al presidente para formular la política general, en relación con el comercio de exportación y de importación y las operaciones de cambios internacionales, serán ejercidas por intermedio del Ministerio de Economía. La ley fusiona la Comisión de Cambios Internacionales con el Banco Central. Las facultades y funciones de la Junta Directiva de la comisión corresponderán en lo sucesivo al Comité Ejecutivo del Banco Central. En 1961 se dicta el DS 1272 de Economía, que aprueba el texto refundido, coordinado y sistematizado de las normas sobre comercio de exportación e importación y de operaciones de cambios internacionales. En 1963 se aprueba la Ley del Oro 15.192, que dispuso que constituían también operaciones de cambios internacionales las transferencias de oro en cualquiera de sus formas, aun cuando no importen traslado de fondos de Chile al exterior y viceversa, y cualquiera que fuere el contrato o acto jurídico que originara la transferencia. La ley previó severas penas por su infracción, estableciendo la inexcarcelabilidad de los correspondientes delitos. En 1977, el DL 471 de Economía estableció un nuevo texto refundido, coordinado y sistematizado de la ley sobre comercio de exportación y de importación, así como las operaciones de cambios internacionales.

La Ley Orgánica Constitucional del Banco Central, 18.840 de 1989, derogó el DS 471 de 1977, estableciendo en el párrafo 8° del título II un nuevo sistema de cambios internacionales, que es el que rige en la actualidad.

2. Operaciones de cambios internacionales

La ley define las operaciones de cambios internacionales como las compras y ventas de moneda extranjera y, en general, los actos o convenciones que creen, modifiquen o extingan una obligación pagadera en moneda extranjera, aunque no importe traslado de fondos o giros de Chile al exterior o viceversa. A su vez se entiende por moneda extranjera o divisa, los billetes o monedas de países extranjeros y cualquier documento en que conste una obligación pagadera en moneda extranjera. Se considerarán también como operaciones de cambios internacionales las transferencias o transacciones de oro o de títulos representativos del mismo, siempre que recaigan sobre especies de oro que por su naturaleza se prestan para servir como medio de pago, aun cuando no importen traslado de fondos en oro de Chile al exterior y viceversa, y cualquiera sea el acto o contrato que origine la transferencia o transacción. Las especies de oro y los títulos representativos del mismo revestirán el carácter de moneda extranjera. Para efectos aduaneros y tributarios, la introducción, salida o tránsito internacional de oro en cualquiera de sus formas se considerará como una mercancía.[1] La ley eliminó de la definición la expresión transacción, cuyo alcance debió ser delimitado por la jurisprudencia de los tribunales.

El párrafo 8° de la ley referida a las facultades del Banco en materia de cambios internacionales, parte señalando que toda persona podrá efectuar libremente operaciones de cambios internacionales.[2] Antes de la ley, la facultad cambiaria era de competencia del Consejo Monetario, creado en 1975 en reemplazo del directorio que existió desde 1925 a 1975.

3. Mercado cambiario formal

El mercado cambiario formal está constituido por las empresas bancarias y las entidades o personas autorizadas por el Banco Central para formar parte del mercado cambiario formal, las cuales solo estarán facultadas para realizar las operaciones de cambios internacionales que el banco determine. Se entenderá que una operación de cambios internacionales se realiza en el mercado cambiario formal cuando se efectúa por alguna de las personas o entidades que lo constituyan o a través de alguna de ellas.[3]

Asimismo, antes de la ley, la libertad cambiaria no existía pues regía el principio general de que toda operación de cambios está prohibida a menos que la ley o el Banco Central la hubiere autorizado.

El Banco deberá adoptar las medidas necesarias para que el mercado cambiario formal esté constituido por un número suficiente de personas o entidades que permitan su funcionamiento en condiciones de adecuada competencia. El Banco establecerá las normas que regulen las operaciones de cambios internacionales que se efectuarán entre bancos, demás personas autorizadas para constituir el mercado cambiario formal, o entre estas y aquellas con el Banco.[4] Las normas en cuestión están contenidas en el Compendio de Cambios Internacionales, que en la actualidad tiene catorce capítulos (siete de ellos derogados). Los capítulos tienen el siguiente contenido:

> I. Disposiciones Generales; II. Derogado; III. Normas relativas a las personas jurídicas autorizadas para formar parte del Mercado Cambiario Formal distintas a los bancos; IV. Derogado; V. Derogado; VI. Normas y procedimientos para el Convenio de Pagos y Créditos Recíprocos ALADI; VII. Derogado; VIII. Derogado; IX. Operaciones con instrumentos derivados; X. Derogado; XI. Derogado; XII. Inversiones, depósitos y créditos al exterior, de personas domiciliadas o residentes, que no sean bancos; XIII. Créditos e inversiones de los bancos establecidos en Chile; XIV. Créditos, depósitos, inversiones y aportes de capital provenientes del exterior.

4. Limitaciones cambiarias

La ley contempla tres clases de limitaciones cambiarias en los artículos 40°, 42° y 49°, las únicas existentes en un régimen de libertad cambiaria adoptado por la ley.

El Banco podrá exigir que la realización de determinadas operaciones cambiarias sea informada por escrito. En este caso el banco deberá individualizar, con precisión y de manera específica, las operaciones de cambios afectos a la obligación.[5]

El banco podrá disponer, por acuerdo fundado de la mayoría del consejo, que las siguientes operaciones se realicen exclusivamente en el mercado cambiario formal:

i. el retorno al país en divisas y la liquidación a moneda nacional, del valor que corresponde obtener por las exportaciones, dentro de los plazos que determine el banco;
ii. el retorno y la liquidación de las divisas provenientes de exportaciones de servicios, saldos líquidos de fletes, comisiones que se devenguen con ocasión de actividades de comercio y de indemnizaciones por concepto de seguros u otras causas y, en general, de pagos devengados en el extranjero a que tengan derecho personas residentes en Chile;

iii. pagos en moneda extranjera de las importaciones, comisiones que se devenguen con ocasión de actividades de comercio exterior, servicios de transporte, regalías, asistencias técnicas, primas o indemnizaciones de seguros u otras causas y cualquier pago en divisas al exterior o a personas que no tengan residencia en Chile;
iv. remesa de moneda extranjera destinada a efectuar en el extranjero inversiones, aportes de capital, créditos o depósitos;
v. liquidación a moneda nacional de las divisas percibidas a cualquier título por personas residentes en Chile con ocasión de actos u operaciones realizadas dentro o fuera del país.[6]

El Banco podrá imponer restricciones a las operaciones de cambios internacionales que se realicen o deban realizarse en el mercado cambiario formal:

i. establecer la obligación de retorno y liquidación para las exportaciones y las divisas percibidas a cualquier título por personas residentes en Chile;
ii. establecer que los créditos, depósitos o inversiones en moneda extranjera que provengan o se destinen al exterior queden sometidos a la obligación de mantener un encaje. El encaje en ningún caso excederá del 40% de la respectiva operación;
iii. establecer que las obligaciones de pago o de remesa de las importaciones y de las inversiones en el extranjero de las Administradoras de Fondos de Pensiones, requerirán autorización previa del banco en las condiciones que esta determine;
iv. establecer que las entidades que constituyen el mercado cambiario formal solo podrán realizar las operaciones de cambios internacionales que expresamente el Banco autorice;
v. establecer, con arreglo a criterios de aplicación general, límites a las tenencias que los bancos y las autorizadas para operar en el mercado cambiario formal puedan mantener, dentro o fuera del país en moneda extranjera.[7]

Las restricciones del artículo 49° solo podrán ser impuestas por el consejo fundado en la circunstancia de exigirlo la estabilidad de la moneda o el financiamiento de la balanza de pagos y por un plazo máximo de 1 año. Las restricciones podrán ser vetadas por el ministro de Hacienda, ante lo cual el consejo puede insistir con la totalidad de los consejeros.[8] Las operaciones de cambios internacionales que realice el Banco no estarán afectas a limitaciones y restricciones.[9]

5. Tipo de cambio

La ley establece que el tipo de cambio en el mercado cambiario formal será el que libremente acuerden las partes intervinientes. El Banco deberá publicar diariamente el tipo de cambio de las monedas extrajeras de general aceptación en los mercados internacionales de cambios, en función de las transacciones realizadas en el mercado cambiario formal el día hábil inmediatamente anterior y, si es del caso, sobre la base de los informes que pueda obtener de los registros de los mercados del exterior.[10] De acuerdo con el Compendio de Normas de Cambios Internacionales Capítulo I N° 6, esta publicación se efectuará en el Diario Oficial. Así, el banco publica el denominado "dólar observado", que es un promedio ponderado de las compras y ventas de dólares en el mercado cambiario formal. Asimismo, da a conocer las paridades respecto del dólar de los Estados Unidos, del dólar canadiense, australiano, neozelandés, la libra esterlina, el yen japonés, franco suizo, la corona noruega y sueca, el yuan, el euro y los Derechos Especiales de Giro. De acuerdo con el N° 7 del Capítulo I del compendio, el banco publicará diariamente en el Diario Oficial un tipo de cambio denominado "dólar acuerdo", vigente el día anterior al de la correspondiente publicación, que se determinará de acuerdo con el procedimiento del anexo, el que rige para sus operaciones.

6. Capítulo XIV del Compendio de Cambios Internacionales

El Capítulo XIV del Compendio de Cambios Internacionales contiene las normas aplicables a los créditos, depósitos, inversiones y aportes de capital provenientes del exterior.[11] Estas normas no se aplican a operaciones de hasta US$ 10.000 o su equivalente en otras monedas extranjeras, ni las operaciones que realicen las empresas bancarias establecidas en el país bajo el Capítulo XIII del compendio. El Capítulo XIV considera como crédito cualquier acto, convención o contrato en virtud del cual una de las partes entrega o se obliga a entregar dineros provenientes del exterior a otra, con domicilio o residencia en Chile, que contrae la obligación de restitución en un momento distinto, con o sin intereses o reajustes. Los depósitos son los actos, convenciones o contratos en virtud de los cuales una parte entrega dineros provenientes del exterior o el producto de su liquidación en el país a otra domiciliada o residente en Chile, quien se hace dueña de ella a título de depósito, y se obliga a restituirla en un modo distinto al de la entrega. Por inversiones, se entiende cualquier acto, convención o contrato en virtud del cual una parte adquiere, con dineros provenientes del exterior o con el producto de su liquidación en el país, el dominio o el derecho de usar, gozar, ser poseedor o mero tenedor de valores mobiliarios, efectos de comercio, acciones, derechos sociales y de cualquiera otra clase de títulos o valores, o bienes raíces o muebles. El compendio entiende como aportes de capital cualquier acto, convención o contrato en virtud del cual una parte destina divisas provenientes del exterior o del producto de su liquidación en el país, a constituir o aumentar el capital de una persona jurídica domiciliada en Chile, como asimismo la capitalización en este de obligaciones en moneda extranjera que ella haya contraído en o con el exterior. El ingreso al país de las divisas que se generan con motivo de los créditos, depósitos, inversiones y aportes de capital se deberán efectuar a través del mercado cambiario formal. Los pagos o remesas de divisas deberán ser informados al Banco Central.

7. Sanciones cambiarias

El régimen sancionatorio de la ley se aplica fundamentalmente a las operaciones de cambios internacionales, salvo la falsedad maliciosa en los documentos que se acompañan en sus actuaciones con el Banco y de falsificación de los billetes. La ley estipula que las infracciones a los acuerdos de los artículos 40°, 42° y 49° serán penadas con multa aplicada por el consejo, a beneficio fiscal, la cual no podrá exceder del doble del monto total de la operación. En el caso de los retornos de divisas de los Nros. 1 y 2 del artículo 42°, la multa no podrá ser inferior al 50% del monto total de la respectiva operación. En el caso de otros acuerdos de cambios internacionales que no sea de los artículos 40°, 42° y 49°, se multará su infracción hasta con el 50% de la operación y, si no es posible determinar monto, no podrá exceder de 3.000 UTM.[12] Si los infractores son empresas bancarias o personas autorizadas para operar en el mercado cambiario formal, además de la multa, el banco puede suspenderlas para efectuar operaciones de cambios internacionales hasta por sesenta días o revocar la autorización para realizarlas si no se trata de un banco.[13]

La ley morigeró notablemente las sanciones existentes hasta 1989, eliminando la sanción penal (salvo en el caso de falsedad maliciosa) y reduciendo las sanciones pecuniarias. La anterior legislación contemplaba para la infracción cambiaria sanciones con promedio entre 541 días y 5 años, y una multa que no podía ser superior a 200% ni inferior al 30% del monto de la operación. El comité ejecutivo del banco podía, facultativamente, aplicar al infractor multa a beneficio fiscal que no podía ser superior a 200% ni inferior a 30% del monto de la operación. En el caso de infracción a las obligaciones de retorno y liquidación, o que intervinieran en falsedad maliciosa en los documentos que acompañaran en sus actuaciones, sufrieron las penas de prisión entre 541 días y 5 años, y multa equivalente al doble de las cantidades no retornadas. En este caso, el comité ejecutivo del banco, podía facultativamente aplicar multa a beneficio fiscal no superior a 500% ni inferior a 200% de la respectiva operación.

La ley contempla para las sanciones cambiarias de multas, la obligación del banco de oír previamente a la persona afectada. La persona afectada tendrá un plazo de quince días hábiles bancarios para hacer velar por escrito las circunstancias que lo eximen o lo extinguen o atenúan.[14] Las multas se aplicarán en la misma moneda en que se efectuó o pretendió efectuar la operación sancionada. Los acuerdos del consejo que apliquen multas tendrán mérito ejecutivo.[15]

NOTAS

1) Ley Banco Central, artículo 39°
2) Ley Banco Central, artículo 39°
3) Ley Banco Central, artículo 41°
4) Ley Banco Central, artículo 43°
5) Ley Banco Central, artículo 40°
6) Ley Banco Central, artículo 42°
7) Ley Banco Central, artículo 49°
8) Ley Banco Central, artículo 50°
9) Ley Banco Central, artículo 51°
10) Ley Banco Central, artículo 44°
11) Compendio de Cambios Internacionales, Capítulo XIV
12) Ley Banco Central, artículo 58°
13) Ley Banco Central, artículo 61°
14) Ley Banco Central, artículo 60°
15) Ley Banco Central, artículo 62°

BIBLIOGRAFÍA

1. Alcalde Rodríguez, Enrique: Nueva legislación sobre operaciones de cambios internacionales (Santiago: Ediar-Conosur, 1991).
2. Fieglist Venturelli, Boris: Sistemas de control de cambios en Chile (Santiago: Conosur, 1997).
3. Morales Godoy, Joaquín y Zavala Ortiz, José Luis: Derecho Económico (Santiago: Thomson Reuters, 2013).
4. Plott Wernerkinck, Gustavo: Manual práctico de operaciones de cambio y de comercio exterior (Santiago: Editorial Jurídica de Chile, 2002).

XIV. Comercio Exterior

1. Evolución
2. Derechos de aduana
3. Sobretasas y derechos compensatorios
4. Comisión Antidistorsiones
5. Reglamento Antidistorsiones

COMERCIO EXTERIOR

1. Evolución

En la primera legislación cambiaria, Ley 4.973 de 1931, se establece, dentro del control cambiario, que la Comisión de Control de Cambios Internacionales podrá fiscalizar las exportaciones de todo tipo de mercaderías, con excepción del salitre, yodo, cobre o hierro. La comisión no podrá autorizar una exportación que no dé seguridades de que el valor líquido de la exportación será remesado al país. La Ley 5.202 de 1933 entregó al presidente de la República la facultad de exigir, por el interés nacional, subordinar la importación de determinados bienes al otorgamiento de licencias de importación e incluso establecer cuotas de importación. La ley regirá hasta que el Presidentpresidente, por decreto supremo, declare que han cesado las circunstancias de la actual situación económica que justifica su dictación.

En 1950 la Ley 9.839 trasladó al Consejo Nacional de Comercio Exterior la autorización y control de las exportaciones e importaciones, junto con el control de las operaciones de cambios internacionales. El consejo se sujetará a las normas generales sobre cambios internacionales, permisos, cuotas y prohibiciones sobre importaciones y exportaciones que imparta el Ministerio de Economía y Comercio por medio de restricciones que deberán publicarse en el Diario Oficial. El consejo estará integrado por nueve miembros, cinco de designación del Ejecutivo, dos por el Senado y dos por la Confederación de la Producción y del Comercio. El consejo solo otorgará la aprobación de exportación de bienes para los cuales se den seguridades de que el total de su valor líquido será retornado al país en moneda extranjera. En 1956 la Ley 12.084 creó la Comisión de Cambios Internacionales en reemplazo del Consejo Nacional.

La junta directiva de la comisión estuvo integrada por cinco miembros, cuatro designados por el presidente y uno por el Banco Central. En materia de importaciones la ley estableció que el Ministerio de Hacienda dictará un decreto supremo que establezca la lista de mercaderías de importación prohibida. En cuanto a las exportaciones, habrá exportación libre, salvo que se establezca la prohibición de un modo general o se la sujete a un contingente. Dentro del plazo de noventa días desde la fecha del respectivo embarque, las exportaciones estarán obligadas a retornar el total del valor de las exportaciones y deberán liquidar dentro de los diez días siguientes a la fecha de retorno.

En 1976 se modifica la Ley de Cambios Internacionales en lo referente al retorno de las exportaciones y a la lista de importación prohibida. En cuanto a los retornos de exportaciones, de comisiones y de indemnizaciones, se faculta al Comité Ejecutivo del Banco Central para fijar los plazos mínimos para retornar el total del valor de las exportaciones, de las comisiones en moneda extranjera y de las indemnizaciones por concepto de seguros. En todo caso, los plazos de los retornos de exportaciones no podrán ser inferiores a noventa días y para las comisiones e indemnizaciones de quince días. En materia de importaciones, el Comité Ejecutivo del Banco Central establecerá mediante Decreto Supremo de Economía, una lista de importación prohibida. Las mercaderías que no estén en la lista serán de importación permitida.

2. Derechos de aduana

La Ley sobre Importaciones, DFL 31 de 2005, establece que todas las mercancías procedentes del extranjero, al ser importadas están afectas al pago de los derechos establecidos en el Arancel Aduanero o en otras disposiciones legales que las impongan. Se exceptúan del pago de arancel las mercancías importadas que gocen de exenciones totales o parciales que se establecen en el mismo arancel, en leyes especiales o en tratados internacionales.[1]

Forman parte de la ley, los derechos de aduana establecidos para las distintas clases de mercancías en el Arancel Aduanero contenido en el DFL 2 de Hacienda de 1989 y sus modificaciones posteriores, así como los derechos que den aplicación al Tratado de Montevideo de 1980, que estableció la Asociación Latinoamericana de Integración (ALADI). Asimismo, también forman parte de la ley las reglas generales para la interpretación de la nomenclatura arancelaria, las reglas generales complementarias, las reglas sobre las unidades y los envases, las reglas sobre procedimiento de aforo y las notas de cada partida del Arancel Aduanero.[2]

Las reglas sobre recargos y taras se fijarán por resolución del director del Servicio Nacional de Aduanas. Las notas explicativas del Consejo de Cooperación Aduanera de Bruselas deberán ser utilizadas en la interpretación del Arancel Aduanero, sin perjuicio de las facultades que el artículo 4° N° 7 de la Ley Orgánica del Servicio otorga al director del servicio.[3]

Cuando el presidente de la República desglose las partidas del arancel y modifique dichos desgloses para fines estadísticos o de otra índole administrativa, no se afectará el tributo aduanero, salvo que se trate de un desglose necesario para aplicar sobretasas, derechos antidumping o derechos compensatorios. El servicio podrá efectuar los desgloses y modificaciones cuando lo autorice el presidente de la República, en este caso, las resoluciones del servicio deberán publicarse en el Diario Oficial.[4]

La base imponible de los derechos *ad valorem* estarán constituidos por el valor aduanero de las mercancías que ingresen al país. El valor aduanero será determinado sobre la base del Acuerdo relativo a la Aplicación del Artículo VII del GATT de 1994 sobre Valoración Aduanera y del artículo 6° de la Ley de Importaciones.[5]

El valor aduanero de las mercancías importadas incluirá los gastos de transporte hasta su lugar de entrada al territorio nacional, los gastos de carga, descarga y manipulación ocasionados por dicho transporte y el costo del seguro. Se entenderá por lugar de entrada de las mercancías aquel por donde ingresen para ser sometidos a una destinación aduanera. Cuando los gastos necesarios para la entrega de las mercancías en el puerto o lugar de entrada se realicen gratuitamente o por cuenta del comprador, dichos gastos se incluirán en el valor aduanero.[6]

3. Sobretasas y derechos compensatorios

En caso de que concurran las circunstancias previstas en el Artículo XIX del Acuerdo General sobre Aranceles Aduaneros y Comercio de 1994 y en el Acuerdo sobre Salvaguardias de la Organización Mundial del Comercio, el presidente de la República podrá, mediante decreto supremo del Ministerio de Hacienda, aplicar sobretasas arancelarias *ad valorem*, previo informe favorable de la Comisión Antidistorsiones en el Precio de las Mercaderías Importadas. Las sobretasas se podrán aplicar provisionalmente cuando concurran las circunstancias del artículo 6° del Acuerdo sobre Salvaguardias de la Organización Mundial del Comercio. La comisión tendrá un plazo no superior a treinta días desde el inicio de la investigación para tomar dicha determinación. En el caso de las salvaguardias, la comisión podrá iniciar la investigación a solicitud escrita presentada por la rama de la producción nacional afectada por el daño grave o amenaza. La comisión también podrá iniciar investigaciones de oficio. La vigencia de las sobretasas no podrá exceder de dos años, incluido el período de aplicación provisional de la medida. La vigencia podrá ser prorrogada por otro año y por una sola vez con el informe favorable de la comisión. El período total de vigencia, incluido el período de aplicación provisional, la medida inicial y su prórroga, no podrá exceder de cuatro años. Cuando la vigencia de una sobretasa sea superior a un año, la comisión deberá analizar anualmente la medida, tomando en cuenta la rama de la producción afectada, así como las normas establecidas en los tratados internacionales vigentes. Para aplicar una sobretasa que, sumado el arancel vigente, sea superior al nivel arancelario consolidado de la Organización Mundial del Comercio, se requiere el voto favorable de las tres cuartas partes de los integrantes de la comisión.[7]

La Ley de Importaciones establece derechos antidumping y derechos compensatorios para la importación de aquellas mercancías cuyo ingreso al país origine grave daño actual o inminente al importarse con precios disminuidos a consecuencia de efectos artificiales en sus respectivos mercados. El presidente de la República determinará las mercancías a las que se aplicarán derechos antidumping y derechos compensatorios, su monto y duración, los que no podrán exceder de un año, previo informe de la Comisión Antidistorsiones.[8]

4. Comisión Antidistorsiones

En 1986 se creó la comisión nacional encargada de investigar la existencia de distorsiones en el precio de las mercaderías importa comisión comisión está integrada por el Fiscal Nacional Económico, quien la preside, dos representantes del Banco Central, un representante del Ministerio de Hacienda, uno del Ministerio de Agricultura, un representante del Ministerio de Economía, el Director Nacional de Aduanas y un representante del Ministerio de Relaciones Exteriores.

La Comisión Antidistorsiones conoce de las denuncias sobre distorsiones en los precios de las mercancías que se transan en los mercados internacionales. Según la ley, la comisión deberá practicar en cada caso una investigación, de cuyo inicio y materia informará dentro del plazo de cinco días hábiles siguientes a la formalización de la denuncia, por aviso publicado en el Diario Oficial. Dentro de treinta días, la comisión recibirá los antecedentes que las partes interesadas aporten y requerirá los informes que fueren necesarios. Asimismo, la comisión deberá recibir en audiencia a las partes interesadas cuando estas así lo solicitaren. En la denuncia que se presente a la comisión, deberá indicarse cuál es la distorsión y la forma en que esta ocasiona un significativo perjuicio actual o inminente a la producción nacional afectada. La comisión podrá realizar de oficio las investigaciones, cuando disponga de los antecedentes que así lo justifiquen. En ambos casos, denuncia o investigación de oficio, la comisión recomendará, conjunta o separadamente, la fijación de sobretasas del artículo 7° o de derechos antidumping y derechos compensatorios del artículo 8°. La comisión podrá también solicitar sobretasas, derechos antidumping, derechos compensatorios y valores aduaneros mínimos provisionales. En el caso de que se resuelva en contra de la aplicación de las medidas, las personas afectadas podrán pedir devolución de lo pagado por este concepto con un interés corriente. El Banco Central actuará como Secretaría Técnica de la Comisión Antidistorsiones.[9]

5. Reglamento Antidistorsiones

El Reglamento dictado en 1993, DS 575 de Hacienda, que fue derogado y reemplazado por el DS 1314 del año 2013, establece que la comisión será la entidad encargada de conocer las solicitudes de investigación relativas a la aplicación de medidas antidumping, medidas compensatorias y medidas de salvaguardia globales, resolver acerca de los hechos investigados y de proponer al presidente de la República la aplicación de derechos compensatorios, de derechos antidumping,consistentes en sobretasas arancelarias, *ad valorem*, si establece que las importaciones son objeto de dumping o de una subvención, respectivamente, y que como consecuencia de ello se causa daño a la rama de producción nacional que produce productos similares. El Reglamento señala que se entenderá que existe una subvención cuando haya una contribución financiera —directa o indirecta— del gobierno del país de origen o de exportación del producto investigado o de cualquier organismo público en el territorio de dicho gobierno u otra forma de sostenimiento de los ingresos o de los precios,[10] y que un producto es objeto de dumping cuando es importado a un precio inferior a su valor normal, es decir, cuando su precio de exportación, al exportarse hacia Chile, es menor que el precio comparable de un producto similar destinado al consumo en el país de origen en el curso de operaciones comerciales normales.[11]

Las resoluciones de la comisión se adoptarán por mayoría de votos y, en caso de empate, el presidente tendrá voto decisorio.[12] Las deliberaciones y acuerdos de la comisión se consignarán en un acta, que levantará la Secretaría Técnica, dejando constancia de las resoluciones adoptadas, de la votación producida y de los fundamentos de los votos tanto de mayoría como de minoría. Las actas se mantendrán en un archivo de la Secretaría Técnica.[13]

Después de tratar el título I del reglamento de la Comisión Nacional Antidistorsiones, el título II se refiere a las investigaciones de distorsiones en los precios de las mercaderías importadas. La solicitud de investigación se puede presentar por la rama de producción nacional, o en nombre de ella o por una asociación que la represente, incluyendo los antecedentes y pruebas que demuestren la existencia de daño grave o amenaza de daño grave en el caso de las investigaciones por salvaguardias, o de daño en el caso de las investigaciones por dumping o subvenciones; y elementos que demuestren la relación causal entre las importaciones y el supuesto daño. El solicitante deberá proporcionar la información requerida en el formulario, que se encontrará [14]. La secretaría técnica, una vez que se han completado adecuadamente los antecedentes del formulario, deberá certificar el hecho e informar al denunciante, para entender formalizada la denuncia al quinto día siguiente hábil de la certificación.[15] La comisión dará por iniciada la investigación con un aviso en el Diario Oficial, el que deberá contener a lo menos la siguiente información: (i) la fecha de inicio de la investigación; (ii) la individualización de el o los solicitantes; (iii) la individualización del o los productos importados sujetos a investigación y su clasificación arancelaria; (iv) la naturaleza de la investigación; y (v) la dirección, número telefónico, fax y correo electrónico de la Secretaría Técnica con la indicación de que allí pueden dirigirse las partes interesadas para presentar documentos, hacer solicitudes y, en general, obtener información acerca de la marcha de la investigación. En el caso de las investigaciones para la aplicación de medidas antidumping o compensatorios, el aviso deberá contener, además: (a) el nombre del país o países exportadores del o los productos importados sujetos a investigación (b) la base de alegación de dumping formulada en la solicitud o una descripción de la práctica o prácticas de subvención que deban investigarse; y (c) un resumen de los factores en los que se basa la alegación de daño.[16] Las solicitudes deberán ser informadas por la comisión al Ministerio de Relaciones Exteriores, a fin de que el ministerio, cuando corresponda, notifique a los países cuyas mercaderías van a ser objeto de investigación.[17]

Recomienda la fijación de valores aduaneros mínimos, sobretasas, derechos compensatorios o derechos antidumping, en forma conjunta o separada. La medida que se recomiende no podrá ser superior al margen de la distorsión de precios. La resolución deberá ser fundada y un extracto de ella se publicará en el Diario Oficial en el caso que la denuncia sea rechazada.[18] En el caso que la comisión llegue a la conclusión de la existencia de la distorsión, remitirá los antecedentes y condiciones al presidente de la República a través del Ministro de Hacienda. La resolución del presidente será publicada en extracto en el Diario Oficial, donde a lo menos deben resumirse los siguientes aspectos: (i) constataciones relativas al margen de la distorsión de precios; (ii) consideraciones relacionadas con la determinación del daño: (iii) consideraciones acerca de la relación causal entre la distorsión de precios y el daño o amenaza de daño; y (iv) decisión definitiva del presidente de la República.[19] La comisión podrá recomendar al presidente en todo momento que se modifique o elimine la aplicación de las medidas.[20]

El Reglamento trata de las medidas provisionales que pueden ser decretadas por el presidente de la República por recomendación de la comisión, luego de los sesenta días de iniciada la investigación.[21]

NOTAS

1) Ley de Importaciones, artículo 1°
2) Ley de Importaciones, artículo 2°
3) Ley de Importaciones, artículo 3°
4) Ley de Importaciones, artículo 4°
5) Ley de Importaciones, artículo 5°
6) Ley de Importaciones, artículo 6°
7) Ley de Importaciones, artículo 7°
8) Ley de Importaciones, artículo 8°
9) Ley de Importaciones, artículo 9°
10) Reglamento Antidistorsiones, artículo 47°
11) Reglamento Antidistorsiones, artículo 42°
12) Reglamento Antidistorsiones, artículo 9°
13) Reglamento Antidistorsiones, artículo 10°
14) Reglamento Antidistorsiones, artículo 12°
15) Reglamento Antidistorsiones, artículo 14°
16) Reglamento Antidistorsiones, artículo 14°
17) Reglamento Antidistorsiones, artículo 37°
18) Reglamento Antidistorsiones, artículo 26°
19) Reglamento Antidistorsiones, artículo 35°
20) Reglamento Antidistorsiones, artículo 62°
21) Reglamento Antidistorsiones, artículo 62° y 63°

BIBLIOGRAFÍA

1. Álvarez Avendaño, Juan Antonio y Lizana Anguita, Claudio: Dumping y competencia desleal internacional (Santiago, Editorial Jurídica de Chile, 1995).
2. Araya Schnake, Gabriel y Araya Ibáñez, Gonzalo: Régimen aplicable a las exportaciones (Santiago: Thomson Reuters, 2014).
3. Esplugues Mota, Carlos y Guerrero Becar, José Luis (eds.): Derecho del comercio internacional chileno (Valencia: Tirant lo Blanch, 2021).
4. González Holmes, Rodrigo y Ríos Alvarez, Rodrigo: Manual de derecho aduanero (Santiago: Thomson Reuters, 2018).
5. Peña Neira, Sergio: La regulación jurídica del comercio internacional (Santiago: Metropolitana, 2010).
6. Plott Wernerkinck, Gustavo: Manual práctico de operaciones de cambio y de comercio exterior (Santiago: Editorial Jurídica de Chile, 2002).
7. Prado Casas, Benjamín y Fuentes Riquelme, Rolando: Ordenanza de Aduana (Santiago, 2010).
8. Thomson Reuters: Arancel aduanero (Santiago, 2019).
9. Thomson Reuters: Diccionario de comercio exterior (Santiago: Thomson Reuters, 2014).
10. Thomson Reuters: Soluciones comex (Santiago, 2013).
11. Valenzuela Sepúlveda, Rodolfo: Comercio exterior (Santiago: Thomson Reuters, 2012).

XV. Inversión Extranjera

1. Evolución
2. Inversionistas con contrato de inversión extranjera
3. Inversionista extranjero
4. Aportes de inversión extranjera
5. Reconocimiento como inversionista extranjero
6. Derechos cambiarios del inversionista extranjero
7. Derecho de no discriminación arbitraria
8. Derechos tributarios del inversionista extranjero
9. Comité de Ministros
10. Agencia de Promoción de la Inversión Extranjera

INVERSIÓN EXTRANJERA

1. Evolución

A raíz de la entrada de Chile en el conflicto de la Segunda Guerra Mundial, la Ley 7.200 de 1942 faculta al presidente de la República para convenir las condiciones con el objeto de asegurar el retorno de las utilidades y amortizaciones de los nuevos capitales que se inviertan en el país, ya sea en actividades productivas o en instituciones nacionales de crédito o bienestar social. En virtud de estas facultades se dicta en 1945 el DS 2.040 de Hacienda, que debe ser considerado como la primera normativa de inversión extranjera en Chile.[1] En los considerandos de este cuerpo normativo, se establece que es necesario dar las seguridades necesarias para el retorno a su país de origen tanto de las utilidades como del capital. En este primer cuerpo de normas se contempla la facultad para que el presidente de la República convenga con los inversionistas extranjeros condiciones especiales para asegurar el retorno de las utilidades y amortizaciones. El vicepresidente ejecutivo del Consejo Nacional de Comercio Exterior queda autorizado en la ley para suscribir, en representación del residente de la República, los contratos que se ajusten a las disposiciones de esta normativa con los inversionistas extranjeros, debiendo su texto incorporarse a las respectivas escrituras públicas. Las utilidades líquidas podrán ser retiradas del país hasta su monto total. Los capitales podrán ser retornados, por regla general, en anualidades no mayores a un 20% en un período de cinco años, contado el plazo desde la fecha de manifestación del propósito de retorno. El Consejo Nacional de Comercio Exterior puede autorizar anualidades mayores y plazos de retiro menores.

En 1950 se dicta, mediante el DS 655 de Economía y Comercio, y utilizando las mismas facultades de la Ley 7.200 de 1942, un mecanismo de internación de capitales extranjeros al país.[2] Sin afectar el DS 2.040 de 1945, se permiten las internaciones de equipos para industrias que se deseen establecer o para ampliar las actuales, en maquinarias, implementos o accesorios y en materias primas, medios de transporte, artículos elaborados o semielaborados y otros productos de consumo. La normativa distingue entre ingresos de capital en cualquiera de sus formas, con el retorno al exterior de todo o parte de los correspondientes capitales, ingresos o utilidades que continúan rigiéndose por el DS 2040. Se rigen únicamente por la nueva normativa los ingresos sin retorno, sea porque sus dueños los internan para radicar definitivamente los capitales en Chile o porque se pagan en moneda corriente chilena.

En virtud de las facultades extraordinarias otorgadas por el Congreso al presidente Carlos Ibáñez, se dictan el DFL 427 de 1953 y el DFL 437 de 1954 con el estatuto que contiene las normas generales y uniformes por el cual se establece el tratamiento que tendrán los capitales extranjeros que ingresen al país. El DFL 437 de 1954 reemplazó al DFL 427 de 1953, siendo el primero el estatuto que rigió hasta 1960[3]. La ley favorece a las personas naturales o jurídicas extranjeras que inicien, amplíen o impulsen actividades que tienden a estimular el desarrollo industrial o a mejorar la explotación de su riqueza minera, agrícola o forestal y a mejorar o incrementar los medios de transporte. Los aportes de inversión extranjera pueden hacerse en divisas, en equipos, maquinarias, implementos, materias primas y accesorios y, en general, en bienes que fomenten la producción nacional o incrementen los medios de transporte y que estén destinados a radicarse definitivamente en el país y consuman a lo menos un 80% de materia prima nacional. Esta inversión quedará liberada del pago de los derechos de importación al país. Los capitales extranjeros internados en divisas o en maquinarias y equipos podrán reexportarse en cualquier momento después de cinco años de su ingreso al país en cuotas anuales que no excedan del 20% de la inversión internada originalmente. Por su lado, las utilidades que los capitales extranjeros generan podrán reexportarse libremente. El estatuto también contempla una invariabilidad tributaria por diez años cuando se trate de capitales extranjeros destinados al establecimiento de industrias de carácter fundamental. En casos calificados, el presidente de la República podrá ampliar hasta por veinte años los derechos de los inversionistas extranjeros. Desde el punto de vista institucional, el estatuto de 1954 crea el Comité de Inversiones Extranjeras, integrado por el ministro de Economía, quien lo presidirá, el presidente del Banco Central, el presidente del Banco del Estado, el presidente de la Comisión de Cambios Internacionales y el vicepresidente ejecutivo de la Corporación de Fomento de la Producción. Integrarán también el comité los ministros de las ramas respectivas, cuando se trate de solicitudes relacionadas con materias que dependan de sus carteras. En cuanto a la aprobación de las inversiones extrajeras, el estatuto dispone que cada vez que el Comité de Inversiones Extranjeras apruebe una solicitud, el presidente de la República dictará un decreto supremo en el cual se consignará el nombre del solicitante, el objeto y monto de la inversión autorizada, la forma y plazo de su internación al país y las franquicias que se acuerden. El decreto se publicará en el Diario Oficial y se reducirá a escritura pública. Cumplidos los requisitos, la ley establece que tendrá el carácter de un convenio entre el Estado y el inversionista extranjero, al cual se entenderá incorporada toda la legislación tributaria vigente al tiempo de su publicación en el Diario Oficial. En materia cambiaria el estatuto otorga el derecho de repatriar capital y remesar utilidades sin necesidad de autorización previa de la Comisión de Cambios Internacionales. El Reglamento del Estatuto se dictó en 1954 a través del DS 427 de Economía.[4] El Reglamento norma los aportes de capital, las franquicias, el Comité de Inversiones Extranjeras, la aprobación de la solicitud, decreto y convenio de inversión extranjera y ciertas disposiciones varias.

En 1960 se dicta el nuevo Estatuto de Inversionista, en virtud nuevamente de facultades extraordinarias otorgadas por el Congreso, ahora al presidente Jorge Alessandri.[5] La ley establece que las personas que aporten al país nuevos capitales provenientes del extranjero podrán acogerse al estatuto. Es facultad exclusiva del presidente de la República aceptar o rechazar los aportes de inversión extranjera y otorgar o negar, en todo o en parte, las franquicias de la ley. Los aportes pueden hacerse en divisas, créditos debidamente calificados y en plantas y equipos. Las franquicias generales contempladas en la ley son: (i) derecho de una amortización especial en los bienes del activo fijo en que se hayan invertido los capitales aportados; (ii) derecho a revalorizar el activo del capital aportado sin pago de impuestos; (iii) derecho a retirar el capital aportado en plazos generales de diez años, pero no inferiores a cinco años; (iv) derecho a remesar utilidades sin restricciones; (v) libre acceso al mercado de divisas; y (vi) derecho a utilizar los cambios provenientes de las propias exportaciones que se originen a raíz de la inversión. El estatuto también contempla franquicias especiales de exención aduanera y de estabilización y no discriminación tributaria. El procedimiento de aprobación por parte del presidente de la República se mantiene en lo fundamental, pero se establece que la escritura pública a la que se reduce el decreto presidencial será firmada por el Ministro de Economía y el inversionista extranjero, y tendrá el carácter de un contrato en el cual se entenderán incorporados de pleno derecho los beneficios, franquicias y exenciones del decreto supremo que apruebe la inversión. Los beneficios, franquicias y exenciones se gozarán por el tiempo y en las condiciones que hayan sido conferidos y que solo podrán ser modificados con el consentimiento de ambas partes. El presidente de la República podrá dejar sin efecto las franquicias, beneficios y exenciones cuando se haya comprobado que el inversionista o beneficiario no ha dado cumplimiento a las disposiciones del decreto que aprobó la inversión.

En 1969, Chile suscribió el Pacto Integración Subregional o Pacto Andino. Lo firmaron inicialmente: Chile, Perú, Bolivia, Ecuador y Colombia, y en 1971 se incorporó Venezuela. Uno de los propósitos del pacto fue el de establecer un régimen común de tratamiento a los capitales extranjeros y a la transferencia de tecnología. Así fue como el 31 de diciembre de 1970 la Comisión del Acuerdo de Cartagena aprobó la Decisión 24, que establece el régimen común de tratamiento de los capitales extranjeros y sobre marcas, patentes, licencias y regalías. La decisión entraba en vigor cuando los países signatarios depositaran el instrumento por el cual la aprobaban en sus respectivos países en la sede del Pacto Andino en Lima. La Decisión 24 imponía las siguientes restricciones a la inversión extranjera: (i) prohibición de invertir en actividades que cada país miembro considerase adecuadamente atendidas por empresas existentes; (ii) prohibición de adquirir acciones o participaciones de inversionistas nacionales salvo para evitar su quiebra inminente; (iii) prohibición de inversión en servicios públicos: agua potable, alcantarillado, energía eléctrica y alumbrado, aseos y servicios sanitarios, teléfonos, correos y telecomunicaciones; (iv) prohibición de inversiones en seguros, bancos comerciales y demás instituciones financieras; (v) cada país podrá reservar sectores de actividad económica para empresas nacionales (más del 80% en manos de inversionistas nacionales) y determinar si se admite en ellas empresas mixtas (hasta 50% y 80% nacional); (vi) autorizar inversión extranjera en el sector de productos básicos bajo sistema de concesiones de no más de veinte años; (vii) podrá autorizarse la participación de inversión extranjera en empresas nacionales o mixtas siempre que se trate de una ampliación de capital y que no modifique la calidad de nacional o mixta de la empresa receptora; (viii) para gozar del programa de liberación del Pacto Andino los productos de empresas extranjeras deben encontrarse en vías de transformación en empresas nacionales o mixtas; (ix) capital reajustable del inversionista extranjero es el monto inicial registrado y realizado y, en caso de liquidación de la inversión extranjera, lo que excede está afecto al pago de los impuestos de ganancia de capitales; (x) reinversión de utilidades se considera como inversión nueva y no podrá hacerse sin previa autorización y registro; (xi) remesa de utilidades limitada al 14% anual; (xii) crédito externo contratado por el inversionista extranjero debe ser con autorización previa y sin aval o garantía del Estado; (xiii) en materia de crédito interno, las empresas extranjeras tendrán acceso al crédito de corto plazo y en las condiciones que fije la Comisión del Acuerdo de Cartagena.

En 1974 se dicta el DL 600 que fija el Estatuto de la Inversión Extranjera y deroga el anterior estatuto contenido en el DFL 258 de 1960. Las personas que pueden invocar el estatuto son las personas naturales extranjeras, las personas jurídicas que tengan mayoría de capital extranjero y las chilenas con más de tres años de residencia consecutiva en el extranjero. Las formas que pueden revestir el aporte son las divisas de libre convertibilidad, bienes del activo, bienes de los reinos animal, mineral y vegetal, tecnología en sus diversas formas —cuando sea susceptible de ser capitalizada— y servicios. La inversión extranjera puede localizarse en cualquiera actividad, salvo en aquellas que por ley estén reservadas para la inversión nacional. El Comité de Inversiones Extranjeras continúa en un rango ministerial con el Ministro de Economía, que lo preside, el ministro de Hacienda, el ministro de Relaciones Exteriores y el ministro del ramo respectivo a la inversión que se apruebe. También lo integran el director de la Oficina de Planificación Nacional, el vicepresidente ejecutivo de la Corporación de Fomento de la Producción, el presidente del Banco Central y el presidente de la Confederación de la Producción y del Comercio. En este estatuto se incorpora por primera vez el concepto de no discriminación, que abarca: (i) que al inversionista extranjero se le aplica la legislación común aplicable a la inversión nacional; (ii) la no discriminación en contra del inversionista extranjero; y (iii) la no dictación de normas que afecten exclusivamente al inversionista extranjero. Si el inversionista extranjero estima que se ha dictado una norma discriminatoria puede recurrir al Comité de Inversiones Extranjeras dentro de un año y, si el comité deniega la solicitud, se puede recurrir a un tribunal especial compuesto por un ministro de la Corte Suprema y dos ministros de la Corte de Apelaciones de Santiago. Asimismo, el estatuto agregó el principio de la difusión, consistente en que el régimen que contractualmente se acuerde con un inversionista extranjero sobre no discriminación, retorno total o parcial del valor de lo exportado, no modificación de los regímenes tributarios aplicables a ciertas actividades y franquicias aduaneras, se hará extensivo a las demás empresas nacionales. Se entiende por empresas similares las que tengan igual definición de acuerdo con las clasificaciones arancelarias internacionales. En cuanto a los contratos de inversión extranjera, serán suscritos por el presidente del comité en representación del Estado de Chile y por el inversionista extranjero. Además, cuando se establezca un régimen cambiario, tributario o de otra naturaleza aplicable a la empresa receptora, el contrato deberá ser suscrito por los representantes de dicha empresa. Los contratos que se convengan, reducidos a escritura pública, deberán publicarse en extracto en el Diario Oficial. Si las condiciones establecidas en el contrato fueron posteriormente modificadas o extinguidas, el Estado compensará el perjuicio de acuerdo con una modalidad establecida en la misma ley. En cuanto a la remesa de utilidades, repatriación del valor de la inversión y otras sumas, se estará a lo establecido en el contrato de inversión extranjera. En materia cambiaria se puede convenir el retorno parcial de las divisas por parte de los inversionistas que exportan. La ley establece la posibilidad de que a las inversiones extranjeras destinadas a la explotación de recursos naturales se les garantice en sus contratos que no se modificarán los regímenes tributarios y de franquicias especiales estipuladas en ellos.

En 1977 se dicta el Estatuto de la Inversión Extranjera (DL 1748) bajo el número original del DL 600, que tuvo vigencia con sus modificaciones por casi cuarenta años. Existen diferencias fundamentales entre el Estatuto de 1977 y el de 1974. En primer término, el Estatuto de 1977 pone término a las limitaciones y restricciones que se imponían a la inversión extranjera como consecuencia de la aplicación de la Decisión 24 del Acuerdo de Cartagena. La Decisión 24 había dejado de formar parte del ordenamiento jurídico chileno en virtud del DL 1.642 de 1977. Una segunda diferencia es que cambia de un estatuto donde se podían negociar con el Estado condiciones especiales, a un estatuto fundamentalmente neutro. El Estatuto de 1977 otorga un mínimo de garantías que son propias de un inversionista extranjero y no de un inversionista interno, como son los derechos a remesar utilidades y a repatriar capitales en el caso de venta total o parcial de la inversión extranjera. Una tercera diferencia dice relación con la invariabilidad tributaria. El Estatuto de 1974 establece la posibilidad de otorgar a inversionistas extranjeros la explotación de recursos naturales y que en sus contratos se garantice que no se modificarán los regímenes tributarios y los regímenes especiales. En el Estatuto de 1977 se garantiza a todos los inversionistas extranjeros que así lo deseen, la invariabilidad de la tasa de Impuesto a la Renta y del régimen de exención del Impuesto al Valor Agregado en la internación de máquinas y equipos. Una cuarta diferencia dice relación con el principio de no discriminación, que aparece con claridad en el Estatuto de 1977 y estaba un tanto confuso en el Estatuto de 1974. La no discriminación queda planteada como el derecho del inversionista extranjero a que se le trate de la misma forma que al inversionista nacional. Una quinta diferencia es que el Estatuto de 1977 evita la discrecionalidad, eliminando como ocurría bajo el Estatuto de 1974, una verdadera negociación entre el inversionista extranjero y el Estado. Tanto es así, que a partir del Estatuto de 1977, el Comité de Inversiones Extranjeras tenía preparado un contrato tipo de inversión extranjera, donde debían llenarse los datos básicos del inversionista extranjero, de la inversión que va a realizar y si desea acogerse a la invariabilidad tributaria. En 1993 se dictó el DFL 523 con el texto refundido, coordinado y sistematizado del DL 600 de 1974, Estatuto de la Inversión Extranjera.[6]

Bajo la vigencia del estatuto, las autorizaciones de inversión extranjera debían constar en contratos celebrados por escritura pública por un representante del Estado y los inversionistas extranjeros (personas naturales o jurídicas extranjeras que trasfieran capitales extranjeros a Chile), en lo que la doctrina ha denominado contrato-ley. Se trata de un tipo de convención que celebra el Estado con particulares, con autorización del legislador, otorgándoles o reconociendo el goce de un tratamiento especial en materias tributarias, cambiarias, aduaneras, de comercio exterior o de otra naturaleza que tenga significación patrimonial.

Entre los derechos que otorgaba el estatuto se encuentran: (i) el derecho a repatriar el capital, remesar las utilidades y dar acceso al mercado cambiario formal para la adquisición de las divisas necesarias para la repatriación y la remesa; (ii) el derecho a la no discriminación arbitraria. La inversión extranjera y las empresas en que esta participe se sujetarían al régimen jurídico común aplicable a la inversión nacional y no podían ser discriminadas ni directa ni indirectamente; (iii) un tratamiento tributario privilegiado, por cuando los recursos netos obtenidos por las enajenaciones o liquidaciones efectuadas con motivo de repatriaciones de capital, estarán exentas de toda contribución, impuesto o gravamen hasta por el monto de la inversión materializada, así como la invariabilidad tributaria de; la tasa del Impuesto a la Renta, que podía solicitarse por 10 años; del Impuesto al Valor Agregado y de derecho aduaneros tratándose de importación de máquinas que no se producían en Chile; (iv) un tratamiento especial a los megaproyectos, los que, calificando como tal, gozaban de una tasa fija de impuesto a la renta por hasta 20 años, estabilidad en las normas tributarias relacionadas con depreciación y pérdidas, y la posibilidad de llevar contabilidad en moneda extranjera; (v) beneficios a las inversiones mineras mayores a US$ 50 millones, como la invariabilidad del royalty minero, la exención de nuevos tributos y la estabilidad en las patentes mineras por quince años.

El actual régimen de inversión extranjera está dado por la Ley 20.848 de 2015, que establece el marco para la inversión extranjera y crea la institucionalidad respectiva. Los que se acogen a esta ley no celebrarán un contrato de inversión extranjera, sino que recibirán un certificado emitido por la Agencia de Promoción de la Inversión Extranjera. La agencia vino a reemplazar al Comité de Inversiones Extranjeras después de 55 años de funcionamiento.

2. Inversionistas con contrato de inversión extranjera

La Ley 20.848 estableció dos excepciones a la aplicación de su normativa. La primera situación se refiere a los inversionistas extranjeros que celebraron contratos con el Estado de Chile antes del 1° de enero de 2016. Se trata de inversionistas cuyos contratos se celebraron bajo el estatuto y que fueron suscritos bajo ese régimen antes del 1° de enero de 2016. En este caso, los inversionistas conservarán íntegramente los derechos y obligaciones contemplados en dichos contratos.[7] La segunda situación se refiere a inversionistas extranjeros que soliciten durante los años 2016, 2017, 2018 y 2019 celebrar contratos de inversión extranjera. En este caso, se aplicará una invariabilidad tributaria a la renta de 44,45% en vez del 42%.[8] En ambos casos, los inversionistas extranjeros pueden preferir acceder al régimen aplicable a la inversión extranjera directa bajo la Ley 20.848.

3. Inversionista extranjero

La ley señala que su ámbito de aplicación es el de los inversionistas extranjeros que efectúen inversiones de acuerdo con las definiciones y requisitos que la misma ley establece.[9]

De acuerdo con la ley, se exige la concurrencia de dos requisitos: por un lado, que el inversionista extranjero sea una persona natural no residente ni domiciliada en Chile, o una persona jurídica constituida en el extranjero y que, por otro lado, transfiera capitales a Chile en los términos requeridos por la ley.[10]

4. Aportes de inversión extranjera

La inversión extranjera requiere la transferencia a Chile de capitales extranjeros o activos de propiedad de un inversionista extranjero o controlado por el inversionista extranjero, por un monto igual o superior a US$ 5 millones, o su equivalente en otras monedas extranjeras declaradas por el Banco Central como de libre convertibilidad. Los aportes de inversión extranjera pueden hacerse de seis formas. La primera es en moneda extranjera de libre convertibilidad. La segunda forma de aporte está constituida por bienes físicos en todas sus formas o estados. Un tercer tipo de aporte es la reinversión de utilidades. La capitalización de créditos internacionales es también una forma de aporte reconocido por la ley. La tecnología en sus diversas formas, siempre que sea susceptible de ser capitalizada, es una quinta forma y la sexta son los créditos asociados a la inversión extranjera provenientes de empresas relacionadas. La ley considera también como inversión extranjera directa, cuando se transfiere al país US$ 5 millones o más y ello se materializa en la adquisición o participación en la empresa receptora que le otorgue control de al menos el 10% del derecho a voto de las acciones o de un porcentaje equivalente de participación.[11]

5. Reconocimiento como inversionista extranjero

El inversionista extranjero que califique bajo la ley, podrá solicitar un certificado emitido por la Agencia de Promoción de la Inversión Extranjera. El certificado habilita al inversionista extranjero para tener acceso al régimen cambiario, tributario y de no discriminación establecido en la ley. La solicitud del inversionista extranjero debe acreditar la materialización de la inversión en el país y una descripción detallada del mismo, incluyendo el monto, destino y naturaleza. La forma y condiciones de la solicitud serán determinadas por la Agencia de Promoción de la Inversión Extranjera.[12]

6. Derechos cambiarios del inversionista extranjero

El inversionista extranjero tendrá derecho a remesar al exterior el capital transferido a Chile y las utilidades líquidas que generen sus inversiones en el país. En ambos casos, el derecho de remesa existe una vez cumplidas todas las obligaciones tributarias que correspondan de acuerdo con la normativa tributaria chilena.[13]

El acceso al mercado cambiario está garantizado al inversionista extranjero para los efectos de liquidar las divisas que constituyen su inversión extranjera. Asimismo, el inversionista tendrá el derecho de acceso al mercado cambiario formal para remesar el capital o las utilidades líquidas obtenidas de su inversión, una vez cumplidas todas las obligaciones tributarias que correspondan de acuerdo con la legislación tributaria chilena. El tipo de cambio para la liquidación de las divisas o la obtención de las divisas para su remesa será el que libremente acuerden las partes.[14]

Las operaciones de cambios internacionales que se originen de las inversiones extranjeras efectuadas de conformidad con la ley, quedarán sujetas a las potestades del Banco Central, de acuerdo con su ley orgánica constitucional y otras leyes especiales.[15]

7. Derecho de no discriminación arbitraria

Los inversionistas extranjeros, según la Ley 20.848, se sujetarán al régimen jurídico común aplicable a los inversionistas nacionales. No se podrá discriminar arbitrariamente en contra de los inversionistas extranjeros, ya sea de forma directa o indirecta.[16]

8. Derechos tributarios del inversionista extranjero

Los inversionistas extranjeros bajo la Ley 20.848 tendrán el mismo régimen tributario del Impuesto a la Renta. En cuanto al Impuesto al Valor Agregado, podrán quedar exentos en la importación de bienes de capital que destinen al desarrollo, exploración o explotación en Chile de proyectos mineros, industriales, forestales, de energía, de infraestructura, de telecomunicaciones, de investigación o desarrollo tecnológico, médico o científico, entre otros, que impliquen inversiones por un monto igual o superior a US$ 5 millones.[17]

Para el otorgamiento de la exención, el inversionista extranjero deberá presentar una solicitud al Ministerio de Hacienda, acompañando el certificado emitido por la Agencia de Promoción de la Inversión Extranjera. El Ministerio de Hacienda tiene un plazo de sesenta días corridos, contado desde que se reciben todos los antecedentes necesarios, para verificar el cumplimiento de los requisitos señalados en la Ley del Impuesto al Valor Agregado. El Ministerio procederá a la emisión de una resolución en que se otorgue el beneficio al inversionista extranjero.[18]

9. Comité de Ministros

La ley crea un Comité de Ministros para el Fomento y Promoción de la Inversión Extranjera, que tiene por objeto asesorar al presidente de la República en el fomento y promoción de la inversión extranjera.[19] El comité será presidido por el Ministro de Economía, Fomento y Turismo e integrado por el Ministro de Hacienda y los demás ministros que con carácter permanente determine el presidente de la República.[20]

10. Agencia de Promoción de la Inversión Extranjera

La ley crea la agencia como servicio público descentralizado, con personalidad jurídica y patrimonio propio, domiciliada en Santiago y que se relacionará con el presidente de la República por medio del Ministerio de Economía, Fomento y Turismo. La agencia estará sujeta al Sistema de Alta Dirección Pública.[21]

El presidente de la República, a través de un decreto supremo, establecerá una estrategia de fomento que abarcará:

i. promoción de la inversión extranjera;
ii. acciones de posicionamiento internacional de Chile;
iii. facilitación de colaboración entre inversionistas extranjeros y empresas nacionales;
iv. posicionamiento de Chile como centro de negocios e inversiones internacionales y plataforma global de acceso a otros mercados;
v. promoción y facilitación de las actividades de la inversión extranjera en Chile.[22]

NOTAS

1) DS 2040 de 1945 de Hacienda (D.O. 09.05.45)
2) DS 655 de 1950 de Economía y Comercio (D.O. 28.06.50)
3) DFL 437 de 1954
4) DS 427 de 1954 de Economía (D.O. 07.07.54)
5) DFL 258 de 1960
6) DFL 253 de 1993
7) Ley 20.848, artículo 1° transitorio
8) Ley 20.848, artículo 2° transitorio
9) Ley 20.848, artículo 1°
10) Ley 20.848, artículo 3°
11) Ley 20.848, artículo 2°
12) Ley 20.848, artículo 4°
13) Ley 20.848, artículo 5°
14) Ley 20.848, artículo 6°
15) Ley 20.848, artículo 7°
16) Ley 20.848, artículo 9°
17) Ley 20.848, artículo 8°
18) Ley 20.848, artículo 20°
19) Ley 20.848, artículo 12°
20) Ley 20.848, artículo 13°
21) Ley 20.848, artículo 15°
22) Ley 20.848, artículo 12°

BIBLIOGRAFÍA

1. Mayorga Lorca, Roberto; Morales Godoy, Joaquín y Polanco Lazo, Rodrigo: Inversión Extranjera (Santiago: AbeledoPerrot, 2010).
2. Morales Godoy, Joaquín y Zavala Ortiz, José Luis: Derecho Económico (Santiago: Thomson Reuters, 2013).
3. Ruiz-Tagle Vial, Carlos: Curso de Derecho Económico (Santiago: Librotecnia, 2018).